위대한
아버지와 아들의 초상

Väter und Söhne

All rights reserved by the proprietor throughout the world in the case of brief quotations embodied in critical articles or reviews.

Korean Translation Copyright ⓒ 2002 by HUMANIST Publishing Co.
Copyright 1996 by Rowohlt Berlin Verlag GmbH, Berlin

This Korean edition was published by arrangement with Rowohlt Berlin Verlag GmbH, Berlin through Bestun Korea Agency Co, Seoul.

이 책의 한국어판 저작권은 Bestun Korea Agency를 통해
저작권자와의 독점 계약으로 Humanist에 있습니다.
저작권법에 의해 한국 내에서 보호를 받는
저작물이므로 무단 전재와 무단 복제를 금합니다.

위대한
아버지와 아들의 초상

폴크마르 브라운베렌스 외 지음 | 안인희 옮김

humanist

옮긴이의 글

여기 실린 일곱 편의 아버지와 아들 이야기는 대부분 우리에게 널리 알려진 인물들로, 예술이나 정치 분야에서 세계적인 명성을 얻은 사람들의 이야기이다. 이 책은 그들의 생애에서 지극히 사적인 영역에 속하는 부자(父子) 관계, 또는 아버지와 아들 각자의 생애를 전기(傳記)적인 관점에서 조명하고 있다. 그들의 원래 활동분야는 부수적으로만 다루어진다. 그러나 널리 알려지지 않은 사생활의 영역을 살펴보면서 뜻밖에도 그들의 사회적 성과물을 이해할 수 있는 훌륭한 실마리를 얻게 된다.

이들은 18세기에서 20세기에 걸쳐 모순과 문제를 잔뜩 안은 채 격변하던 도이치 사회를 살았다. 그들의 개인적 삶은 자기들의 시대의 문제와 뒤엉켜 있다. 따라서 여기에는 유럽 대륙의 한복판에 있으며, 유럽 역사에서도 흥미진진한 도이치 역사의 면면들이 등장하지 않을 수 없다. 그 때문에 이 책은 위대한 아버지와 아들 이야기와 함께 역사의 흐름 읽기라는 두 줄기 방향을 잡게 된다.

1

아버지와 아들의 관계란 대단히 일상적인 것이지만, 다른 한편으로는 다른 가족관계에 비해 훨씬 더 폭발적인 사회·정치적 의미를 가진다. 오늘날에는 여성이 사회에서 차지하는 비중이 커지면서 세대의 문제를 단순히 아버지와 아들의 문제로만 줄여서 보기는 어렵다. 그러나 전통적으로 보면 아버지와 아들 관계는 각 시대 세대교체의 모습을 집약적으로 드러내 보여준다.

세대교체는 대체로 세 가지 유형을 생각해볼 수 있다. 아버지 세대의 가치관이 그대로 전수되는 경우, 아들 세대가 과격한 방식으로 아버지 세대와는 완전히 다른 가치관을 도입하는 경우, 그리고 아들이 아버지의 가치관을 받아들이면서도 자기 시대에 적절하게 변형시키는 경우 등이다.

세대교체가 별 문제 없이 이루어진 시대는 대개 아버지의 가치관이 그대로 이어진 시대였다. 말을 바꾸면 가부장적·절대적 가치질서가 아들의 머리 위에 걸려 있어서, 아들은 의문을 제기하지 않고 그러한 가치관을 물려받았다. 그러나 17~18세기 유럽에 등장한 계몽주의 사상은 새로운 세대교체의 모델을 제시했다. 새로운 시대의 정치이념이었던 계몽주의는 아들 세대의 입장을 대폭으로 강화했다. 아들의 입장이 강화된 세대교체란 혁명이나 아버지가 아들을 대등한 인격체로 존중해주는 방식으로만 가능한 일이다.

세대 간의 갈등은 가족 내부의 것이든 사회·정치적인 의미로 확대된 것이든, 젊은 세대가 독립할 위치로 성장해 가는데, 나이 든 세대가 아직 지배권을 손에 쥐고 있고, 그것을 행사할 능력이 있는 경우에 발생하는 세력다툼의 문제이다. 아들이 자라서 아버지에게서 경제적·정신적으로 독립하는 것은 자연스러운 과정이다. 이 과정에서 아들이 내면적으로 성숙하지 못했거나, 아버지 쪽에서 아들의 권리를 인정해줄 준비가 되어 있지 않거나, 아니면 다른 사정으로 적절한 시기에 아들의 분리·독립이 이루어지지 못할 경우 감추어졌던 갈등이 밖으로 드러난다.

아버지와 아들의 문제는 이처럼 아들의 성숙과 더불어 자연스럽게 발생하는 현상이다. 대개는 아들이 더 어른이 되면서 자연스럽게 해소된다. 그러나 문제가 커질 경우 그것은 아들의 문제이기에 앞서 아버지의 문제이다. 아들이 성장하기까지 양육해온 아버지가 지닌 문제점이 아들에게 투사되어 아들의 반발을 불러일으키기 때문이다. 사회적으로 체제가 바뀌는 격변기에는 매우 과격한 세대갈등 현상이 나타난다. 아버지 세대는 어릴 때부터 배우고 지금까지 지켜온 기존의 가치질서를 당연한 것으로 받아들이지만, 젊은 세대는 훨씬 쉽게 새로운 가치관을 받아들이고 현재의 질서에 저항하기 때문이다.

새로운 가치관 또는 새로운 체제를 놓고 세대갈등이 격화되면 혁명이 일어나고 혁명을 주도하는 인물은 직접적으로 아버지의 가치관을 뒤집어엎는다. 이른바 '아버지 죽이기' 현상이 나타나는 것이다. 제우스가 그 대표적인 경우이다. 제우스는 티탄족인 아버지 크로노스를 제거하면서 올림포스 신들의 아버지가 되고, 그로써 티탄족의 세계와는 다른 세계질서를 가져왔다. 즉 혁명에 성공한 것이다.

계몽주의는 절대왕권에 저항하면서 현대 민주주의의 토대를 만들어낸 정치사상이었다. 계몽주의의 아버지 존 로크가 이 사상을 펼치면서 맨 먼저 공격한 것은 가족 안에서 아버지의 절대권이었다. 절대적 왕권(王權) 질서가 아버지의 절대적 권위와 동일한 가치관에 기초하고 있기 때문이다. 로크에 따르면 부모의 양육의무는 절대적이지만 성년에 이른 자식에 대한 권한은 상대적인 것이다.

일반적으로 계몽주의의 핵심 주제 가운데 하나는 성숙의 문제이다. 아버지 쪽에서 보면 자애로운 아버지(부모) 노릇이고 자녀의 입장에서는 '미성숙을 끝내기'가 된다. 합쳐보면 부모의 역할은 자녀가 성숙하고 독립된 인격체로 자라도록 보살피는 일이다. 성년이 된 자녀는 부모와 대등한 인격체로서 부모의 곁을 떠나 자신의 삶을 살게 된다. 부모와 자녀 양쪽이 성숙한 태도로 이 과정을 잘 밟아나간다면 민주적 수평질서의 기본 모델이 된다. 이런 세대교체 모델이 성공하기 위해서는 자녀에 앞서 아버지(부모)의 성숙이 문제가 된다는 것은 두말할 필요가 없을 것이다.

2

각 이야기의 필자가 다르기 때문에 이 책에서는 일관된 관점에 따라 부자관계가 관찰되지는 않는다. 그러나 유명한 아버지와 아들 이야기들을 모아놓고 보니 아주 독특한 재미가 있다. 이들은 모두 계몽주의 사상이 등장한 이후에 살았던 사람들이다.

사회적으로 성공한 사람이 반드시 아버지로서도 성공하지는 않는다는 사실이 맨 먼저 눈에 띈다. 위대한 아버지의 그늘에 가린 아들이 자기 위에 드리운 아버지의 그림자를 뛰어넘기가 매우 어렵기 때문이다. 인류역사상 희귀한 천재이며 누구보다도 인간성을 깊이 탐구했던 괴테 같은 인물도 아버지 노릇에서는 완전한 통찰력을 보이지 못했다. 아들에 대한 지배욕을 버리고 아들의 참된 행복을 위해 뒤로 물러서는 아버지 노릇이 얼마나 어려운가를 실감할 수 있는 부분이다. 비스마르크도 이와 비슷한 경우다. 이 두 명의 위대한 아버지는 아들을 자신의 보조자로 만들었다. 두 사람 모두 아주 오래 살았던 아버지들(83세)이었던 데 비해서 아들들은 명이 훨씬 짧았다.

아들의 위대성에 길을 열어준 경우는 모차르트의 아버지, 멘델스존 집안, 리프크네히트 등이다. 아들의 천재성을 일찌감치 알아본 모차르트의 아버지는 자신의 경력을 접고 아들의 교육에 전념했지만, 다 자란 아들의 독립을 인정하지 못했기에 쓸쓸한 말년을 보냈다. 멘델스존 집안의 어른인 모제스 멘델스존은 도이치 계몽주의의 대표적 철학자이다. 유대인으로서 혹독한 사회적 억압을 견뎌야 했으면서도 여러 측면에서 훌륭한 아버지 노릇을 한 것은 그가 자기 철학을 실천한 사람이기도 했다는 사실을 입증하고 있다. 그의 아들 역시 아버지로서 성공했다. 마지막으로 리프크네히트의 경우이다. 아버지와 아들은 각기 도이칠란트를 대표하는 두 진보정당인 사회민주당과 공산당의 창설자이다. 정당활동 자체가 억압받던 시대에 야당 지도자였던 아버지의 이념만 계승한 아들의 활동을 보면서 한국의 정치인들과 비교하게 되고, 그러면 어쩔 수 없이 묘한 감회가 일어난다.

도이치 제국의 황제 일가 이야기는 기묘한 운명의 손길을 느끼게 한다. 강성 군국주의자인 아버지와 아들 사이에 낀 프리드리히 3세는 묘하게도 입헌군주제의 신봉자였다. 그의 모범이 된 인물은 아버지가 아니라 장인이었다. 그러나 불행한 시대의 운은 그의 편이 아니었다.

토마스 만 일가의 이야기는 역사적으로 몰락하고 있던 계층, 붕괴하는 한 가족의 풍경을 전해준다. 자살과 동성애로 특징지어지는 퇴폐의 모습이다. 그러나 토마스 만 소설의 위대성을 아는 사람은 이 붕괴의 장면 위로 우뚝 솟아오른 그의 예술적 형성력에 대해 반추해볼 기회를 얻는다. 예술적 위대성은 모든 인습과 도덕적 규범 저편에 있다는 사실을 여기서 한 번 더 확인할 수 있다.

이 모든 이야기들의 배경에는 프랑스 혁명(1789), 신성 로마 제국의 붕괴(1806), 혁명(1848), 비스마르크의 통일(1871), 제1차 세계대전 (1914~1918)으로 이어지는 도이치 역사가 흐르고 있다.

이 책에 주로 등장하는 역사적 배경은 신성 로마 제국의 붕괴와 도이치 제국의 성립으로 요약되는 파란만장한 19세기의 역사이다. 특히 멘델스존, 황제, 비스마르크, 리프크네히트 집안의 이야기를 연결하면 베를린을 중심으로 제정(帝政) 시대 도이치 사회에 대해서 어떤 역사책에서도 보기 힘든 흥미롭고 입체적인 영상을 얻을 수 있다.

3

우리 역사에는 서양 역사에서와 같은 혁명적 변혁이 비교적 최근에 와서야 나타난다. 오랫동안 왕조 시스템이 유지되면서 사람은 바뀌어도 체제는 바뀌지 않았다. 역성(易姓) 혁명이란 원칙적으로 동일한 체제에서 누가 권력을 차지하느냐의 문제이지 권력의 분배상황 자체에 대한 근본적인 변혁이 아니기 때문이다.

우리 경우 아버지와 아들은 '부자유친(父子有親)'하는 관계이다. 이 말은 여러 가지로 해석될 수 있을 것이다. 그러나 한 가지 분명한 것은, 현재 진행되는 대단히 발칙한 신세대의 저항이 있기 얼마 전까지만 해도 우리에게 아버지와 아들의 관계가 적어도 표면상으로는 문제로 여겨지지 않았다는 사실이다. 예를 들어 여기 나오는 비스마르크나 괴테 부자가 보여주는 문제는 '가문의 영광'에 파묻혀 문제로 여겨지지도 않았을 것이다. 아버지면 어떻고 아들이면 어떠냐, 그를 통해 가문이 빛나는데.

가문이라는 전체적 가치에 파묻혀 개인을 개인으로 느끼지 못하던 시대는 우리 나라에서도 지나가고 있는 것 같다. 모두 그런 것은 아니지만 오늘날 젊은이들 가운데는 집안이나 전체가 아니라 개인으로서 자기 자신의 삶과 행복을 추구하는 사람들이 늘고 있다. 이 책에서 다루어지는 아버지와 아들의 상황은 근본적으로 개인으로서의 문제이지 한 가문의 일원으로서의 문제만은 아니다.

사회적 성공의 척도가 삶의 진짜 행복과 반드시 일치하는 것은 아니다. 당대 현실에서 성공한 사람이 그것을 대물림하는 데 성공하기 어렵고, 현실에서는 많은 어려움을 겪었으나 올바른 신념을 추구한 사람이 대물림에서 성공한다는 평범한 사실도 여기서 볼 수 있다. 현명한 부모가 되어 자신의 욕심이 아니라 자식의 내적 성숙을 돕고 성장한 자식을 놓아 보내는 성숙한 자세를 통해서, 그리고 재산이나 지위가 아닌 소박한 삶의 모범을 보여줌으로써 부모로서는 성공할 수도 있다는 사실이야말로 일상의 현실에 흔들리는 사람들의 위안이다. 삶은 이상하게도 공평한 것이어서 성공 속에 좌절이, 좌절 속에 성공이 들어 있지 않던가.

2002년 1월

안인희

차례

15

무한한 사랑이 가져온 갈등
― 모차르트와 아버지 ―
폴크마르 브라운베렌스

61

위대한 아버지 밑의 비극적 그늘
― 괴테와 아들 ―
로타르 뮐러

127

아버지와 아들 사이에서 이름을 잃다
― 아브라함 멘델스존 바르톨디 ―
데틀레프 클라우센

175

황제와 아들, 그 권력관계의 이면
― 빌헬름 1세 · 프리드리히 3세 · 빌헬름 2세 ―
토마스 슈탐 쿨만

235

평생을 강한 아버지 아래서
― 비스마르크와 아들 ―
에버하르트 콜프

279

스스로 빛을 발하는 태양
― 빌헬름 리프크네히트와 카를 리프크네히트 ―
헬무트 트로트노브

319

아버지의 숨겨진 욕망을 실행한 아들
― 토마스 만과 클라우스 만 ―
마리안네 크륄

🍃 일러두기 🍃

일곱 편의 아버지와 아들 이야기 각 글의 앞머리에는 간결한 내용요약을 붙이고 본문에는 역사읽기 코너를 마련하였다. 이는 원문에는 없는 것으로 독자의 편의를 위해 옮긴이가 붙인 것이다.

 # 무한한 사랑이 가져온 갈등

―모차르트와 아버지―

폴크마르 브라운베렌스

레오폴트 모차르트 | 모차르트의 전기에 지배욕이 강한 아버지로 등장하고 있지만, 실제로는 백과사전적 관심과 탁월한 교육적 감각을 지닌 반골형 인물이었다. 로렌초니가 그린 이 유화 (1765년경)에서 그는 악기를 들지 않은 채 자신감 넘친 태도로 자신의 바이올린 교본에 등장하고 있다.

희생

　유명한 음악사의 천재 모차르트의 교육에서 가장 중요한 역할을 맡았던 아버지 레오폴트 모차르트와 아들의 관계를 밝힌 이야기.
　아버지 레오폴트 모차르트는 18세기 유럽에 널리 전파된 계몽주의 사상을 받아들인 당대의 지식인이었다. 계몽주의 이상에 따라 모든 분야에 걸쳐 백과사전적인 지식을 습득했고, 그 자신 음악가로서 일찍이 아들의 음악적 천재성을 발견했다. 강제를 통하지 않고 아이의 발전과정에 교육내용을 맞추는 이상적인 교육자 노릇을 했다. 전통적인 음악교육의 순서에 따른 반복훈련을 시키지 않고 놀이와 자극을 통해서 아이의 천재성이 자유롭게 발현되도록 도와주었다. 연주여행을 계속해야 하는 일정 속에서 음악말고 다른 과목의 교육도 역시 아버지가 맡았다. 모차르트의 음악적 천재성이 어린 시절 잘못된 교육을 통해 일그러지지 않고 위대한 발전을 계속할 수 있었던 것은 위대한 교육자였던 아버지 덕분이기도 하다.
　그러나 모차르트의 아버지는 아들과의 관계에서 실패했다. 성장한 아들을 놓아 보내야 할 시기가 되었을 때 아들의 독립과 성숙을 인정하지 못하고 계속 아들에게 영향을 미치려고 했기 때문이다. 그는 자신의 노후를 스스로 예비하지 않고 아들을 위해 자신의 모든 경력을 희생시키고 난 다음, 독립한 아들이 아버지 말대로 살지 않는 것을 보고 아들로부터 쓰라린 배신감과 실망을 느꼈다.

모차르트(Wolfgang Amadeus Mozart, 1756~1791)의 전기(傳記)에는 바꿀 수 없을 것 같은 상수(常數)들이 몇 가지 존재한다. 과연 그랬을까 하는 의문조차 던져진 적 없이, 때로는 좀 부드럽고 경우에 따라서는 아주 대담한 방식이지만 언제나 거듭 진술되는 내용이다. 그것은 뒤를 캐보지도 않은 채 거의 일반상식이 되다시피 했다. 신비롭게 여겨지는 이 음악적 천재에게 인간적이고 비극적인 측면을 덧붙여주는, 아주 인기 있는 표상이 된 것이다. 그래서 이런 인간적이고 비극적인 측면 없이는 그의 예술적 창조력을 거의 상상할 수도 없게 되었다.

나아가 이런 표상들은 모차르트의 동시대 사람들을 죄인으로 만들고, 모차르트와 그의 음악을 끝도 없이 사랑하는 우리들 자신은 모차르트와 관련해서 아무런 잘못도 범하지 않는다고 느낄 수 있도록 해준다. 빈에서 지낸 마지막 몇 년 동안 그의 작품은 거의 공연되지 않았고, 그는 사람들 기억에서 잊혀졌다가 마침내 가난뱅이들의 무덤에 던져지고 말았다는 것도 이런 근거 없는 표상 가운데 하나이다. 그 가운데 단 하나도 정확한 것이 없지만, 그가 빈 시절 마지막에 사회적인 추락을 겪었다는 말은 아주 널리 퍼진 속설이 되었다.

그의 아내 콘스탄체 모차르트(K. Mozart)에 대한 판단도 여기 속한다. 그녀는 아르투어 슈리히(A. Schurig)의 모차르트 전기(1913)에서 처음으로 악의적인 모습으로 그려졌다.

그녀는 친절하고 자연스러운 성격이 전혀 아니었다. 지배욕이 강하고 정열적이고 삶에 집착하는 감각적인 여자였다.

슈리히는 "그녀가 고약하고 악독하고 추악하고 상스러운 요소들을 가졌다."고 말한다. "언제까지나 그(모차르트)를 어린아이로 여겼고, 그래서 그에게 조금도 존경심을 갖지 않았다."고도 한다. 그래서 "그를 사랑하는 것이 불가능했다."는 것이다. 그의 생각을 요약하면, "콘스탄체는 …… 모차르트의 깊고도 고독한 내면세계에 대해 일생 동안 단 한 순간도 짐작조차 하지 못했다."는 것이다. 이런 생각은 모차르트가 위대한 고독자였다는 생각에 길을 터주었고, 볼프강 힐데스하이머(W. Hildesheimer)가 쓴 모차르트 전기의 핵심적인 모티프가 된다. 그는 슈리히의 주장을 이어받았다. 물론 그의 책에서 훨씬 더 현대적인 어휘들로 바뀌고, 심리분석의 기법도 나타나 있으며, 고급 에세이의 문체를 얻기 위한 노력도 보인다.

심지어는 사회학 분야의 대학자 노르베르트 엘리아스(N. Elias)마저도(그가 쓴 《모차르트 ― 한 천재의 사회학》은 유작으로 출간된 것이지만) 이런 연결고리 속에 들어간다.

역사 읽기

도이치: 모차르트가 태어난 잘츠부르크와 그의 주요 활동무대였던 18세기의 빈은 오늘날 우리가 생각하는 오스트리아가 아니라, 신성 로마 제국에 속하는 도시들이었다. 빈은 1806년 나폴레옹에 의해 멸망될 때까지, 도이치 민족이 주축이 된 신성 로마 제국의 황제가 거처하는 도시였다. 신성 로마 제국은 통일된 국민국가가 아니라, 중세 봉건제의 잔재를 지닌 수많은 제후국가들로 갈라져 있었다. '도이치'는 원래 종족과 언어를 가리키는 말이다. 신성 로마 제국 시대 도이치인들은 통일된 민족감정을 가질 만한 상황이 아니었고, 따라서 '도이치'는 주로 언어를 가리켰다. 즉 도이치 말을 쓰는 사람들, 그들이 사는 땅, 도이치 말로 이루어진 문화 등을 가리킬 때 쓰이는 말이다. 오늘날에는 도이칠란트와 오스트리아가 대표적인 도이치 국가들이다. 현재 널리 쓰이는 '독일'이라는 표현은 하나의 나라 이름으로서 도이치 문화 및 역사를 대단히 편협한 방식으로, 일부밖에 반영하지 못한다. 중부 유럽의 대단히 포괄적인 지역·역사·나라·사람·언어·문화 등을 표현하기 위해서 '도이치'라는 용어를 정착시킬 필요가 절실하다.

그는 분명히 자신이 사회적으로 실패했다는 느낌을 가지고 죽었다. 그러니까 마음 깊은 곳에서 자기가 가장 소망하는 것을 성취할 가능성에 대한 믿음을 상실한 채—은유적으로 말하자면—삶의 의미가 공허한 상태에서 죽은 것이다.

자신의 가치와 의미에 대해서 자신감을 줄 수 있는 두 가지 원천, 계속 살려는 의지력을 위한 두 가지 원천이 고갈되었다. 곧 자기가 믿을 수 있는 한 여성의 사랑과 자신의 음악에 대한 빈 청중의 사랑이었다. 한동안 그는 그 두 가지를 가졌다. 그 둘은 그의 소원들의 서열에서 맨 으뜸을 차지했다. 그는 자기 삶의 마지막 몇 해 동안 이 두 가지를 점점 더 잃어간다는 느낌을 여러 모로 말하고 있다. 그것은 그의 비극이며 우리의 비극이고 인류의 비극이기도 하다.

그러나 현재 전해지는 모차르트의 증언들로는 이 비극이 분명하게 밝혀지지 않는다.

위대한 음악가의 전기들 가운데 많은 것들이 음악분야 전문가가 아닌 문외한의 손으로 쓰어졌다. 음악사가들은 음악작품에만 관심을 집중하기 때문이다. 그렇더라도 언제나 모차르트의 스승이었고 나아가 높이 존경받는 음악가이기도 했던 아버지에 대한 모차르트의 관계처럼 중요한 문제가 밝혀지지 않고 그대로 남아 있다는 것은 정말 놀라운 일이다. 아버지 레오폴트 모차르트를 건드리는 것을 두려워한다는 생각이 들 정도다.

이 점에서도 심리적 해석을 위한 여지는 많다. 심리적 해석이 자주 보이는 병폐는, 어떤 발언이 원래 어떤 맥락에서 말해졌는지를 역사적으로 이해하려고 노력하지 않고, 가족 간의 편지에 드러나 있는 말투 속으로 곧장 '감정이입'해 들어간다는 것이다. 가족관계, 특히 부자 갈등이 주제로 등장하면 누구나 자기 자신의 경험이나 관찰에 근거해서 할 말이 있게 마련이다. 이 경우 통속적인 심리분석의 위험성이 높아진다. 그러므로 이 방법은 어느 정도 거리를 둘 필요가 있다. 너무 서둘러 해석하지 않고 해답이 아주 가까이 있는 경우라도 우선 질문부터 해보기로 하자.

내겐 충고해줄 사람이 없다

아들보다 겨우 4년 반 앞서 세상을 떠난 레오폴트 모차르트(Leopold Mozart, 1719~1787)는 빈 시절(1781년 이후)과 저 비극적인 파리 여행(1778)을 제외하고는 언제나 아들 곁에 있었다. 이 아버지에 대한 우리의 지식은 모차르트 일가가 18세기에는 유례가 없을 정도로 빈번히, 그리고 상세히 주고받은 편지들에 근거한다(당시 우편료는 상상도 할 수 없을 정도로 비쌌는데, 이 가족에게는 그래도 편지 왕래가 중요했다).

물론 당연한 일이지만 가족 가운데 일부가 여행 중이거나 아니면 '아이들'이 잘츠부르크에 살지 않을 동안에만 편지 왕래가 있었다. 극히 왕성한 편지 교환의 시기와—친밀한 가족사를 상세하게 적은 이런저런 수다들이 들어 있는 편지들이 일주일에 적어도 한 번—가족이 모두 잘츠부르크에 모여 지냈기 때문에 후세에 아무것도 전해주지 않는 시기가 번갈아 나타난다. 가족이 모두 함께 빈으로 갈 경우나, 아니면 뒷날 유럽 전 지역을 여행한 대규모 여행에 관해서는 레오폴트 모차르트가 잘츠부르크의 집사(執事)이며 친구인 로렌츠 하게나우어(L. Hagenauer)에게 보낸 여행 중의 편지들이 남아 있다(돈 문제를 다룬 것). 이런 편지들이 모차르트 일가의 생활을 자세히 들여다볼 수 있게 해준다.

이렇게 우연히 남겨진 단편적인 정보들은 결함을 가지고 있다는 사실을 우리는 항상 분명하게 의식해야 한다. 아들이 태어나기 이전 레오폴트 모차르트의 생애, 그의 초기 활동, 작곡가, 관현악단 지휘자, 교사로서의 그의 활동 등에 대해서는 알려진 것이 극히 적다. 그가 작곡한 작품들 가운데 적어도 1/3이 사라졌고 작품의 목록도 항목별로만 나와 있다. 그러니 오늘날에 이르기까지 이 중요한 인물의 포괄적인 전기가 없다고 해도 그리 놀라운 일이 아니다. 그는 모차르트 연구에서 이해할 수 없을 정도로 소홀하게 취급되고 있다. 그가 아들을 위해서 했던 역할은 오로지 그만이 할 수 있었던 일이다. 그는 그 이상의 존재였기 때문이다.

레오폴트 모차르트에 대한 관심을 아버지의 역할에만 한정시키고 편지 속에 남아 전해지는 가족 간의 대화를 통해서만 그의 성격적 특성을 조합해내려고 한다면 전망이 일그러져서 알 수 없는 모습으로 변하고 만다. 그 대표적인 예가 아르투어 슈리히가 제공하는 심리적 초상화다. 그는 끔찍한 아버지의 모습을 효과적으로 그려냈다.

그(아버지 모차르트)는 전혀 복잡한 인간이 아니었다. 사소한 것에까지 미치는 그의 질서의식, 현학적 특성, 고집, 상처받기 쉬운 허영심 등 그는 정직하고 자신감에 넘치는 전형적인 소시민의 대표자이다. 관습상의 규정들이 그의 규범이었다. 인간을 평가할 때 그는 선입견에서 벗어난 적이 없었다. 자신의 업적을 지나치게 높이 평가하는 만큼 남의 업적은 줄여 잡았다. 가족 사랑과 자질구레한 일상적 일들에 대한 배려는 탁월했다.

자신과 가족에 대한 아주 엄격한 의무감이야말로 이 우울증 환자의 어둡고도 제한된 인생관에서 가장 중요한 부분이었다. 그는 내면에 삶의 기쁨, 가벼움, 밝음의 요소를 조금도 갖지 못했다. 자기에게 예속된 사람들에게는 군림하고, 자기와 같은 사람들에 대해서는 대개 쌀쌀맞은 태도로 대했고, 높으신 나리들이 자신을 친절하고도 너그럽게 대해주면 최고의 만족을 느꼈다. 실패하면 곧장 자기 바깥에서 적대자와 반대자를 발견해냈으며, 자기 자신에게 책임이 있는 경우에도 그랬다.

가족에 대한 지나친 염려에서 때로는 가족에게도 까다롭고 힘들고 가차없는 태도로 대하는 수가 있었다. 그런 아버지를 마음으로 사랑할 수 있는 아들은 많지 않을 것이다.

다른 전기작가들은 좀더 완곡하게 표현했지만(특히 에리히 발렌틴), 그래도 끔찍한 아버지라는 기본유형은 그대로 남아 있다. 아들이 아버지에 대해 품었던 사랑에 대해서도 계속 언급되기는 하지만 말이다.

1719년 아우크스부르크에서 책 제본공의 아들로 태어난 레오폴트 모차르트의 생애는 모든 면에서 특이한 것이다. 그곳 예수회가 운영하는 인문학교를 다니고, 이어서 가톨릭 신학교(리체움)를 다닌 것은 모차르트 집안의 형편이 넉넉했던 덕분일까, 아니면 성직자가 될 예정이었을까? 그는 베네딕트 수도회의 소년 가수와 아우구스티누스 수도회의 합창대에서 뛰어난 재능을 보였고, 예수회 학교 연극에서 일찍부터 주요 역할을 맡았다. 또한 많은 존경을 받는 선생들에게서 받은 철저한 인문적 교양말고도 오르간을 '정말 훌륭하게 치는' 법을 배웠다.

그러나 1736년에 갑자기 아버지가 돌아가시자 신학교를 (훌륭한 수료증을 받기는 했지만) 중퇴해야 했다. 그리고 어머니가 맡게 된 아버지의 사업장에서 일했던 것 같다. 수공업적인 기술은 이 시기에 익힌 것으로 보인다. 그러나 1년 뒤에는 잘츠부르크에 있는 베네딕트회 대학교에서 다시 '세계 지식과 법률', 그러니까 철학(수사학·시학·논리학)과 법학을 공부하게 된다.

　가족의 도움은 거의 기대할 수 없는 처지였다. 그렇다면 누가 이 학비를 대준 것일까? 아니면 장학금을 받은 것일까? 그의 목적은 무엇이었을까? 여기서 이미 가족과 거리가 멀어졌던 것 같다. 그는 가족의 반대를 무릅쓰고 공부하기로 했던 것일까? 뒷날 그는 다음과 같이 쓰고 있다.

　　어려서부터 내게는 충고해줄 사람도 없었고, 불확실한 시련에 부딪힐 때 믿고 의지할 사람도 없었다.

　이 말은 홀로 일어선 사람의 면모를 보여주고 있으며, 그가 자신에 대한 책임감을 일찍 깨우쳤음을 알려준다. 기묘하게도 아우크스부르크

✱✱✱ 역사 읽기

아우크스부르크: 신성 로마 제국 직속 자유도시였던 아우크스부르크는 15세기와 16세기 유럽의 금융업·상업의 중심도시 가운데 하나였다. 1517년 루터의 종교개혁 이후 가톨릭과 신교 사이의 갈등이 심해지고 있을 때 당시 신성 로마 제국 황제였던 카를 5세의 주관으로 이 부유한 도시에서 종교문제를 해결하기 위한 회의가 소집되었다(1555). 이것이 유명한 아우크스부르크 종교회의이다. 여기서 앞으로 제후국가들이 종교상의 이유로 전쟁을 해서는 안 되고, 각국 영주가 가톨릭이나 루터교 둘 중 하나를 선택할 수 있다는 결정이 나왔다. 이로써 신교는 역사상 합법적인 토대를 얻게 된다. 그러나 이 회의는 당시의 복잡한 종교문제를 모두 해결하지 못했으며, 머지않아 제국은 종교적 이유로 유럽의 주요 국가가 참전하는 30년 전쟁(1618~1648)에 휘말리게 된다. 아우크스부르크의 주민들은 각자 원하는 종교를 선택할 수 있었다. 18세기에 유럽 북부는 신교로, 남부는 가톨릭으로 대략 갈라졌지만, 북부와 남부의 경계선에 해당하는 이 도시에서 주민들은 두 종교로 계속 나뉘어 있었다.

시절 이후로 가족과의 관계만 끊어진 것이 아니라 (친척 아저씨 한 명을 빼고) 레오폴트 모차르트가 성장한 아우크스부르크의 가톨릭 세계와도 단절되었다. 아니면 그는 젊은 시절 일찍이 신교와 관계를 맺었던 것일까? 가톨릭과 신교 두 가지의 신앙으로 갈라져 있던 이 도시는 특히 신교 음악으로 인해 신교도의 숫자가 많았다. 만일 그가 신교도와 관계가 있었다면 그것은 아주 비밀리에 이루어졌던 것이 분명하다. 레오폴트의 아버지는 독실한 가톨릭교도였고 철저한 마리아 신도회에 속해 있었기 때문이다. 뒷날 모차르트 일가가 이 고향 도시를 찾아갈 때면 오로지 신교도 친척들하고만 만났다.

그는 아우크스부르크 시민권을 지니고 있기는 했지만 스스로 그곳 사람들을 어떻게 생각해야 할지 잘 알고 있었다. 그는 그들을 '우매한 사람들'이라 불렀고, 이 속물들 가운데 아주 극소수의 사람들하고만 가까운 교분을 맺었다. 한편 이제부터 죽는 날까지 살게 되는 도시 잘츠부르크는 저 제국 자유도시 아우크스부르크보다 훨씬 더 제한되어 있고 더욱 속좁은 곳이었다.

대학만 해도 그를 만족시키지 못했다. 첫해 공부를 그럭저럭 마쳤지만, 이듬해에는 선생에게서 게으르다는 지적을 받았다. 어떻게 대응할지 몰랐던 그는 학교에서 쫓겨나고 말았다. 뒷날 레오폴트 모차르트가 여러 가지 지적인 소양을 보인 것을 생각하면 이곳 대학에서 제공된 자료들이 비판적이고 깨어 있는 그의 정신을 만족시키지 못했다고 보아야 할 것이다. 그가 무엇보다도 안정된 경력을 쌓기를 바랐다면 거기 적응해서 최소한도의 필요요건만이라도 갖추는 것은 쉬운 일이었을 것이다. 특히 그의 고달픈 재정상태를 생각해보면 그렇다.

그러나 그는 정신적인 제약이나 규칙에 맞추어 중간을 유지하는 일에 도무지 재주가 없었다. 합리적인 특성을 지닌 이해력과 아주 다양한 성향들이 그가 가진 유일한 자산이었고, 그는 이 자산을 어떤 경우에도 희생시키려고 하지 않았다. 뒷날 많은 편지에서 거듭 인용하는 "제왕이냐 아니면 무냐(aut Caesar aut nihil, 전부냐 무냐)." 하는 표어는 그가 언제나 자신의 재능과 우수함에 모든 것을 맡겼음을 보여준다. 자신에 대한 이런 확신에서 때로 무례한 행동을 하기도 했다. 그가 미워한 잘츠부르크 대주교와의 관계에서 그런 예가 드러난다. 젊은 날에는 너무나도 대담하게 작성한 항의편지를 주교 대성당에 보냈다가 하마터면 감옥에 갇힐 뻔한 사건도 있었다.

그는 굴종이나 비굴함을 전혀 몰랐던 것 같다. 한 줄기 교활함과 반항, 또는 자신감이 모든 언사에 드러나고 있으며, 그래서 잘츠부르크 시 당국자들 사이에서 환영받지 못했다. 도미니쿠스 하게나우어는 일기에 다음과 같이 적어놓았다. 레오폴트 모차르트는 "재능과 재치가 많은 인물이고 음악 외에도 국가에 훌륭한 공을 세울 수 있는 사람이다……. 그러나 항상 불운이 따라다녀서 그는 유럽의 다른 도시에서만큼 이곳에서 인기가 있지 못하다." 그러니까 그는 국가 고위관리, 즉 외교관의 소질을 가졌던 것이다(아니면 오늘날의 표현을 빌자면 정치가).

한동안 관심영역이 광범위했지만 그는 실패한 대학생이었다. 뒷날에는 역사 · 지리 · 물리학 · 자연과학 등에 열중했고, 당시의 정치적 사건을 생생하고도 날카롭게 분석했다. 그리고 이 분야에서 놀랄 만큼 많은 독서를 했다. 특히 고트셰트에서 빌란트에 이르는 '문학'에 관심이 많았다. 빌란트는 분명 그가 좋아한 작가였다. 겔러르트와는 편지를 교환했으며, 심지어는 신교인 북부와 가톨릭인 잘츠부르크 사이에 중개자 노릇까지도 했고, 계몽주의 문학과 철학도 잘 알았다. 말하자면 당시 극소수였던 세속의 교양인이었던 셈이다. 영국에서 그는 극히 섬세한 광학 기계를 들여왔다. 그것은 일반인이 쓰는 포켓형이 아니라 전문가를 위한 것이었고, 그 때문에 많은 학자들이 그를 부러워했다.

합리적인 계몽주의자의 전형

그런데 왜 음악이 그의 직업이 되어야 했을까? 그의 음악적인 성장 과정은 거의 알려져 있지 않다. 잘츠부르크에서는 오르간 연주를 할 기회가 거의 없었던 것으로 보인다. 그가 언제 바이올린을 배웠는지, 선생은 어떤 사람들이었는지, 언제, 그리고 어떤 이유에서 음악가가 되기로 마음먹었으며 작곡을 시작했는지 알려져 있지 않다. 그 자신 그런 이야기를 한 적이 한 번도 없었다. 그러나 한 가지만은 분명하다. 그를 음악가로만 여긴다면 끊임없이 다양한 면모를 보였던 그의 개성의 본질을 보지 못한다는 점이다.

학교에서 퇴학당하고 사흘 안에 잘츠부르크를 떠나야만 했던 그는 성당 참사회원 가운데 보호자를 찾아냈다. 투른 발사시나의 백작 요한 밥티스트가 그를 시종으로 삼은 것이다. 레오폴트 모차르트는 처음으로 출간된 자신의 작품집 《두 개의 바이올린과 바순을 위한 여섯 개의 소나타(Sonate Sei per Chiesa e da Camera a Tre, Due Violini e Basso)》를 그에게 헌정했다. 손수 동판에 새겨서 아주 자신만만한 장식을 한 것이었다. 그는 한동안 하인 노릇을 하기는 했지만 그런 것은 그에게 아주 낯선 일이었다. 백작이 그를 높이 평가했던 것은 분명하다. 뒷날에도 대단한 책략을 써서 궁정악단 내에서 그의 뒤를 보살펴주었기 때문이다.

레오폴트 모차르트를 교사라고 생각할 수도 있고(극히 다양한 전공 방향이 의문을 불러일으키기는 하지만), 관리, 대중 철학자, 또는 문필가(교육학에 관심을 가진)라고 생각할 수도 있겠으나, 어떤 악기의 대가라고 여길 수는 없다. 분명 그는 음악에 큰 관심과 재능을 가졌지만 오로지 음악에만 관심을 가졌던 것은 아니다. 궁정악단에서의 승진, 부악단장 자리를 희망했던 일 등은 재정적인 안정을 위해 중요했다. 바이올린은 주로 교육적인 측면에서 그의 관심을 끌었다. 특이한 일이지만 그가 쓴 바이올린 협주곡은 알려진 것이 없다. 그런 것이 있다면 바이올린이 '그 자신의' 악기라고 할 수도 있으련만. 그 대신에 그는 미츨러의 '음악학회' 회원이었고, 프리드리히 빌헬름 마르푸르크(F. W. Marpurg)의 잡지 〈음악의 수용을 위한 역사적·비판적 논문〉을 위한 통신원 노릇을 했다.

이 잡지에서 그는 자신의 작곡들에 대해서 총괄적인 보고를 하고 있다.

 필사본을 통해서 알려진 모차르트의 작곡들 가운데 대위법 작품들과 다른 교회곡집들이 특히 주목할 만하다. 나아가 일부는 네 가지 악기만을 이용하고, 일부는 통상적인 모든 악기를 다 이용한 신포니아*들이 여럿 있다.

 마찬가지로 서른 곡이 넘는 큰 세레나데들이 있는데, 그 곡에서는 여러 가지 악기들이 솔로로 이용되고 있다. 그 밖에도 수많은 협주곡들, 특히 플루트·오보에·파곳·호른·트럼펫 등을 위한 것들과 수많은 다양한 악기들을 위한 3중주곡, 오락곡(디베르티멘토) 등이 있다. 열두 곡의 오라토리오와 다수의 극장용 작곡들, 그리고 팬터마임 곡, 행사용 곡들이 있다. 통상적인 악기들말고도 트럼펫·팀

역사 읽기

신포니아(sinfonia): 몇 가지 악기를 이용한 기악곡. 이탈리아에서 기원. 17세기와 18세기에는 주로 오페라와 칸타타에서 관현악을 이용한 도입부·서곡을 가리켰다.

파니·북·피리 등을 이용한 군대 음악, 터키 음악, 강철 클라비어 곡, 다섯 개의 썰매방울을 이용한 썰매곡도 있다. 행진곡, 소야곡(세레나데), 수백 곡의 미뉴에트, 오페라 춤곡 등 소품들에 대해서는 거론하지 않는다.

그의 가장 훌륭한 작품들에 속하는 교회음악들을 여기서 세밀하게 제시하지 않고 있다는 것은 아마도 그가 이 잡지에서 특히 북부 도이치 신교 독자들을 염두에 두었기 때문인 듯하다. 그 밖에도 그는 자기가 다채로운 악기를 다루는 작곡가라는 것을 알리고 싶어한다는 인상을 받게 된다.

마르푸르크도 레오폴트 모차르트의 대표작을 알려주고 있는데 특별히 교육적인 부분과 음악이론 부분에 주목하고 있다. 《기초 바이올린 연습》(1756)은 아우크스부르크의 요한 야코프 로터 출판사에서 간행되었는데 오늘날에도 18세기 음악에 대해 미적인 표상을 얻기 위해서는 기본서가 되는 책이다.

> 우리는 이런 종류의 책을 오랫동안 갈구해 오기는 했으나 감히 기대하지는 못했다. 활을 가장 능숙하게 놀릴 줄 아는 사람이라도 펜을 또한 그토록 능숙하게 장악할 수는 없고, 그 두 가지를 다 잘할 수 있는 극소수의 사람들의 경우에는 그런 것을 쓰겠다는 의지가 부족했다. 그럴수록 이 책의 저자에게 얼마나 큰 감사를 드려야 할지? 철저하고 능숙한 대가, 분별 있고 방법론이 뛰어난 훌륭한 교사, 학식 있는 음악가, 그 중 하나만으로도 뛰어난 인물이 될 수 있는 이 모든 자질들이 여기 한데 어울려 등장한다.
> ─ 마르푸르크

레오폴트 모차르트 | 그의 바이올린 교본집에 실린 초상화. 야코프 안드레아스 프리드리히의 동판화, 1756년. 아버지의 지도로 볼프강 아마데우스 모차르트는 아주 일찍부터 바이올린 연주를 배웠다. 그는 무엇보다도 이 악기를 사랑했으며 탁월한 바이올린 연주자였다. 열아홉 살 때 그는 아홉 개의 바이올린 협주곡을 작곡했다.

레오폴트 모차르트는 합리적인 계몽주의자의 전형이다. 폭넓은 교양을 갖추고, 거의 제한 없는 관심영역을 가지고 있으며, 이성을 적절하게 사용하면 무엇이든 이해하고 성취할 수 있다는 생각에 철저히 사로잡혀 있고, 자신이 깨달은 것을 다른 사람들에게 전달할 능력을 가진 인물이다. 그의 광범위한 성향, 영역에 대해 제한을 둘 줄 모르고 두려고도 하지 않았다는 것은 그가 지니고 있던 계몽적 사고방식과 백과사전적인 요구를 증언해주는 부분이다. 그것은 어쨌든 남부 도이치 가톨릭 전통은 아니었다.

레오폴트 모차르트의 학창시절에 잘츠부르크에서는 이른바 명예훼손 싸움에서 절정에 도달한 위기가 있었다. 이 싸움의 주제는 오로지 교회에 대해서만 의무를 지닌, 독립적이고 계몽적인 스콜라 학문 개념의 문제였다. 이 학문의 지지자들은 가톨릭 개혁 신학자 로도비코 무라토리(L. A. Muratori)를 주로 인용했다. 레오폴트 모차르트의 생각은 분명했으며, 무라토리의 책들을 소장하기까지 했다.

레오폴트 모차르트는 경건하고 신을 두려워하는 가톨릭교도라고 자처하는 사람이었지만 그의 성향은 가톨릭 개혁운동 편이었다. 그의 편지들은 교회 안의 잘못들에 대한 탄식으로 가득 차 있다. 그것은 '사방에서 신부들을 놀리는 것처럼' 시작되어 '침대 자매(수녀들의 행실을 비꼰 말—옮긴이)'에 대한 욕으로 넘어갔다. 그에게 이런 일은 위선을 통해 끔찍하고 못된 인간들을 덮어주려는 도덕적 결함의 분명한 표지였다. "수녀원을 닫는 것은 언제라도 좋은 일이다." 왜냐하면 그것은 "강제, 위선, 가식, 거짓 믿음, 끝없이 많은 치기(稚氣), 그리고 감추어진 악의 이외에 아무것도 아니기 때문이다."

레오폴트 모차르트는 유대교 신앙을 버린 런던의 어떤 유대인 이야기를 하면서, 자기가 그를 개종시키고 싶다고 말했다. 이런 열의는 아이러니까지는 아니라도 로마 교회가 아닌 가톨릭 신앙을 위한 것이었다. 그는 로마 교회와 가톨릭 신앙을 구별할 줄 알았기 때문이다. 그는 무관심하거나 자유주의적인 사람은 아니었다. 전통신앙을 가진 동시대의 다른 사람들도 그랬듯이 그도 계몽주의 사상과 별다른 충돌을 일으키지는 않았다. 그러나 경건한 척하는 위선에 대해서만은 아주 날카로운 반응을 보였다. 그의 개성을 폭넓게 살펴보기 위해서는 종교에 대한 그의 생각과 체험에 근거한 세계관을 철저하게 연구할 필요가 있다.

그는 우리가 신의 뜻을 탐구할 수 없다는 생각에 의심을 품어본 적이 없었다. 그리고 위기와 병을 극복한 것에 대한 감사의 뜻으로 미사를 올렸다. 그러나 또한 인간의 자기 책임, 최고의 지식과 비판적으로 검토한 인식에 따라 행동할 것, 얼버무리고 변명하기보다는 정직성의 윤리를 가질 것, 미리 계획하고 결과를 검토하는 능력과 필요성 등을 확신했다.

그의 생각만 따르면 레오폴트 모차르트는 일급 계몽주의자이자 교육자였다. 음악은 그저 그의 활동영역이었을 뿐이다. 음악에 대해 엄청난 재능을 가진 사람이었지만 음악가라는 직업은 어쩌다가 다가온 것이었다. 우리가 그의 음악적 재능에 대해서 잘 모르기에 추측으로 하는 말이지만, 그는 음악을 하찮게 여겼던 것 같다. 아들 볼프강을 교육시키고 자기 인생의 거의 15년을 다 바쳐서 아들을 빛나게 만든 저 위대한 계획에서 그는 교육적 과제와 음악적 과제를 다행스러운 방식으로 결합시킬 수 있었고, 스스로 성공 여부를 가늠할 수 있었다.

신동도 배워야 한다

레오폴트 모차르트는 자기 아들을 '신동'으로 만들어 이용하고, 시장판에서 소리질러 손님을 끌어모으고는 아들을 대중 앞에 내세워 진부한 재주를 부리도록 만들었다고(건반을 가리고 클라비어 연주를 하도록 하는 따위) 자주 비난을 받았다. 다시 '끔찍한 아버지'라는 이미지가 나타난다. 그러나 무엇보다도 그는 겨우 네 살짜리 아들에게서 놀라운 음악적 재능을 발견했다. 아이가 처음으로 미뉴에트 곡을 연주한다는 손가락 재주의 차원이 아니라, 음정과 멜로디를 찾아내고 음악을 배우고 싶어하는 음악적 이해력을 가졌다는 사실을 발견한 것이다.

물론 모차르트의 집에는 항상 음악이 있었다. 학생들이 집으로 찾아왔고, 연습을 하거나 연주를 하고, 작곡하고, 모차르트보다 네 살 반 위인 누이 마리아 안나(나네를)는 음악수업을 받았고, 뒷날 재능 있는 음악가가 되었다. 뒷날의 편지들을 제대로 해석해보면 레오폴트 모차르트의 초기교육과 아들의 음악교육 전체가 '반복훈련(드릴)'과는 거리가 멀었던 것 같다. 그는 아들을 데리고 체계적인 수업을 시작하지 않고, 논리적으로 한 걸음씩 음악의 학문적 체계와 실습에 접근하지도 않았다(그러기에는 아이가 너무 어리기도 했다). 그냥 아들에게 맡겨두고 스스로 연습하도록 내버려두었으며 온갖 호기심에 찬 질문에 기꺼이 응해주었다. 그는 스스로 발전해 나가는 아이의 음악적 재능을 관찰하고, 그것을 진지하게 받아들이고 경탄해 보임으로써 격려해주었다. 재능이 있어도 놀이를 허용하고 아이가 요구하는 경우에만 도와주었다.

그것은 느긋하고 사랑에 넘친 가정의 분위기에서만 가능한 일이었다. 아버지는 분명한 권위를 지녔고 식구들은 전부 그의 장기적인 안목·지혜·배려를 믿고 따랐다. 가혹함이나 엄격함은 흔적도 찾아볼 수 없다. 레오폴트 모차르트는 사람들에게 거리를 두고 고귀한 진지함을 지닌 사람이었지만(유명한 초상화에서 볼 수 있듯이), 가족관계에서는 전혀 다른 태도를 가졌던 것이 분명하다. 그래서 솔직함, 기쁨, 때로는 과격함, 시민적인 품격에는 어울리지 않는 방종함 등이 나타나서 보는 이를 놀라게 한다.

모차르트 집안 사람들은 자기들이 함께 어울리곤 하던 상류층에 적응해서 그에 알맞은 태도를 철저히 존중하는 사람들이었지만, 가족 사이에서는 대단히 친밀하고 개방적인 분위기가 지배하고 있었다. 가족 간에는 속으로 상처를 입거나 다른 사람을 상처 입힐까 봐 두려워할 필요가 없었다. 점잖지 못한 즐거움, 특히 뒷날 모차르트가 아우크스부르크의 '사촌'에게 보낸 편지에 나타나서 악명이 자자하게 된 그런 즐거움은 보통 때에도 존재하고 있었다. 이를테면 온 가족에게 큰 기쁨을 주었던 활쏘기 표적판에는 뻔뻔스러운 그림이 그려져 있었다. 이런 성향은 모차르트의 어머니를 통해서 가족에 들어오게 되었다는 증거들이 있다.

내부와 외부, 집에서의 태도와 공개적 태도 사이에 존재하는 차이는 분명 아주 컸다. 모차르트의 부모가 결혼했을 때 그들은 잘츠부르크에서 가장 아름다운 한 쌍으로 여겨졌다. 그러니까 그들은 거기 알맞은 의상과 태도를 보일 수 있었을 것이다. 그러나 그들은 몹시 가난했기 때문에 이렇게 '멋진 모습으로' 보이는 것이 상당히 힘들었다. 그들은 사귄 지 여러 해가 지난 다음 모차르트가 궁정악단에서 돈을 받는 직위를 구하고 나서야 결혼할 수 있었다. 그는 심지어는 '수선한 바지 훈장'이 자기의 명예라는 말을 하면서, 겉모습과 현실이 얼마나 사이가 벌어져 있는지를 아이러니컬하게 지적하고 있다. 그러니까 겉모습에 대한 모차르트의 허영심은 물려받은 것이다(그 밖에도 모차르트 일가처럼 특별히 체구가 작은 사람들의 경우에는 놀라운 일도 아니다).

그들은 외모의 특별함을 추구했고 또한 행동과 자기 표현을 통해서 그것을 더욱 두드러지게 만들었다. 그에 반해서 가족 안에서는 아무도 특별한 역할을 할 필요가 없었다. 때때로 제동이 걸리지 않는 즉흥적 언행이 가능했다. 레오폴트 모차르트가 여기 동참했는지, 그런 행동을 재미있게 여기며 참았는지, 아니면 마지못해 견뎠는지는 분명하지 않다. 어쨌든 그는 그런 일에 대해 비판적인 말을 한 적이 없다. 그런 즉흥적 행동이 삶의 계획을 위태롭게 할 경우가 아니라면 말이다.

이런 가족 내의 행동이 '남들이 있는' 자리에서 생각도 못 하는 순간에 터져나와서 경계선을 넘어간 예를 하나 들어보자. 모차르트가 여섯 살이 되었을 때 빈에서 황제 일가를 방문했을 때였다.

> 내가 그 이야기를 하면 아마 꾸며낸 이야기라고 생각할 겁니다. 어쨌든 볼페를(볼프강의 애칭)이 여황제의 품으로 뛰어들더니 그녀의 목을 붙잡고 키스를 했어요.

아이들은 규정을 어겨도 용서를 받았고 마리아 테레지아[*]와 황제는

역사 읽기

마리아 테레지아(Maria Theresia, 1717~1780): 신성 로마 제국 황제 카를 6세의 맏딸로 아버지를 승계했다. 오스트리아 여대공, 헝가리와 보헤미아의 여왕, 신성 로마 제국 황제 프란츠 1세의 아내, 여황제, 황제 요제프 2세(재위 1765~1790)의 어머니. 그녀가 합스부르크 왕국을 물려받은 것을 발단으로 오스트리아 왕위 계승 전쟁(1740~1748)이 벌어진다. 이어서 프로이센과 한 판 더 7년 전쟁(1756~1763)이 벌어졌다. 이 두 번의 전쟁을 승리로 이끈 인물이 바로 프로이센의 프리드리히 대왕(재위 1740~1786)이다. 프로이센은 오스트리아를 누르고 승리하면서 신성 로마 제국 안에서 패권을 잡게 되고, 오스트리아는 천천히 힘이 쇠퇴해지다가 뒷날 19세기 도이치 제국 통일과정에서 배제된다. 마리아 테레지아는 열여섯 명의 아이를 낳아 기르면서도 1740년에서 1780년까지 오스트리아의 실질적인 통치자였고, 합스부르크 왕가에서 가장 유능한 통치자의 한 사람으로 꼽힌다. 그녀의 치하에서 빈은 문화적·정치적 전성기를 맞이했다.

무한한 사랑이 가져온 갈등 35

그것을 별로 나쁘게 여기지 않았던 것 같다. 그러나 놀라운 것은 당시 잘츠부르크 궁정악단의 일개 바이올린 악사에 지나지 않던 아버지가 이 일을 그토록 태연하게 말하는 태도이다. 이 일이 사리에 그다지 어긋나지 않는다고 생각했던 것이다. 그 밖에도 이것은 이 신동이 명성을 얻은 지 겨우 몇 주가 되었을 때의 일이었다.

모차르트의 쳄발로 연주는 처음부터 엄청난 경탄을 불러일으켰다. 이때 그가 자신이 쓴 미뉴에트 일부도 연주했는지는 알 수 없다. 이 작품들은 그가 처음으로 쓴 피아노 소품들의 모범에 따라서 전혀 반주가 없었다. 물론 뒷날 진짜 수업이 이루어져서 베이스 반주 넣는 법, 미리 제시된 베이스음에 맞추어 멜로디를 찾아내는 법도 배웠다.

뒷날의 작품으로 보면 모차르트가 당시의 기본 교과서였던 요한 요제프 푹스(J. J. Fux)의 《정상을 향한 길(Gradus ad Parnassum)》을 가지고 공부한 것을 알 수 있다. 당연한 일이지만 모차르트는 클라비어도 배웠다. 아무리 재능이 뛰어나도 그런 일을 안 하고 넘어갈 수는 없다. 그러나 강요를 통해 억지로 발전이 이루어진 것은 아니다.

모차르트는 아주 쉽게 배우는 아이라서 놀이가 배움보다 더 중요했다. 음악적인 표현 욕구가 표현의 능력보다 더 빠르게 자랐다. 어린 손가락이 아직 음표를 제대로 적을 줄 몰라서 레오폴트 모차르트가 처음 작품들을 기록했다(대략 여덟 살 이후가 되어서야 모차르트가 직접 쓴 악보들이 나타난다). 이탈리아 여행(1771~1773)의 오페라 총보에 이르기까지 아버지의 필적도 함께 나타나고 있다(이 경우 개별 작품에서 그의 역할이 단순한 기록자인지, 수정을 하는 교사인지, 아니면 단순히 최종 검토만 한 것인지는 오늘날까지도 밝혀지지 않았다).

기적을 만들어내는 교사

여덟 살 이후부터 모차르트는 끊임없이 작곡에 몰두하지만 그 이전에는 때때로 연습삼아 작품을 써보곤 했다. 그러나 곧 이어서 첫 작품들이 인쇄되었다. 물론 그런 일은 부지런한 아버지의 자부심이 없었다면 가능하지 않았을 것이다. 그러나 레오폴트 모차르트는 아들의 악상에 훌륭한 의상을 입히거나 완벽하게 만들거나 하지 않았다. 이 첫 작품들은 아직 불완전하고 솔직하고 대략적인 형태 그대로 모차르트가 표현하고자 하는 것을 정확하게 보여준다. 물론 거기에는 서투름과 그저 형식만 갖춘 것, 그리고 유명한 악장들을 그대로 흉내낸 것들이 들어 있지만, 그러나 깜짝 놀랄 만한 표현들도 찾아볼 수 있고, 음악적 지성과 개인적 표현의 첫 흔적들을 알아볼 수 있다.

레오폴트 모차르트는 여기서 학교 선생이나 현학자가 아니라 경탄하는 관찰자 노릇을 하고 있다. 그는 모차르트가 자신의 특성을 표현하도록 도와주었지만 그것을 매끈하게 다듬거나 고치지 않았던 것이다. 그가 이런 음악언어의 특성을 찾아내도록 내버려두고 그것을 단지 도와만 주었다는 것은 레오폴트 모차르트의 교육방식에서 가장 위대한 부분이다.

당시(그리고 거의 오늘날까지도) 지배적인 교육방식은 순수하게 기술적인 것이었다. 체계적인 발전단계를 밟아서 악절·화음·멜로디 형성·대위법·기악 편성법 등을 차례로 배우고, 이 교육과정을 일단 마치고 나서야 처음으로 어떤 것을, 그러니까 견습작품을 써보게 했다. 레오폴트 모차르트는 거의 정확하게 반대의 길을 밟았던 것으로 보인다. 그는 모차르트가 필요한 모든 것을 배우기도 전에 스스로를 표현할 수 있도록 도와주었다. 모차르트는 아무런 경험도 없이 작곡할 때 나타나는 음악적인 문제들에 대한 해결법을 모색하면서 배웠다. 아주 멀리까지 내다보는 아버지 선생님의 안내와 도움을 받아서였다. 이 방법은 선생의 권위와 모범을 흉내내는 것이 아니라 독학적인 요소들이 포함된 방식이었다.

모차르트의 교육이 극히 상식적인 궤도를 벗어나 있다는 사실을 아버지 레오폴트 모차르트는 물론 완전히 의식하고 있었다. 모차르트는 처음부터 자신의 모든 발전단계와 능력의 성장을 공개적으로 보여주었기 때문이다. 그 시대 가장 위대한 음악가들을 포함한 '전문가와 애호가들'에게 모든 것이 공개되었다. 그들 앞에서 자신의 능력을 보이는 것은 대단한 일이었으며, 모차르트의 어린 시절은 그러한 사실에 깊이 영향을 받았다. 그의 자의식, 자부심, 위대함에 대한 흔들리지 않는 감정 등이 음악의 영역에서 모든 일을 감행할 수 있도록 자극을 받았다.

모차르트는 하나의 예외적 현상이었다. 그리고 아버지는 이 '기적'이 조용하게 숨겨지지 않고 발전하도록 만드는 것을 자신의 의무라고 여겼다—잘츠부르크라는 작은 공간에서 그것이 도대체 발현될 수 있을까? 그곳에 도대체 자극과 수단이 충분히 있단 말인가? 의심스러운 일이었다—그래서 레오폴트 모차르트는 이 '기적을 세상에 알리는 것'이 아버지로서의 의무라고 보았다. 그는 여러 번이나 거듭해서 이런 문장을 썼다.

나는 이 행동에 대해서 전능하신 하나님의 은혜를 입고 있다. 그렇지 않다면 나는 은혜를 모르는 미물이 될 것이다.

그리고 자부심에 넘쳐서 다음과 같은 말을 덧붙인다.

그것은 내게 큰 기쁨이요, 큰 승리였다. 볼테르주의자인 나는 경탄을 품고서 스스로에게 이렇게 말할 수 있기 때문이다. "이제 나는 내 생애에서 기적이라는 것을 보았다. 그것이 첫째 기적이다!"

오늘날에는 신의 기적이라는 말을 하지 않지만 모차르트는 오늘날에도 기적으로 보인다. 그렇게 특이한 재능을 어떻게 다루어야 할 것인가? 그런 아이에게 공정하게 행동하고, 그의 재능이 올바르게 꽃피어나게 도와줄 책임감 있고 사려 깊은 방법이란 무엇이겠는가? 그런 일에 특허증은 없다. 그런 존재는 덫으로 둘러싸이고 위험과 추락의 위협을 받기 때문이다.

레오폴트 모차르트는 생각할 수 있는 한 가장 현명하게 행동했다. 이 어린아이에게 자기가 할 수 있는 모든 후원과 도움을 주려고 노력했으며—그 자신 수준급의 음악가였기 때문에 그는 줄 것이 많았다—동시에 아이에게 무엇을 기대해도 좋은지를 정확하게 관찰했다. 모든 생의 기록들 가운데 단 한 구절도 모차르트가 원치 않는데 사람들 앞에 등장하도록 강요를 받았다거나 재촉받았다는 구절이 없다. 아버지가 억지로 시켰거나 모차르트가 자신의 충동말고 다른 이유에서 쓴 작품은 없다. 그 모든 풍성한 결과물은 오로지 그 자신에게서 나온 것이다.

레오폴트 모차르트는 자신의 책임을 아주 분명하게 의식하고 그것을 증언했으나, 또한 단순한 음악교육 이상의 것이 필요하다는 사실도 잘 알고 있었다. 모차르트는 어린 시절을 공식석상의 빛을 받고 지내면서 또래 친구들이나 놀이친구와는 완전히 격리되었다. 그것은 일찍부터 예외적인 음악가로 성장하는 데 따른 대가였다. 모차르트는 음악에 대단히 몰두해서 이런 정상적인 교류가 부족하다는 것도 모르고 지냈다. 어쨌든 그의 경우에 그런 탄식은 전혀 찾아볼 길이 없다. 모든 놀이

볼프강 아마데우스 모차르트 | 열네 살 생일 직전 사베리오 달라 로자가 그린 유화. 펼쳐진 악보는 〈매우 빠르게(Molto Allegro)〉 KV 72a인데, 그것은 오직 이 그림에서만 전해지는 것으로 분명히 볼프강의 작품이다.

욕구는 가족 안에서 충족되었고, 학교에서 배울 지식과 그 밖에도 교양이라 부를 만한 것을 모두 오로지 아버지에게서만 배웠다.

여섯 살에서 열한 살 사이에 이루어진 수많은 여행들은 어린아이의 건강을 해칠 정도로 엄청나게 힘든 것으로 묘사되곤 한다. 언제나 새로 공연하고 음악회를 열면서 계속 장소를 옮겨다녔기 때문이다. 그러나 여기서는 상대적으로 아버지의 세심한 배려와 보살핌에 대해 놀라지 않을 수 없다. 우편마차 시대에 여행이란 앉아서 견디기가 불편하고 힘들었다. 그러나 아주 오랫동안 온 가족과 하인 한두 명이 함께 여행해야 하는 모차르트 일가는 편안하고 푹신한 쿠션을 댄 자가용 마차를 마련했다. 그들은 '우리의 건강을 유지하기 위해서 고상하게 아니면 기사답게 여행하고자' 했기 때문이다.

그리고 그들은 "귀족이나 유명인사 외에는 교제하지 않았다." 어떤 장소에 여러 주 또는 여러 달씩이나 머물렀고(런던에는 1년 이상 머물렀다), 이렇듯 낯선 곳에 머무는 일은 수업, 클라비어 연습(여행용 클라비코드), 소풍 등으로 짜여진 아주 자연스러운 일상생활이 되었다. 3년 반 동안 유럽을 여행하는 동안에 그들이 마차 안에서 보낸 시간이 70일에 이르렀지만, 이틀이나 사흘 이상 연속으로 여행하는 경우는 거의 없었다.

그러니까 시간이 상당히 많았다. 이런 시간은 모차르트가 쓰기·읽기·셈하기, 그 밖에도 라틴어·프랑스어·이탈리아어 등 외국어를 배우는 수업에 이용되었다. 또한 다른 '과목'들도 추가되었다. 여행 중의 관찰에 자극을 받아서 질문과 대화들도 이루어졌다. 예를 들면 지리·자연과학·문학·역사 등의 과목들이었다. 모차르트의 개인수업은 당시 학교교육이 할 수 있었던 것보다 훨씬 더 능률적이고 쓸모가 많았던 것 같다. 그 밖에 풍부한 인상들도 유리하게 작용했다.

레오폴트 모차르트는 아이들의 건강을 매우 조심스럽게 보살폈을 뿐 아니라 온갖 질병들을 극히 정확하게 기술해놓았기 때문에 그들이 얼마나 튼튼했는지 그저 놀라울 뿐이다. 감기에 걸리는 일도 드물었고 어린아이들의 질병은 아무런 문제도 없이 넘겼다. 다만 '천연두' 같은 전염병만이 심각한 위협이었다. 당시 그런 질병들에 대해서는 대책이 없었고 그런 질병들은 유아사망률을 근본적으로 높였다. 모차르트는 당시 생활환경에 알맞게 건강했고 의학적으로 박식한 아버지의 보살핌을 받았다.

그 밖에 음악회의 횟수도 자주 오해를 받는 부분이다. 대개는 아이들이 연주하는 소규모 모임에서의 연주였고, 그것도 평균 일주일에 한 번 정도였다. 규모가 큰 공개석상에서 행하는 진짜 음악회와 행사들은 평균 한 달에 한 번 정도였고, 오늘날 그런 행사가 가지는 스트레스는 별로 없었다. 오늘날에는 무대 아래쪽 홀에 1000명 가까운 대중이 모여 앉아 최초의 실수를 고대하는 가운데 어린 피아니스트가 홀로 무대에 올라서 뵈젠도르퍼(피아노)를 연주해야 한다. 그러나 당시에는 청중이 적었고 아마도 오늘날 행해지는 의식이 없는 그저 편안한 행사였던 것으로 보인다.

레오폴트 모차르트 자신은 음악가로서 완전히 은퇴했다. 물론 아이들과 함께 공식 연주회에 끼는 경우도 있었지만 솔로로 등장해 연주했다는 말은 어디서도 읽을 수 없다. 적어도 1770년대 초까지는 손수 작곡을 계속했지만 작곡가로서도 모습을 드러내지 않는다. 그의 작품목록이 남아 있지 않고 더욱이 작품연보가 없기 때문에 그가 이 여행에서 얻은 강력한 음악적 인상들을 어떻게 처리했는지 오늘날까지 뚜렷하게 밝혀지지 않는다.

파리나 런던에서 모차르트 일가는 완전히 새로운 경험을 했다. 그러니까 저 요한 쇼베르트(J. Schobert)의 정열적이고 사나운 피아노 스타일을 알게 되거나, 요한 크리스티안 바흐의 우아한 이탈리아 스타일을 만나는 일 같은 것이었다. 레오폴트 모차르트와 그의 아들이 이런 음악적인 새 조류들을 함께 겪었다는 점을 잊어서는 안 될 것이다. 레오폴트 모차르트도 아들의 교사로서 새로 배우지 않으면 안 되었다. 이탈리아 여행 도중에 모차르트는 대규모 오페라들을 작곡해야 했는데, 그것은 아버지로서도 전혀 경험이 없는 분야였다. 그래서 아버지는 교사이자 동시에 수업의 동료였고 대화 상대자였다. 그러니까 선생이자 친구였다.

이 여행의 처음에 레오폴트 모차르트는 오랫동안 갈망해 왔던 부악단장 직위를 얻었다. 그러나 그것은 사회적 안전조치 이상의 직위는 아니었다. 1763년에서 1777년 사이의 시간을 그는 거의 오로지 아들을 교육하고 매니저 역할을 하면서 보냈다. 시간의 절반을 여행하면서 보냈고, 그로써 그가 무엇을 더 중히 여기는지 분명하게 보여주었다. 이 15년 동안 그는 아들의 경력을 위해서 자기 자신의 경력을 희생시켰다. 여기서도 레오폴트 모차르트는 "전부냐 무냐." 하는 표어를 지켰다.

여섯 살짜리 아이의 재능이 아주 비상하다고 해도 그가 어떻게 발전해 나갈지, 기회를 얻을지 하는 것을 예측할 수는 없다. 그것은 위험부담이 높은 모험이었고, 장래의 약속일 뿐이었다. 그것이 실현되느냐 하는 것은 교육적 능력에만 달린 일은 아니었다. 그것은 다방면으로 재능이 있는 아버지의 삶에 하나의 단절을 의미하는 것이었다.

레오폴트 모차르트는 악단장 자리가 비었을 때도 지원하지 않았다. 상관인 잘츠부르크 대주교와의 관계가 껄끄럽기 때문만이 아니고, 유럽 여행을 하고 난 다음 모차르트 일가가 잘츠부르크에 잘 융합하지 못했던 것도 이유였다. 그들은 존경과 선물과 세계 체험으로 풍부하게 채워져서 작은 지방도시로 돌아왔기에 그곳의 짓누르는 듯한 정신적 편협성과 세상과의 격리가 더욱 고통스럽게 여겨졌다. 이곳에는 그들을 위한 장래가 없었다. 이제부터는 어떻게 하면 한 번의 도약을 이루어낼 수 있을까 하는 것이 문제였다.

서툰 첫 걸음

모차르트가 스물한 살이 되던 1777년, 그들은 모든 것을 단 한 장의 카드에 걸고 하나의 여행을 계획했다. 다른 곳에서의 새로운 활동이 그 목적이었다. 새로운 휴가 요청에 대주교가 노했기 때문에, 여행을 위해서는 레오폴트 모차르트는 사직해야 했으며, 그럼으로써 가족의 사회적 안정마저 포기하지 않고는 함께 여행할 수 없었다. 그래서 그는 처음으로 아들과 떨어져 지내야만 했다.

그때까지 아들은 음악에만 전념하면서 주문이나 다른 약속들에 대해서는 전혀 신경 쓸 필요가 없었다. 레오폴트 모차르트는 아버지, 교사, 음악에 대한 대화 파트너뿐 아니라 최고의 중개인, 재정 관리인, 여행 계획자 노릇까지 맡아 했다. 그러니까 모차르트는 조직, 사교, 계약 따위의 일들에는 전혀 신경을 쓰지 않고 관심을 둘 필요도 없었다. 그런데 지금 서쪽(파리)으로 향한 여행에서 갑자기 그 모든 일을 스스로 처리해야 했다. 그는 가족 전체에 후손을 만들어줄 상대를 찾아내야 했다. 가족을 단결시키는 것이 언제나 중요한 일이었기 때문이다.

레오폴트 모차르트는 한동안 모차르트의 어머니를 이 여행에 함께 보낼 수 있었다. 그녀는 중요한 감정적인 후원을 해줄 수는 있었지만, 꼭 필요한 '사업상의' 일들은 전혀 경험도 없는 모차르트가 혼자서 처리해야 했다. 아버지가 대단히 예민해져서 편지로 모든 것을 지시해서 여행을 지휘하고 아들에게 목적을 알려주려 했으리라는 것은 쉽게 짐작되는 일이다. 바로 이 파리 여행 기간에 쓴 편지들이 레오폴트 모차르트가 속좁고 현학적인 사람이고 지나치게 엄격하고 냉혹한 아버지였다는 부정적인 판단을 만들어냈다.

그러나 약간만 관점을 바꾸어보면 몇 가지 완전히 다른 모습도 보인다. 여행을 통해서 재정적인 문제를 어느 정도 스스로 해결해야만 했다. 그러나 뮌헨과 아우크스부르크에서 별로 나올 것이 없는데도 모차르트는 너무 오래 머물렀다. 그 대신 그는 경험이 거의 없다는 사실만 보여주는 온갖 불확실한 계획들을 잔뜩 만들어냈다. 뮌헨에서 그는 자기가 독립적이고 자유로운 창작을 할 수 있도록 자신에게 경탄하고 있는 사람들이 매달 얼마씩을 걷어서 주는 것이 어떨까 하고 생각했다. 만하임에서는 알로이지아 베버(A. Weber)에게 홀딱 반해서 그녀와 그 가족과 더불어 이탈리아 연주 여행을 해야겠다고 생각했다. 베버 일가의 재정형편이 좋지 않았기 때문에 모차르트는 자신의 처지는 생각지도 않고 그들을 도와야 한다고 느꼈다. 그는 아버지에게 보낸 편지에 다음과 같이 썼다.

> 곤란에 처해 있지만 이 가족이 아주 좋아요. 그래서 그들을 행복하게 만드는 일말고는 아무것도 바라지 않아요. 어쩌면 그렇게 할 수 있을 것 같습니다. 나의 생각으로는 그들은 이탈리아로 가야 합니다.

그리고 이렇게 덧붙였다.

> 스스로 해를 입지 않고 가난한 가족을 돕는다는 생각이 영혼 가득 저를 기쁘게 합니다.

그 밖에도 베버 일가와 키르히하임 볼란덴으로 '바캉스 여행'을 간다는 사실도 아버지에게 알리고 있다. 이 휴일 여행에서 그가 베버 가족의 경비 절반을 지불했다는 것이다. 같은 기간에 잘츠부르크에서 온 레오폴트 모차르트의 편지에는 양복집 계산을 어떻게 지불해야 할지 모르겠다는 내용이 씌어 있다.

사랑에 빠진 모차르트의 너그러움을 이해할 수는 있지만 그렇다고 레오폴트 모차르트의 냉정한 반응을 지나치다고 할 수도 없다. "너의 편지는 나를 더욱 기운 빠지게 만들었다."고 그는 답장에 썼다.

너에게 이미 닥친 상황들과, 이곳에서 내가 겪으면서 네게 편지로 알려준 일들에 대한 기억이 너에게 이미 가르침을 주었으리라고 나는 분별 있는 희망을 해보았다만.

그러니까 행운을 얻고 이 세상에서 공동의 생계를 꾸려가기 위해서, 그리고 선한 사람, 악한 사람, 행운을 가진 사람, 불운한 사람 등 그 많은 종류의 사람들 사이에서 자기가 추구하는 목표를 이루기 위해서는 선한 심정을 극히 조심스럽게 보존하고, 극히 깊은 사려가 없이는 아무것도 행하지 않으며, 열광적인 망상과 정신 나가고 눈먼 발상들에는 절대로 이끌리지 않아야 한다는 사실을 말이다. ……잘츠부르크에서 우리에게 닥친 어려움을 너는 잘 알고 있지. 내가 힘든 살림을 꾸리고 있다는 사실을 알고 있지 않으냐. 그리고 네게 여행을 계속시키겠다는 약속을 지킨 뜻과 내 여러 가지 근심들도 너는 잘 알고 있다.

너의 여행 목적은 두 가지이다. 지속적으로 일할 수 있는 좋은 자리를 찾는 것, 이것이 잘 되지 않을 경우에는 큰 벌이가 있는 대처(大處)로 가는 것이다. 그 두 가지는 네 부모를 돕고 너의 사랑하는 누이를 돕는 일이며 무엇보다도 세상에서 명성과 명예를 만드는 일이다. 그런 것은 이미 네 어린 시절에도 있었던 일이고 너의 청소년 시절에도 있었던 일이다. 지금 음악가가 이룰 수 있는 가장 큰 명성으로 너 자신을 점점 더 높이는 일은 완전히 너의 몫이다.

레오폴트 모차르트가 아들의 교육을 떠맡음으로써 자기 자신의 경력을 완전히 희생시켰던 전체 계획이 위험에 빠졌다고 생각한 것은 극히 당연하다. 그의 요구는 다음과 같은 것이었다.

즉시 파리로 떠나거라! 그리고 즉시 위대한 사람들 사이에서 자리를 잡도록 하거라. 전부 아니면 무다. 파리를 보겠다는 생각이 너를 그 모든 순간적인 발상들에서 지켜주었어야 옳다. 위대한 재능을 가진 남자의 명성과 이름은 파리에서 전세계로 퍼져나가는 것이다. 그곳에서는 귀족들이 재능을 가진 사람들을 내리치거나 높이거나 친절하게 대하고, 그곳에서는 거칠기만 한 우리 도이치 기사들이나 숙녀들과는 놀랄 정도로 다른 아름다운 생활방식을 보게 될 것이다.

이런 충고는 원칙적으로 잘못된 것은 아니었다. 모차르트가 그곳의 상황에 적응하기가 힘들었던 탓으로 파리 여행도 실패로 끝나기는 했지만 말이다. 그는 아버지의 도움 없이는 상황을 소화할 수 없었다. 함께 여행하던 어머니가 갑작스럽게 죽자 모차르트는 자신이 완전히 실패했다고 느꼈다.

레오폴트 모차르트는 어떤 것이든 근거가 되는 지위를 얻기 위해서 모든 수단을 다 쓰고 이탈리아로도 많은 편지들을 보냈다. 그러나 마지막에는 언제나 싫어하던 도시 잘츠부르크에 머무는 수밖에 달리 도리가 없었다. 어쨌든 모차르트는 그곳 궁정 오르간 연주자로서 겨우 입에 풀칠할 정도의 조건으로 다시 고용되었다. 그것은 굴욕적인 일이었다. 여기서 뮌헨이나 이탈리아로 가는 길을 쉽게 얻을 수 있으리라는 희망으로 겨우 견디었다. 아들이 자기를 위해서도 잘츠부르크를 벗어날 길을 찾아줄 것이라고 아직 생각하고 있던 레오폴트 모차르트는 장차 닥칠 대주교와의 불화에 대해서도 적었다.

따라서 우리는 절대로 우리 자신에게 화를 내서는 안 된다. 그러지 않으면 우린 떠나야 하니까.

그리고 모차르트의 개인적인 상황에 대해서는 다음과 같이 적었다.

모차르트 일가 | 1780년 요한 네포무크 델라 크로체 그림. 모차르트의 어머니는 이미 2년 전에 죽음. 그녀의 초상화가 벽에 걸려 있어서 가족 모두의 초상화가 되었다.

베버 양에 관해서는 내가 교제에 반대한다고 생각하지는 마라. 젊은 사람들은 모두 분별 없는 짓을 하니까. 너는 지금처럼 편지 왕래를 계속해도 된다. 나는 그런 일을 요구하지는 않을 것이고 더구나 읽어보겠다고 하지는 않을 것이다.

그는 모차르트에게 알로이지아 베버가 아버지와 함께 잘츠부르크에 와서 자기 집에 머무는 것이 어떠냐고 제안하기까지 했다.

친구 같은 아버지를 바람

세계여행을 하는 동안 레오폴트 모차르트가 했던 온갖 경고와 만류에 대해서 아들은 어느 정도 말을 들었다. 가족의 평화를 위해서가 아니라 아버지의 분별과 배려를 알기 때문이었다. 그는 언제나 다시 멋대로, 그리고 결과를 충분히 고려하지 않고 계획을 세우고 여행계획을 잡았다가 언제나 아버지에게서 더 나은 충고를 듣곤 했다. 아버지에 대한 갈등, 저항, 거절 따위는 없었다. 아주 강력한 아버지의 권위에 대해서 아들이 은밀한 원망을 한 적도 없다. 그리고 실패하고 낙담해서 잘츠부르크로 돌아왔을 때도 레오폴트 모차르트는 어떤 식으로든 그것을 견디기 쉽게 해주려고 애썼다.

모차르트가 잘츠부르크에서 보낸 마지막 2년은 수집, 집중, 그리고 자기 능력에 대한 검증의 시기였다. 이 시기에 그는 성숙한 양식의 대작들을 내놓았다. 대관식 미사, 우편마차 나팔 세레나데, 다 장조 신포니아(KV 338), 두 대의 피아노를 위한 협주곡, 협주곡 신포니아(KV 364) 등은 아마도 그가 아버지와 함께 연주했을 것이다. 오랫동안 기다리던 대로 뮌헨에서 주문받은 오페라 〈이도메네오(Idomeneo)〉를 위해서 모차르트는 거의 석 달 동안 뮌헨에서 혼자 살았다. 이 시기에 아버지와 주고받은 편지는 그가 오페라 작곡에 깊이 몰두했음을 보여준다. 극히 결실이 풍부한 생각의 교류로서 두 사람의 친밀한 관계를 증언해주는 편지들이다. 모차르트는 뒷날 이 시기를 자기 생애에서 가장 행복한 시기였다고 표현했다. 다시 아버지에게 이렇게 쓰고 있다.

제가 목적을 이루면—이곳에서 성공적으로 받아들여지는 것 말입니다—아버지는 즉시 잘츠부르크를 떠나셔야 합니다.

모차르트는 또 다른 오페라 〈차이데(Zaide)〉를 거의 완성해서 호주머니에 가지고 있었다. 그것은 아마도 아버지가 보는 데서 만들어졌고, 빈의 '국립 오페레타(National Singspiel)'를 위한 것으로 보인다. 레오폴트는 이번에는 과연 성공할 수 있을지 회의에 잠겨 있었지만, 모차르트는 벌써 출발점에 있었다.

그 다음 이야기는 잘 알려져 있고 자주 묘사되었다. 모차르트는 〈이도메네오〉 초연 이후에 놀랍게도 잘츠부르크 대주교의 빈 행(行)에 수행해 달라는 요청을 받았다. 처음 음악회들이 성공하자 그에게 빈은 장밋빛으로 보였고 그래서 대주교와의 단절을 부추겼다. 단절은 공식적인 해고절차도 없이 아주 노골적인 방식으로 이루어졌다. 모차르트는 스스로 "전부냐 무냐."의 원칙에 따라 행동함으로써 아무런 보장도 없는 가운데 아버지 편을 들었다.

레오폴트 모차르트는 깜짝 놀랐다. 그는 이런 행동이 생각 없이 지나치게 서두른 짓이며 빈에서의 전망이 극히 회의적이라고 판단했다. 그 점에서 아버지가 옳았다는 것이 곧 판명되었다. 아들이 콘스탄체 베버에게 반해서 그녀와 결혼하려는 또 다른 동기가 뒤에 숨어 있었다는 것을 아버지가 알아채면서 마침내 두 사람 사이의 불화는 심각해졌다.

레오폴트 모차르트에게 그것은 3년 전 만하임에서 이미 겪었던 상황이 반복된 것이었다. 다만 이번에 아들은 경고를 들으려고도 아버지에게 휘둘리려고도 하지 않았다. 이번에도 그는 어떤 일자리나 주문계약도, 빈에서의 구체적인 전망도 없었다. 다시금 '베버 집안 여자'가 문제였고, 이번에도 레오폴트 모차르트는 잘츠부르크에서 그를 위한 지위를 만들고, 대주교와의 관계를 매끄럽게 하려고 애쓰는 중이었다. 그러나 그는 아들의 결정에 전혀 영향을 끼칠 수 없음을 알았다.

근본적으로 아주 일상적인 부자 갈등이 표면에 떠오른 것이다. 객관적으로는 필수적이지만 주관적으로 보면 부담스러운 부모 집과의 탯줄 끊기, 성숙과 독립적인 행동 시작, 자신의 가정 갖기, 완전히 독자적인 자기 책임 등의 단계가 나타났다. 그리고 아버지는 이것을 영향력의 상실, 평가절하, 좋은 의미의 충고에 대한 포기, 그때까지 잘 작동하던 공생관계의 결별 등으로 여겨서 아주 고통스럽게 받아들였다.

다른 일까지 합쳐져서 이 갈등은 더욱 날카로워졌다. 레오폴트 모차르트는 갑자기 홀로 좋아하지도 않는 잘츠부르크에 버려졌다고 느꼈다. 그는 언제나 함께하겠다는 그 옛날 가족 간의 약속이 해지된 것을 보았고, 특히 모차르트의 누이 마리아 안나는 아무런 보호도 받지 못한 채 피아노 강습으로 힘들게 살고 있었다. 레오폴트 모차르트는 이 상황을 자기가 그토록 소중하게 보존했던 선견지명과 분별 있는 계획이 실패한 것이라고 여겼다. 그는 결국 지난 여러 해 동안 자신의 노후보장을 위한 다른 어떤 대안도 생각해두지 않았기 때문이다.

물론 그는 아들의 교육을 위해 15년을 바쳤고, 그럼으로써 자신의 경력에 한계를 그었지만, 그러나 늦어도 서쪽으로의 여행(1777년, 모차르트가 스물한 살이 되던 해)으로 교육은 일단 마무리된 것이었다. 그런데도 여전히 모든 것을 아들에게만 걸고 다른 어떤 전망도 고려하지 않았다. 언젠가는 아들을 풀어주어야 한다는 것, 아들도 자신의 가정을 꾸릴 수 있다는 것을 꿈에도 생각지 못했다.

자식들을 자신의 노년을 위한 보장으로 생각한 소박한 늙은 아버지의 꿈은 산산조각이 나버렸다. 위대한 교육자였던 그가 교육의 원래 목적은 자식을 놓아 보내는 것이라는 사실을 미처 깨닫지 못했던 것이다. 실패했든 아니든 '모차르트' 프로젝트는 끝나고 말았다.

모차르트가 아직도 아버지를 얼마나 신뢰했는가 하는 것은 〈이도메네오〉를 작곡하던 시절에도 분명히 드러난다. 그러나 그는 이제 자기 삶의 지휘자가 아니라 친구로서의 아버지를 원했다. 모차르트는 계속 그것을 원했다. 빈에서 보낸 편지 가운데는 심지어 "정말로 소중한 나의 친구여!"로 시작하는 것도 있다. 그러나 레오폴트 모차르트는 이런 것을 이해할 수도, 이해하려고도 하지 않았다. 그는 이미 오래 전에 끝나버린 과제에 매달려서 새로운 과제를 받아들이지 않았다. 자신의 힘으로 새로운 직업을 시작하기에는 이미 너무 늦었다. 그러므로 그가 버림받았다고 느끼고 쓰라린 심정에 빠진 것도 놀라운 일은 아니다.

이런 상황에서 모차르트의 누이에게 진지한 구혼자가 등장했다. 잘츠부르크의 궁정 군사고문관인 프란츠 디폴트(F. d'Ippold)였다. 그는 상대의 사랑을 얻기는 했지만 그의 직업은 결혼생활을 꾸려가기에 충분하지 않았다. 레오폴트 모차르트에게 이것은 또 다른 위협이었던 것 같다. 모차르트는 빈에서 이 일에 끼어들면서 누이에게 도움을 주겠다고 약속했다.

누나와 디폴트에게는 힘든 일이겠지. 그래, 난 알아. 잘츠부르크에선 전혀 아무 일도 안 될 거야. 디폴트가 여기서 무슨 일을 할 수는 없을까? 적어도 그 자신만을 위해서는 아주 빈손은 되지 않을 거야. …… 그렇게만 된다면 누나는 결혼할 수 있을 텐데. 내 말 믿어, 누나는 여기서 충분히 돈을 벌 수 있을 거야. 예를 들면 사설 아카데미 같은 데서 연주를 하는 거지. 그리고 교습도. 사람들은 분명 누나를 원할 거야. 그리고 돈도 많이 낼 거고. 그러자면 아버지가 사직을 하고 함께 오셔야겠지만. 그러면 우린 다시 즐겁게 함께 지낼 수 있을 텐데. …… 나는 아버지가 이제 쉬셨으면 좋겠거든. 이제 괴로운 일은 그만 하셨으면 해. 내가 말한 식으로 하면 그렇게 될 수 있을 것 같아. 매형의 수입, 그리고 누나의 수입, 또 내 수입으로 우린 잘 꾸려갈 수 있을 거야. 그러면 아버지는 쉬면서 즐거운 생활을 하시는 거지.

레오폴트 모차르트 입장에서 보면 이것은 다시 한 번 아들의 모래성 쌓기 계획의 하나였을 뿐이다. 어쩌면 이런 생각은 그를 몹시 화나게 만들었을지도 모른다. 실제로 모차르트는 빈에서의 첫해 동안 이전 어느 때보다도 가난했다. 그러니까 그의 도움은 아예 생각할 수도 없었다. 아들이 그런 상황을 숨기고 있는데도 아버지는 이미 현실을 짐작하고 있었으며, 심지어는 좀더 나은 인상을 줄 수 있도록 빚 갚을 돈을 보내주기까지 했다.

레오폴트 모차르트는 잘츠부르크에서는 적어도 부악단장으로서 '안전한' 수입이 있었다. 그러나 딸마저 자기를 떠난다면 너무 힘든 일이었다. 그래서 마리아 안나는 디폴트를 포기함으로써 자신을 희생하고 계속 아버지의 살림을 꾸렸다. 마리아 안나가 자신이 결혼하지 못한 데는 동생도 일부 책임이 있다고 생각했을 수도 있다(그리고 레오폴트 모차르트는 그녀의 이런 생각을 뒷받침해주었을 것이다). 이후로는 누이와의 관계가 멀어지고 다시는 회복되지 않았기 때문이다. 모차르트는 남은 사람들을 희생으로 삼아서 양친의 집에서 해방되었다.

모차르트는 그 사이에 〈후궁에서의 납치(Entführung aus dem Serail)〉를 위한 대본을 받았다. 그러나 1782년 7월 16일 초연 때까지, 그러니까 보수를 지급받기까지 1년 동안 아주 곤궁한 한 해였다. 이 보수를 받지 못하면 콘스탄체 베버와의 결혼은 생각할 수 없었다. 그리고 나서 그가 아버지에게 결혼에 동의해줄 것을 청하자 아버지는 계속 미루다가 결혼식 다음날에야 겨우 동의했다. 가족의 평화가 얼마나 깊이 깨졌는가 하는 것은—이 시기에 쓴 레오폴트 모차르트의 편지는 전해지지 않기 때문에(콘스탄체가 없애버림—옮긴이)—모차르트의 편지로 미루어 알 수 있다.

오늘 26일자 아버지 편지를 받았습니다. 그러나 아주 무심하고 냉정한 편지더군요. 이미 보내드린 소식에서 제 오페라가 좋은 반응을 얻은 것을 알려드렸기에 이런 일은 생각지도 못했습니다. 저는, 제 느낌대로 그렇게 생각했습니다만, 아버지는 아들의 작품을 얼른 보고 싶은 욕심에 소포를 제대로 뜯지도 못하실 거라고 믿었거든요. 어쨌든 제 작품은 빈에서 패배하지 않고 대단한 반응을 만들어내서 (이 오페라 이야기말고) 다른 이야기는 거의 들리지도 않을 정도입니다. 극장은 언제나 사람들로 가득 차는데—오직—아버지만 시간이 없군요. …… 온 세상은 내가 허풍을 치고 비판을 해서 음악 교수들과 다른 사람들을 적으로 만들었다고 주장합니다. 도대체 어떤 세상일까요? 아마 잘츠부르크겠지요. 이곳 사람은 사실은 그와 정반대라는 것을 충분히 보고 들을 수 있으니까요. 그리고 이것이 바로 제 대답이기도 합니다.

레오폴트 모차르트가 자기에게 보내온 〈후궁에서의 납치〉 총보를 시간이 없는 관계로(이 말을 믿을 수는 없지만 어쨌든 아들에게는 그렇게 써 보냈다), 들여다보지도 않았다는 말은 부자 갈등의 절정을 이루는 것이었고 이런 타격은 바로 모차르트를 겨냥한 것이 분명하다.

멀어진 관계

모차르트가 빈에서 지내는 동안 아버지가 보낸 편지는 단 한 통도 남아 있지 않다. 오직 모차르트의 답변을 보고 아버지가 뭐라고 썼는지 유추할 수 있을 따름이다. 콘스탄체 모차르트에 대해서는 한 마디도 나쁜 말이 나오지 않았던 것 같다. 잘츠부르크에서는 아무도 그녀를 보지 못했기 때문에 판단이 유보되었다. 모차르트의 결혼에 대한 온갖 유보의 태도는 그녀의 인품과는 무관한 것이었다. 오직 받아들이기 어려운 결혼이라는 사실 자체가 문제였고 그에 따른 상황들이 문제였다.

장모에 대해 차츰 알려지면서 상황은 걱정했던 것 이상이었다. 분명히 장모는 술 좋아하고 싸움 좋아하는, 참아주기 힘든 여자였다. 모차르트는 아주 특이한 결혼 계약서에 서명해야만 했다. 결혼이 깨질 경우를 위해서 장모는 상당히 높은 액수의 연금을 요구했다. 그래서 모차르트는 거의 자신의 살림을 꾸려갈 돈을 만들 수가 없었다.

그 밖에 다른 문제들도 아주 많아서 아버지의 걱정은 근거가 없는 것이 아니었다. 원칙적인 반대에 더해서 이미 오래 전으로 잡혀 있던 젊은 부부의 잘츠부르크 방문 일정이 계속 미루어졌다. 그것은 모차르트 자신이 원인이었다. 1년이 지나고 나서야 아버지와 누이는 콘스탄체 모차르트를 볼 수 있었다. 이 방문이 특별히 다정한 것이 아니었다고 해도 놀라운 일이 아니다. 그러나 콘스탄체 모차르트에게 원인이 있었던 것은 아니다. 이 방문 이후로 모차르트는 아버지에 대해서 아들로서의 의무에 합당한 관계만 가졌다. 지금까지는 매주 보내던 편지도 눈에 띄게 줄었고 마지막에는 여러 달씩 거른 다음 극히 짧막한 소식만 주고받았다. 누이와의 관계는 즉시 얼어붙었다.

레오폴트 모차르트가 콘스탄체에 대해서 한 유일한 발언이 발트슈테텐 남작부인에게 보낸 편지에 들어 있다. 그것은 걱정과 안심을 보여주고 있다.

베버 집안 출신 며느리가 얌전해서 저로서는 퍽 기쁩니다. 그렇지 않다면 아들아이가 불행할 테니까요. 부인께서 그애가 괜찮은 사람이라고 말씀하신다면 제게는 그것으로 충분합니다!

그러나 같은 사람에게 보낸 또 다른 편지에서 그는 모차르트의 성격적 특성에 대해서 간결한 비판을 하고 있으며 그로써 아버지의 교육적 노력이 모두 실패했다고 표현하고 있다.

아들에게서 중요한 잘못만이라도 보지 않았다면 저는 완전히 안심했을 것입니다. 그애는 너무 참을성이 많거나 아니면 의욕이 없거나 아니면 너무 편하게 지내고 때로는 너무나 자부심이 강합니다. 이 모든 것을 한데 합친 인간이라면 활동성이 없는 사람이죠. 아니면 그애는 너무 초조하고 격한 성질이어서 전혀 참고 기다릴 줄 모릅니다.
그의 내면을 지배하는 것은 서로 완전히 상반되는 이런 두 측면입니다. 너무 많거나 너무 적을 뿐이고 중간이 없습니다. 부족한 것이 없으면 금세 만족해서 편안해하고 아무 일도 안 하지요. 활동을 해야 할 상황이 되면 다시 깨어나 몹시 서두르며 행운을 만들어내려고 합니다. 아무것도 자기를 방해해서는 안 된다는 식입니다. 유감스러운 일이지만 가장 능숙한 사람들, 특별한 천재들에게 가장 많은 장애물이 주어지는 것 같습니다.

그리고 추신에다가 이렇게 덧붙인다.

아들은 전에 결혼하면 어머니와 한 집에 살지 않겠다고 써보낸 적이 있습니다. 그애가 이 집을 정말로 떠났으면 하고 바랍니다. 그러지 않다면 그애와 처에게 불행한 일이지요.

이 모든 것은 틀린 관찰은 아니지만, 전혀 아무런 영향력도 미치지 못하고 완전히 다른 기질을 가진 모차르트를 저 자신에게 맡겨둘 수밖에 없다는 체념도 느껴진다. 어쨌든 레오폴트 모차르트는 빈을 방문했을 때(1785) 아들이 성공의 절정에 있고 재정적인 의미에서도 성공한 것을 보고 만족스럽게 여겼다.

모차르트는 이 방문이 아마도 자기가 바른 결정을 내렸다고 아버지를 납득시키고, 아버지의 권위를 넘어 옛날의 친밀한 우정을 회복할 마지막 시도가 되리라는 것을 잘 알고 있었을 것이다. 방문 일정은 극히 중요한 사건들 가운데서도 절정이었다. 도착하는 날에 레오폴트 모차르트는 d단조 피아노 협주곡 초연을 보았고, 다음날 하이든에게 헌정된 세 개의 4중주를 하이든이 참석한 자리에서 함께 연주할 수 있었다. 하이든은 이 기회에 이렇게 말했다.

하느님 앞에서 정직한 인간으로서 이렇게 말씀드려야겠습니다.

아드님은 제가 직접 아니면 이름으로 아는 사람 가운데 가장 위대한 작곡가입니다. 그는 좋은 취향을 가졌고, 그것을 넘어 가장 위대한 작곡 지식을 가지고 있습니다.

다음날 모차르트는 황제가 참석한 자리에서 연주했으며 매일 이런 식으로 계속되었다. 식사 초대가 줄을 이었고 이런 자리에서 레오폴트 모차르트는 사치스러운 음식 순서에 그저 경탄할 따름이었다. 프리메이슨 결사에도 받아들여지고 빠른 속도로 마이스터로 진급했다. 그는 빈을 방문한 10주 동안에 모차르트가 참가하는 19개의 음악회를 경험했다. 오페라의 저녁들이 거기 덧붙고, 소풍, 배우들, 음악가, 부자 친구들을 방문하는 일들이 뒤따랐다. 레오폴트 모차르트는 전혀 쉴 틈이 없었다. 그는 이렇게 기록했다.

아들이 빚을 갚아야 하는 것이 아니라면 지금 2000플로린 정도는 은행에 넣어두고 있을 것입니다. 그 돈은 분명히 있어요. 먹는 것과 마시는 것 등 집안 살림이 극도로 경제적입니다.

오늘날의 돈으로 따져보면 이 금액은 약 10만 마르크쯤 된다. 그러나 어쩌면 빚이 있을지도 모른다는 의심어린 발언을 잊어서는 안 될 것이다. 그러나 아버지는 모차르트의 진짜 형편은 보지 못했다. 그리고 음악적인 계획들과 문제점들에 대한 친밀한 의견 교환도 다시 회복되지는 못했다.

모차르트의 누이도 결혼할 수 있게 되었다. 상대는 아이가 많이 딸린 홀아비로서 그녀가 처음 선택했던 남자는 아니었다. 그녀는 자신의 첫아이가 젖먹이일 때 벌써 아버지에게 아이를 맡겼다. 그는 그 밖에도 자기 집에서 세 명의 음악학생을 보살피고 있었다. 그러나 1786년 가을에 모차르트가 영국여행을 할 계획으로(결국 이루어지지 않았지만) 자기의 두 아이를 한동안 보살펴줄 수 있겠느냐고 물었을 때 오해의 여지가 없는 거절의 답장을 받았다. 레오폴트 모차르트는 이때 딸에게도 다음과 같이 써보냈다.

> 내가 극히 심각한 편지를 써야 했다는 것을 쉽게 상상할 수 있겠지. …… 물론 나쁘진 않을 거야—그들은 편하게 여행할 수 있겠지—죽을 수도 있고, 영국에 머물 수도 있겠지. 내가 아이들을 데리고 영국으로 쫓아간다든지 뭐 그럴 수도 있을 테고. 아니면 아이들을 위해서 내게 줘야 할 비용에 대해서도 구질구질하게 써야겠지. 어쨌든 좋다! 내 결정은 아주 힘차고 교훈적이다. 그가 그것을 이용하려고 한다면 말이다만.

그 사이에 아버지는 아들이 온갖 악의를 다 가졌다고 여겼다. 최소한의 신뢰나 가족 간의 유대감은 흔적도 없었다.

반 년 뒤에 레오폴트 모차르트는 잠깐 병을 앓다가 갑자기 죽었다. 겨우 몇 년 뒤인 1791년 12월 5일에 높이와 깊이, 성공과 실패, 빈곤과 부유함이 마구 교차한 볼프강 아마데우스 모차르트의 삶도 역시 갑작스럽게 끝이 났다. 모차르트 일가, 특히 아버지와 아들은 서로를 위해 가능한 온갖 사랑과 헌신, 희생을 주고받았던 가족이었다. 그런 다음에는 어쩌면 바로 그랬기 때문에 해소할 길 없는 갈등을 겪어야만 했다. 그들이 자주 보여주곤 하던 현명함도 감정 부분에서는 거듭 실패했다.

위대한 아버지 밑의
비극적 그늘

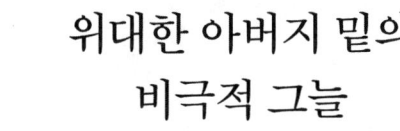

—괴테와 아들—

로타르 뮐러

아우구스트 폰 괴테 | 1828년. 이탈리아 여행을 떠나기 2년 전. 이 여행에는 에커만이 동반했다. 그의 기분을 전환시키기 위한 여행이었을 뿐 아니라 아버지를 위해 자료를 수집하기 위한 여행이기도 했다.

종속

이탈리아 여행에서 에로틱의 의미를 배우고 돌아온 괴테는 당대 사람들이 무지해서 위대한 시인과 어울리지 않는다고 생각한 크리스티아네 불피우스와 동거했다. 마흔 살의 나이에 불피우스에게서 얻은 외아들 아우구스트를 괴테는 몹시 사랑했다.

아버지와 극단적으로 대비되는 멍청한 아들 속에는 천재적인 아버지 속에 감추어진 병리적인 속성이 반영되어 있다. 60대의 늙은 괴테는 20대의 젊은 아들을 과잉 보호한다. 아버지의 거대한 그림자 속에서 아들은 일평생 아버지를 절대적으로 존경하고, '조수'로서 크고 작은 일들을 돕는다.

병들고 시들어가는 아들의 재탄생을 위해 아버지는 아들에게 이탈리아 여행을 권했다. 아버지의 《이탈리아 여행》과 다른 작품들을 길잡이삼아 아들은 충실하게 이탈리아를 여행했다. 그리고 가장 중요한 곳 로마에서 아들은 늙은 아버지보다 먼저 죽었다. 아버지의 이탈리아 여행의 간접적 결과로 태어난 아들은 결국 자신의 이탈리아 여행 중 로마에서 죽고, 아버지에게 아들의 존재는 아버지의 문학작품의 상징성과 영원히 결합되어 비명(碑銘)으로 박제되었다.

이 글에서는 주로 괴테의 문학작품과 문학적 상징성을 위주로 부자관계가 추적되고 있다. 자신의 글을 남기지 않은 아들의 입장은 명료하게 대변되지 않는다. 죽어서도 이름을 잃고 괴테의 아들로만 남은 아우구스트의 생전의 비감(悲感)을 행간에서 찾아내 천천히 되새겨보면 그제야 비로소 위대한 아버지의 아들로 태어나는 것이 얼마나 위태로운 일인지 짐작할 수 있게 된다. 거꾸로 스스로 성공한 인물이 아들을 위해서도 균형 잡힌 아버지가 되기가 얼마나 어려운 일인지, 살아서 이미 당대의 현자로 알려졌던 괴테의 예에서 분명하게 볼 수 있다.

아주 끈질긴 전설에 따르면, 요한 볼프강 폰 괴테(Johann Wolfgan von Goethe, 1749~1832)의 아들 아우구스트는 일평생 시를 단 한 줄 썼다고 한다. 로마에서 씌어진 것으로 "여기 카피톨리니 언덕에 올라보니 무슨 말을 해야 할지 모르겠네."라는 시구라고 한다. 이 전설의 의도는 아주 분명하다. 이렇게 서툰 운율을 이용해서 기묘하고 우스꽝스러운 아들을 아버지의 천재성에 대비시키려는 것이다.

극히 무감각한 사람이라도 능력의 한계를 넘어 열광을 표현하게 되는 바로 그곳, 눈 아래 로마를 내려다보는 장소에서 그가 만들었다는 이 구절은 그의 시적 무능력을 분명하게 말해준다. 그가 말수가 적은 것은 아름다운 광경에 말을 빼앗긴 시적 천성의 침묵 때문이 아니라 어리석음 때문이라는 주장인 셈이다. 로마 여행처럼 특별히 유리한 상황도 그에게 전혀 도움이 되지 않았다는 증언이다. 아버지가 고전주의 문인으로 성공한 분야에서, 극히 평범한 아들은 희망 없는 예로 등장하고 있을 뿐이다.

아우구스트가 썼다는 이른바 카피톨리니 언덕의 시 구절은 19세기의 도이치 교양 부르주아 계층 명언집에 나온다. 괴테의 웃음거리 아들, 멍청한 아우구스트에 대한 비웃음이 아버지를 향한 숭배에는 아무런 해도 입히지 않고, 그저 눈을 찡끗하는 대비(對比)의 역할만 했다.

도이치 문화의 전인적 천재에게서 어떻게 그런 후손이 나왔을까 하고 자세히 캐물어보면 물론 손쉽게 어머니 쪽 유전이라는 답변이 나온다. 아우구스트를 백치로 만들어서 비웃는 괴테 숭배자들은 이 시인의 '침대 애인'에 대한 온갖 일화들을 다 알고 있는 것이 보통이다. 괴테의 아들은 결국 너무 삶을 즐겼고 마시고 춤추는 일에 몰두했던, 정말로 무식한 크리스티아네 불피우스(Ch. Vulpius)의 아들이 아니던가? 어머니와 아들 두 사람은 제한된 정신적 능력에, 고삐 풀린 감각성을 가진 거칠고 우스꽝스러운 사람들로서 천재의 생산적인 중요 영역 바깥에 머물지 않았던가?

19세기 후반 이후에, 그때까지 조화의 이상(理想)으로 여겨 숭배되어 온 괴테에 맞지 않는 괴테의 '병리학'이 발견되면서 아들에 대한 비웃음은 점차 사그라지게 되었다. 멍청한 아우구스트는 차츰 고통받는 아우구스트로 바뀌었다. 1898년 정신과 의사이며 히스테리 연구자인 파울 율리우스 뫼비우스(P. J. Möbius)의 《괴테의 병리학(*Über das Pathologische bei Goethe*)》이 출간되었다. 이는 체사레 롬브로소(Cesare Lombroso, 1835~1909. 이탈리아의 범죄학자. 오늘날에는 그의 생각들이 대부분 효력을 잃었지만 범죄학이 학문으로 성립할 기틀을 제공했다—옮긴이)의 주장, 곧 천재란 '종자 변종'의 산물이라는 생각을 거장 괴테에게 적용한 것이었다.

뫼비우스는 주로 《젊은 베르터의 슬픔》에서 《빌헬름 마이스터의 편

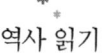

역사 읽기

바이마르(Weimar): 오늘날 도이칠란트 동부에 위치한 바이마르는 작지만 아주 중요한 유럽의 문화도시다. 18세기에 괴테와 실러가 이 도시에서 활동하고 여기서 죽었기 때문이다. 당시 바이마르는 신성 로마 제국에 속한 공작령 제후국가의 공작 거주지였다. 그러나 통일제국을 이루지 못한 도이치 사람들의 마음속에서 괴테와 바이마르는 도이치 국가의 중심이 되었다. 당시와 후대에 수많은 지식인과 예술가들이 찾아들었고, 그 흔적이 작은 도시 곳곳에 남아 있다. 몇 가지만 꼽자면 괴테와 실러가 함께 활동한 국립극장, 괴테-실러 영묘, 문서고, 괴테 박물관(프라우엔플란의 괴테 집), 실러의 집, 프란츠 리스트의 집, 박물관, 음악대학, 프리드리히 니체 문서고 등이다. 그 밖에 바우하우스 학교 건물도 남아 있다. 도이치 문화를 대표하는 이런 상징성 때문에 제1차 세계대전 패망 이후 출발한 민주주의 도이칠란트는 '바이마르 공화국'이라고 불렸다. 다시 이런 상징적 중요성 때문에 히틀러가 이 도시를 주목했고, 도시 교외에 도이칠란트에서 가장 규모가 큰 악명 높은 부헨발트 유대인 수용소를 만들고 유대인을 처형했다.

력시대》에 이르는 문학작품을 통해서 괴테가 가진 광기, 정신병, 도착증 등의 내적 소인(素因)을 분석했다. 그러나 그는 아버지로서의 괴테에 대해 가장 예리한 판정을 내린다.

병리학적인 요소는 괴테의 후손에서 그 절정에 도달했다. 그것은 마치 괴테가 보통 사람보다 훨씬 많이 누렸던 행운의 정령들이 이자까지 붙여서 후손의 불행으로 대가를 받으려 한 것처럼 보인다.

뫼비우스 이후로 '중병이 들고 불행했던' 괴테의 아들은, 아버지의 천재성이 가까운 사람들에게 파괴적으로 작용했다는 명제의 가장 강력한 증언이 되었다. 정신분석 의사인 쿠어트 아이슬러(K. Eissler)는 거대한 괴테 연구서를 썼다. 그것은 뫼비우스에서 오토 바이닝거(Otto Weininger, 1880~1903. 스물세 살에 자살한 오스트리아의 철학자. 단 한 권의 저서 《성(性)과 성격》을 남겼다―옮긴이)를 거쳐 고트프리트 벤(G. Benn, 1886~1956. 도이치 시인)까지 계속되어 왔던 생각, 즉 괴테가 조화를 이룬 인물이 아니라 병리적인 인물이었다는 주장을 훌륭하게 마무리지은 책이었다. 이 책에서 아들은, 아버지의 작품이 세상에 나오기 위해서 예술이 생명에 요구한 피할 수 없는 제물로 서술된다.

이런 희생 제물 이론은 파괴적 천재론이다. 도이치 작가 토마스 만(T. Mann)은 소설 《바이마르의 로테》(1939)에서 특유의 날카로운 눈길로 이들 부자관계에 들어 있는 엄청난 심연뿐 아니라 동시에 예술과 삶 사이에 이루어지는 어지러운 상호작용까지도 검토하고 밝혀냈다. 코미디로 위장된 이 소설은 1816년 가을, 곧 크리스티아네의 죽음에서 아우구스트가 오틸리에 폰 포그비슈(O. von Pogwisch)와 결혼하기까지의 시기를 배경으로 삼는다. 당시 스물여섯 살이던 아우구스트는 절제할 줄 모르는 음탕한 성격에 소모적인 행동을 한다는 소문과 이야기들이 퍼져 있는 상태에서, 아버지의 특사 자격으로 적절한 품위를 유지하면서 그 유명한 로테를 맞아들여야 한다. 유명한 괴테의 아들이고, 그래서 언제나 아버지와 비교당하는 치명적 처지에 노출되는 운명이 아우구스트 위에 신비로운 마법의 울타리처럼 걸려 있다.

그러나 그는 단순한 제물일 뿐만 아니라 아버지를 해석하기 위한 열쇠이기도 하다. 그는 아버지와는 대조적으로 일그러지긴 했지만 놀라울 정도로 비슷한 초상화이기도 하다. 토마스 만은 소설에서 간결하게 요약해서 표현하지는 않았지만 이런 희생 이론의 요점들을 이중 인격체(도플갱어)의 상황으로 만들어서, 악명이 자자한 수다쟁이 아델레 쇼펜하우어의 입으로 표현하고 있다. 그럼으로써 이 이론은 진지함에 손상을 입었지만 매력이 줄어들지는 않았다.

그 동안 자주 생각해봤는데 그것을 제가 한번 이야기하지요. 물론 양심의 가책이 없었던 것은 아니고, 저나 아니면 다른 누구라도 그런 생각을 하는 것이 과연 합당할까 의심하면서 해본 생각이에요. 그러니까 아들에게 극히 불행하고 파괴적인 힘으로 나타나는 어떤 특성들이 이미 위대한 아버지에게도 나타나 있다는 생각이 들거든요. 물론 그런 특성들이 동일한 것이라고 알아보기가 힘들고, 그런 것을 생각하면 존경심과 경외감이 급격히 줄어들기는 하지만 말이에요.

아버지에게서 그런 특성들은 다행스럽고 결실 많고 사랑스러운 가벼움으로 나타나 세상의 기쁨이 되지만, 아들이 물려받은 것은 조잡하고 정신력이 없고 치료할 수 없는 방식으로 등장하고, 풍속을 어지럽혀서 노골적이고 뻔뻔스럽게 보이니까 말이죠.

토마스 만은 아버지와 아들의 성격을 접근시키지 않는다. 그는 괴테의 소설 《친화력(Wahlverwandtschften)》을 이 올림포스 신(괴테)에 대한 불신(不信)의 증거로 들고, 그럼으로써 예술이란 병리적인 것의 징후이자 매체가 되는 것이 아닌가 묻는다. 작중 인물 아델레 쇼펜하우어는 이 소설의 부도덕성에 대한 속좁은 비판을 '졸렬하고 경건한 척하는 태도'라고 여겨 거부한다. 그렇지만 그녀는 이 소설이, 아우구스트의 일탈된 행동에서 거칠고도 이국적이고 파렴치하게 드러나는 '풍기 문제'를 다만 심오하게 표현한 것일 뿐이라고 생각한다.

아우구스트의 방자하고 탕아 같은 삶을 보고서, 인류 전체에게 주어진 선물인 저 위대한 소설을 만들어낸 것과 동일한 성향들이 그저 다른 형식으로 발현된 것일 뿐이라고 여긴다면 그것이 얼마나 부조리하고 모욕적인 일인지 잘 알아요.

이 글 처음에 인용된 일화에서 멍청한 아우구스트를 비웃는 일이 전혀 아무런 문제가 없는 것처럼 보이더니 이제는 아버지와 아들의 차이가 거의 없어져 버린다. '거인의 그늘' 아래서 시들어가며 거의 기형적인 삶을 사는 백치 대신, 아버지를 깊게 반영하고 있는 아들, 아버지의 병리적인 모습을 보여주는 아들이 등장하는 것이다. 그러나 여기서는 아버지 역할을 하면서 괴테가 인식했던 대단히 오래 된 요소가 전혀 다루어지지 않고 있다. 곧 천재와 시적이지 못한 아들의 관계에 들어 있는 엄격하게 비대칭적인 구조라는 생각 말이다.

두 사람의 관계에서 아버지는 아들에게 지나치게 밝은 운명적 항성(恒星)을 의미했고, 아들은 아버지에게 그저 수많은 위성들 가운데 하나라는 기본법칙이 엄격하게 자리잡고 있었던 것 같다. 모든 괴테 전기에서 코르넬리아 폰 슈타인과 샤를로테 폰 슈타인 자매, 질풍노도 시기의 불행한 친구 야코프 미카엘 라인홀트 렌츠와 요한 하인리히 메르크, 프리드리히 실러, 또는 카를 아우구스트 공작 등의 인물들은 괴테의 내면에 미친 의미라는 측면에서 아들보다 훨씬 더 중요한 위치를 차지했다. 대개의 경우 아들은 아버지의 생애에서 주변인물조차 되지 못했다. 엄밀하게 살펴보아야만 비로소 이런 겉모습이 달라지게 된다.

낳아주신 아버지와 그 피조물

처음에는 어떤 성(姓)을 따르게 될지조차 전혀 불확실했던 아우구스트 괴테는 1789년 12월 25일 요한 볼프강 폰 괴테와 크리스티아네 불피우스 사이에서 첫째아이로 태어났다. 그는 당시 법칙대로 결혼하지 않은 남녀 사이에 태어난 아이라고 기록되어야 했고 부모는 벌금을 물어야 했다. 12월 27일에 괴테는 자기와 함께 일하면서 개인적으로 자기에게 호의를 가지고 있던 비밀 고문관 크리스티안 고틀로프 포이크트(Ch. G. Voigt)에게 편지를 써보냈다. 그 속에서 '이 순간에 이루어진 신성한 행동'이라는 간접적인 암시로만 아들의 세례식이 표현되어 있다. 편지의 주요 내용은 이 영향력 많은 관리에게 역시 암시로만 우정의 행동에 감사를 하고 있다. 여기 언급된 우정의 행동이란 아마도 혼외(婚外)로 태어난 아이의 출생신고를 조용히 처리해준 것을 뜻한다고 짐작할 수 있다.

율리우스 아우구스트 발터라는 이름으로 세례를 받은 아이의 이름은 공작 카를 아우구스트＊의 이름에서 따온 것인데, 공작은 1788년 7월 괴테가 크리스티아네 불피우스와 관계를 맺기 시작한 이후로 바이마르 사회와 궁정 주변의 적대감에서 이 커플을 보호해 왔다. 그러나 세례식에 와달라는 초대에는 응하지 않았다. 그럼으로써 그는 아이의 '대부'로 보일 수 있는 행동을 피했다. 공작은 1790년 1월 18일에 베를린으로 가서 당시 러시아의 동맹국이었던 오스트리아와 프로이센 사이에 위협적으로 다가오던 전쟁에 대한 정치적 협상에 참석했다.

괴테가 아버지로서 최초로 아들 이야기를 적은 편지를 써보낸 상대도 공작이었다. 이 편지는 아이가 태어나서 6주가 지난 다음인 1790년 2월 6일에 씌어졌다. 성의 건축과 바이마르의 온갖 소식에 관한 보고들 사이에 지나가는 말처럼 슬쩍 덧붙인 구절이 흥미롭다.

여신 루키나(아기 탄생을 관장하는 주노 루키나를 가리킴 — 옮긴이)의 은총으로 다시 사랑을 시작했습니다. 세례식을 한 꼬마는 몸이 말라가는군요. 그러나 여자들 말로는 이런 섭생상태로는 흔한 일이라고 합니다. 12주가 될 때까지는 인내심을 가지고 기다려야 한답니다.

역사 읽기

카를 아우구스트: 작센 바이마르 아이제나흐의 공작 카를 아우구스트(Carl August Herzog von Sachsen-Weimar-Eisenach)는 열여덟 살이 되는 1775년에 이 작은 나라의 통치권을 어머니에게서 물려받았다. 프리드리히 대왕의 조카딸이었던 그의 어머니 안나 아말리아 공작부인은 남편이 일찍 죽은 다음 아들의 섭정 자격으로 17년 동안 바이마르 제후국가를 훌륭하게 통치했다. 이 주목할 만한 여성은 전쟁이 빈번하던 불안정한 시대에 당시 중요한 예술가와 학자들을 이 작은 도시로 불러들여 바이마르를 예술과 학문의 도시로 만들었다. 이런 어머니 밑에서 작가 빌란트(Wieland)의 지도를 받으며 예술적 분위기에서 성장한 카를 아우구스트 공작은 학문과 예술을 사랑하는 군주가 되었다. 군주가 되면서 그가 맨 먼저 한 일은 스물여섯 살의 괴테를 바이마르로 초빙한 일이었다. 이 일은 당시 이미 바이마르에 거주하던 학자와 예술가들 사이에 엄청난 흥분을 만들어냈다. 이것은 바이마르가 유럽 굴지의 문화도시로 출발하는 역사적 사건이었다.

어제 올해 첫 '에로티콘'이 인쇄되었습니다.

사랑, 그리고 사랑으로 태어난 아이(사생아)에 대한 초보 아버지의 근심, 그리고 에로틱 문학이 이 편지에 나란히 묘사되어 있다. 괴테는 고위관리로서의 체면을 손상시키는 아들의 존재에 관해서 영주에게 고백하고 있다.

그러나 여기서 1차적으로 드러나는 것은 연애술의 추종자가 다른 추종자에게 편지를 쓴다는 점이다. 우정에 잠재되어 있는 동성애적 특성에 대해 자주 거론되는 이들의 우정관계가 괴테가 이탈리아 여행에서 돌아온 이후 이성애(異性愛)로 대체된 것이 어조에 드러나 있다. 고대의 문체, 더 정확하게 말하자면 라틴어 문체로 괴테는, 출산으로 인해 강요당했던 절제기간이 끝났음을 말하고 있는데, 이런 문체는 오해의 여지가 없는 것이다. 자신의 '에로틱하고 철학적인' 꿈들과,《로마의 비가(Römische Elegien)》작업의 진전 상황에 대해서 괴테는 1789년 가을 이후로 줄곧 공작에게 보고했다.

'여신 루키나'는 괴테가 1789~1790년경에 에로틱한 시 작업을 위해서 행한 원전탐구를 보여준다. 로마의 주노 여신이 본래 출산과 산후조리를 지키는 여신이라는 맥락에서 루키나라는 별명을 얻었다는 것을 괴테는 아우렐리우스 아우구스티누스(Aurelius Augustinus, 354~430. 성 아우구스티누스)의《신국(De civitate Dei)》에서 알게 되었다. 괴테는 여기서, 후기 기독교의 이 위대한 철학자가 로마의 신들에 대해서 조롱과 패러디를 보내는 구절들에 특히 열중했다.

아우구스티누스는 다신교적인 세계에 대해서 유일신교가 더 우월하다는 것을 보여주려고 했다. 괴테는 이런 저자의 의도를 슬쩍 못 본 척하고 있다. 로마 역사가 바로(M. T. Varro)의 작품으로 여겨지는 텍스트를 원전으로 삼아, 거기서 '생식의 전 과정을 수많은 신들과 여신들에게로 돌리고, 각각의 신들에게 가능한 한 정확하게 구분된 특수한 과제를 배당한 고대인들의 창의력'을 보았다. 아우구스티누스는, 사랑이 싹트는 것, 사랑의 행위, 그리고 분만에 이르는 각 과정을 신성한 것으로 만드는 이런 제의적인 성화(聖化)에 반대해서 조소를 퍼부었다.

신부 들러리들도 물러나는 침실을 신들로 가득 채워서 어쩌자는 것인가?

《신국》에 나오는 위의 구절을 놓고 괴테는 카를 아우구스트 공작에게 라틴어로 주석을 써보내면서 아우구스티누스에 반대하는 외설적인 문헌학자의 변덕스런 문체로 고대인들의 사랑의 신들을 추방지에서 다시 불러와 자기가 사는 바이마르의 가정신으로 만들었다. 이렇게 자신의 서재와 침실을 고대의 신들로 가득 채워놓은 이유는, 이탈리아를 떠나 삶의 즐거움을 덜 중히 여기는 북유럽 튀링겐 지방(바이마르가 속한 지역—옮긴이)으로 돌아온 일과 관계가 있었다.

행복한 여행에 뒤이어 길고도 잔인한 밤들이 왔고, 그래서 자신의 삶을 변화시키기로 결심했다. 옛날에도 했던 일이지만 이제는 생식과 창조라는 신적이고도 인간적인 영역을 실천적으로 탐색하기로 마음먹었다. 하나의 교훈적인 '예'가 필요하고 행복한 결과가 되었다는 것이다. '기회가 없지 않았고 나는 그 기회를 붙잡아서 많은 밤을 인간을 창조하기 위해 노력했던' 것이다.

이탈리아 여행이 괴테의 삶에서 중간 휴지부를 차지한다는 것은 자주 지적된 일이다. 괴테 스스로 회상을 통한 여행기에서 이 여행이 위협적인 자기 상실의 위기를 벗어나 다행스럽게도 자신을 되찾고 새로 태어나게 된 계기라고 규정지었다. 그가 이탈리아에서 돌아왔을 때 전보다 감각적으로 되었다는 사실을 이미 바이마르의 동시대 사람들이—드물지 않게 낯선 느낌으로—기록했다.

정신분석의 방식으로 읽어보면 이탈리아에서의 다시 태어남이란 마흔 살이 될 때까지 남아 있던 무거운 성적(性的)인 억제를 극복했다는 의미이다. 크리스티아네 불피우스는 샤를로테 폰 슈타인(괴테가 오랫동안 정신적인 사랑을 했던 여성—옮긴이)에 대한 '반대 유형'으로서 로마의 파우스티나에 해당하는 북부의 인물이라고 했다. 이런 말에 반박하기는 어렵다. 물론 대부분의 해석자들은 에로틱한 요소의 발견이란 오로지 감각적 쾌락을 발견한 것으로만 여긴다.

이탈리아 여행 이후 고대 에로스의 표지에 대한 괴테의 자기 해석은 사랑의 행위에서 생식활동을 강조하는 일이다. 이런 점에서 보면 괴테의 아들은 이탈리아 여행의 산물이라고 말할 수 있을 것이다. 열매를 맺고 번식하는 것이 자연의 기본현상이라는 이런 생각은《식물의 변형》에서《로마의 비가》를 넘어《베네치아 격언시》까지의 작품들을 지배하는 주제들이다. 이 작품들은 아들 아우구스트의 탄생을 전후해서 생겨난 것들이다.

그가 아우구스티누스의 작품에 대해 저자의 의도에 반하는 주석을 하면서 사랑의 신들을 찬양하고 있다면 이것은 바로 '로마 사람들이 큐피드라 부르고, 그리스 사람들이 에로스라고 불렀던 사랑(아모르)은 번식과 삶의 첫번째 원천이며 원인'이라는 생각을 포함한다. 괴테는 스스로 하나의 '세대'를 '창조'해냈다는 사실에 공공연한 자부심을 품고서 번식이란 '신적인 작품(opus divinum)'이라고 찬양했다.

자신이 아버지가 되었다는 사실 때문에 괴테가 고대의 풍요 숭배 신화를 익혔다고 주장할 수는 없을 것이다. 그러나 방금 태어난 아들을,

라파엘의 〈앉아 있는 성모(Madonna della Sedia)〉를 본따 만든 동판화. 원화는 피렌체의 피티 궁전에 있었다. 이탈리아 여행 중에 괴테는 피렌체의 대성당과 세례당을 슬쩍 둘러보는 것으로 그쳤지만, 아들 아우구스트는 피렌체의 예술작품을 훨씬 더 주의 깊게 살펴보았다.

이탈리아 여행 이후 자신의 삶과 작품구상을 지배하는 상징적 질서의 틀 안에 넣었다고 말할 수는 있을 것이다. 괴테는《풍요의 신 프리아포스 찬가(Carmina Priapeia)》의 17세기 판본에 붙어 있는 주석(註釋)을 근거로 하여, 아우구스티누스의 작품을 고대 신화학을 위한 출전으로 삼았다.

아우구스티누스 시대에 만들어진 익명 작가의 라틴어 격언시 100개 모음은 풍요의 신 프리아포스(Priapos)에게 바쳐진 것이다. 이 신은 원

크리스티아네 불피우스와 어린 아들 아우구스트, 1792년. 괴테에게 미술 자문을 해주었던 요한 하인리히 마이어는 세 살 난 소년을 어린 예수처럼 그려놓았다.

래 소아시아에서 기원한 신으로서 그림에서는 언제나 생식의 준비가 된 초대형 남자 성기가 강조되어 있다. 괴테는 예술품 수집으로 이탈리아에서 프리아포스 그림들도 가지고 돌아왔다. 바이마르에서 카툴루스, 티불루스, 프로페르티우스, 마르티알리스* 등의 시인들을 집중적으로 탐구했다. 그러면서 고대의 풍요 및 정원의 신을 서정적인 《에로티카(Erotica)》의 중심인물로 삼았다.

1790년에 괴테는 내적인 이유가 아니라 외적인 이유에서 두 번째로 이탈리아 여행에 나선다. 공작부인 안나 아말리아(A. Amalia)는 로마에서 돌아오는 길에 그가 마중 나와주기를 바랐다. 그녀의 소원에 따라 괴테는 베네치아까지 그녀를 마중하러 갔다. 괴테는 3월 31일에 그곳에 도착했다. 그가 바이마르로 보낸 편지에는 노골적인 불만들이 드러나 있는데, 첫번째 이탈리아 여행과 연결지으려는 시도에 반대해서 일부러 꾸며낸 행동인지는 분명하지가 않다. 그 이후로 이 여행은 실패한 시도로 여겨지고 있다. 그러나 문학적으로 보자면 《베네치아 격언시》라는 풍부한 열매를 거두었다.

에로틱하고 외설스러운 이 격언시에서 역시 프리아포스의 이름이 자주 불리고 있으며, 또한 도이치 말로 작업하는 시인으로서 그리스와 로마 사람들의 풍부한 남근 어휘들에 대응되는 단어들을 찾기가 어렵다고 탄식한다. 북부 쪽이라고 볼 수 있는 요소들과 이탈리아적 요소들 사이의 긴장이 이 시집의 기본 모티프를 이룬다.

베네치아에 도착한 지 며칠 만인 4월 3일에 카를 아우구스트 공작에게 보낸 편지에 괴테는 이렇게 쓰고 있다.

그 밖에도 이탈리아를 향한 나의 사랑이 이번 여행을 통해서 치명적인 일격을 맞았다는 점을 솔직하게 말씀드려야겠군요. 컨디션이

역사 읽기

카툴루스(G. V. Catullus, 기원전 84~54): 고대 로마의 시인. 사랑과 미움을 주제로 가장 섬세한 서정시들을 씀.

티불루스(A. Tibullus, 기원전 55~19): 고대 로마의 비가 시인. 역시 극히 섬세한 시들을 씀.

프로페르티우스(S. Propertius, 기원전 55~16): 고대 로마의 가장 위대한 비가 시인.

마르티알리스(M. V. Martialis, 38 또는 41~103): 라틴어 격언시를 완성한 시인.

나쁘다는 뜻은 아닙니다. 그러나 처음에 피어났던 애착과 호기심의 꽃은 져버리고 나는 약간 스멜성거스처럼 되었습니다. 게다가 남겨 두고 온 에로티오(Erotio)와 강보에 싸인 어린것을 향한 그리움도 있습니다. 내게 속한 다른 모든 것처럼 그 둘을 당신께 부탁드립니다.

《베네치아 격언시》와《로마의 비가》에 나타나 있는 남부와 북부의 긴장이 편지에 산문 형식으로 표현되어 있다. 악명 높게 불만에 가득 차 있고 모든 것을 무차별적으로 비난하는 로렌스 스턴(L. Sterne, 1713~1768. 영국의 소설가)의 소설《감상 여행(Sentimental Journey)》의 여행자 스멜성거스(Smelsungus)를 불러냄으로써 이탈리아와 작별하고 싶다는 생각을 내비치고 있다. 어쩌면 그런 점에서 이탈리아에서 발견한 에로틱을, 베네치아 체류의 기본 테마인 여행 형식과 분리시키려는 태도라고 볼 수도 있다.

어쨌든 괴테는 이 편지에서 바이마르의 애인에 대해서 말하면서, 공작과 남자 대 남자로서 사랑에 대해 이야기할 때면 언제나 사용하곤 하던 라틴어만 사용한 것이 아니다. 그는 미다스 격언시의 의미로 살아 있는 대상을 자신의 에로틱한 시라고 바꿔 부르고 있다. '에로티콘(Eroticon)'이라는 말 대신에 문법 유희 형태인 '에로티온(Erotion)'이란 말을 쓰는 것은 루키아노스(Lucianos, 120~180. 그리스의 수사학자이자 풍자가.《신들의 대화》,《죽은 자와의 대화》등의 저자―옮긴이)를 읽으면서 익힌 것이다.

이렇게 변형된 의미에서 보면 강보에 싸인 '어린것' 아우구스트도 크리스티아네에 못지않게 에로티콘이 된다. 괴테는 라틴어로 된 로마의 사랑의 숭배를 북부의 현대 튀링겐 지방으로 옮겨놓으면서 고대에서 얻은 개인 신화로 사랑을 둘러싸고 있다. 그는 사랑의 행위를 주로 생식행위로 보는데, 아우구스트야말로 바로 이런 생식행위의 성공을 입증하는 존재이기 때문이다.

여행 중인 아버지의 편지에는 아들에 대한 염려가 분명하게 드러나 있다. 5월 초에 카롤리네 헤르더에게 보낸 편지에서 그는 다음의 소식을 감사하고 있다.

우리 집 꼬마가 다시 건강해졌다니 말입니다. 그애는 2주 동안이나 몹시 아팠어요. 그 일로 나는 몹시 불안했지요. 이런 일에는 익숙하지가 않아서요.

여행을 떠나면서 괴테는 헤르더에게 아들의 일을 부탁했다. 괴테는 물론 자기가 고대의 폐허를 향한 열광, 특히 순수 형식에 대한 옹호자로 변한 것에 대해서 헤르더와 그 아내가 품고 있는 회의를 잘 알고 있었다. 그리고 도덕적·풍속적인 측면의 불신감까지 결부되어 있다는 사실도 알고 있었다. 그러므로 그가 카롤리네 헤르더에게 보낸 편지에서 자신의 기질이 그녀의 생각보다 '더 가정적'이라는 사실을 보여주는 것은 우연이 아니다.

그 증거로 그는 정원사 편에 서서 이탈리아 여행을 끝내고 떠나는 구절을 인용한다. 물론 여기에는 시민적 가정에 대한 신념이 철저히 모호하게 표현되어 있다. 이 시의 영역을 지배하는 에로틱한 은유의 범위에서 정원과 풍요의 신이 차지하는 영역이 그다지 넓지 않기 때문이다. 괴테는 자신의 미래와 바이마르 '에로티카'의 미래를 위해 신의 보호를 청하고 있다.

세상은 넓고도 아름답다. 그러나 오! 작은 정원 하나가 비록 좁으나마 내 것이라는 점을 얼마나 하늘에 감사드리는지.
나를 다시 집으로 데려가 다오! 정원사가 무슨 여행이냐?
자신의 작은 정원을 가꾸면 명예와 행복이 찾아올 것을.

수집가와 그의 수집품

괴테는 시대라는 개념을 세계사적인 변화뿐만 아니라 자전적인 자기 이해의 도구로도 사용했다. 인상적인 독서 경험에 대해 말하면서 그런 경험들이 자기 생애에서 '시대를 구분지었다'는 표현을 쓰곤 했다. 1796년 7월 14일 밤에 프리드리히 실러에게 쓴 편지에서 그는 최근에 태어난 실러의 아들 에른스트의 세례식에 참석하지 못한 것을 사과하면서 "오늘 나 자신도 한 시대를 경험했어요. 내가 결혼생활을 한 지 8년이 되었고 프랑스 혁명이 일어난 지 7년이 되었으니까요." 하고 썼다.

대담하게도 크리스티아네 불피우스와의 만남과 바스티유 감옥 습격 사건을 대등하게 취급한 괴테의 발언은 결혼하지 않고 동거하는 이 커플에 대한 바이마르 사회의 비난을 생각하게 만든다. 보통 사람들이 내연관계라고 생각하는 것을 그는 '결혼생활'이라고 표현하고 있으며, 혁명에 비유함으로써 돌이킬 수도 교정할 수도 없는 관계임을 비치고 있다. 그가 무식한 애인에게 넌더리가 났고, 일시적인 이 스캔들 관계를 곧 끝낼 것이라는, 스러지지 않는 소문들에 맞서서 괴테는 '결혼생활'이라는 용어를 씀으로써, 이 관계가 장기적인 것일 뿐 아니라—《베네치아 격언시》의 맥락에서—후손에 대한 기대를 가진 관계라고 고백한 것이다.

어째서 민중은 소리치고 저토록 달리는가? 그들은 자신의 생계를 잇고 자식을 생산하고, 할 수 있는 한 그들을 잘 먹이려 한다.
나그네여, 그것을 잘 새겨두었다가 집에서도 그같이 하라.
인간은 그 이상은 할 수 없으니, 그가 원하는 바이기도 하다.

아우구스트가 이 '결혼생활'의 유일한 혈육이 되지 않도록 더 많은 아이를 두는 것이 이탈리아 여행 이후 괴테의 생각이었다. 그러나 정원신의 신화만 가지고는 아들이 태어난 이후 13년이 넘도록 계속된 유산과 아이들의 사망에 대해서 어찌할 수가 없었다. 1791년 10월에 두 번째 아들이 죽은 채로 태어났다. 아우구스트의 누이 카롤리네(Karoline)는 1793년 11월 21일에서 12월 3일까지만 살았다. 1795년 10월 말에 태어난 카를(Karl)은 같은 해 11월 16일에 죽었다. 그리고 누이 카팅카(Kathinka)는 1802년 12월 16일에 돌을 넘기고 사흘 만에 죽었다. 이런 유아사망은 18세기 후반의 평균 유아사망률을 훨씬 넘어선다.
  괴테가 출산의 자리에 참석하는 것을 가능하면 피하려고 했던 것을 '시기하는 악마'에 대한 관심의 증거라고 해석할 수는 없다. 마찬가지로 임신, 출산, 빠른 사망의 순환 중에 나온 편지들에서도 비록 간결하긴 하지만 무관심하다기보다는 불안한 체념을 읽어낼 수 있다. 동생들의 죽음은 아우구스트가 '외동이'로 남는다는 의미였다. 동시대 사람들의 눈에 그가 어떤 의미로 비쳤는지 아우구스트의 비망록에서 읽어낼 수 있다. 피히테의 기록이 가장 분명한 형태로 그것을 표현한다.

  우리 국민은 우리 시대 유일한 분의 유일한 아들인 당신에게 큰 기대를 걸고 있습니다.

토마스 만의 인물 아델레 쇼펜하우어는 비망록의 이 숙명적인 페이지에 다음과 같은 주석을 붙였다.

그렇지만 프랑스 출신 하인이 이 비망록에 "위대한 사람의 아들이 후세에 인정받는 경우는 드물다."고 적어놓았는데, 이렇게 구속력 강한 선언문이 그의 성격에 어떤 작용을 했는지 어떻게 짐작이나 할 수 있겠어요?

아우구스트의 유년기를 결정한 조건 하나는 결혼하지 않은 커플의 후손이라는 지위였고, 또 다른 하나는 아버지가 행정적인 업무와 광범위하게 뻗친 학문적인 관심으로 자주 집을 비운 일이었다. 괴테는 몇 주나 몇 달씩 예나*에서 보내곤 했는데, 업무 때문에만 그곳을 방문한 것이 아니라 분명히 가족에게서 멀리 떨어져 생산적인 피난처가 필요하기 때문이기도 했다.

역사 읽기

르네상스의 의미에서 아마도 최후의 전인(全人)적 유럽인이었던 괴테의 활동상은 상상을 초월한다. 작가로서 그는 거의 모든 문학 장르를 두루 섭렵하고, 고대 그리스·로마 문학의 장르를 부분적으로 되살려냈다. 그 밖에 비평가, 저널리스트, 화가, 극장감독, 정치가, 교육자, 자연철학자로 활동했다. 과학분야와 관련된 저술만 열네 권에 이른다. 이 전인적 천재는 바이마르로 올 때부터 바이마르 정치에 깊숙이 관여했다. 정치가로서, 관리로서의 업무에 밀려서 작가로서의 정체성이 흔들릴 때 그는 이탈리아로 도주했다. 이탈리아 여행에서 돌아온 다음부터는 주로 공국(공작이 다스리는 제후국)의 문화분야 일만 떠맡았다(1791~1817). 가장 중요한 일은 바이마르 궁정극장 감독과 당시 공국에 속했던 예나 대학의 최고 감독관직이었다. 궁정극장은 실러와 함께 운영과 공연 및 연출까지 맡았다. 실러가 죽은 다음에도 그는 극장운영과 함께, 차츰 학생운동의 중심지로 부상하는 예나 대학의 감독관직을 수행하느라 언제나 바쁘게 지냈다.

그래서 1797년 이후로 아들과 괴테 사이에 편지 왕래가 이루어졌다. 주로 아이들 놀이, 곤충, 나비에 관해서, 그리고 아버지가 보내주신 딸기와 다른 과일들에 관한 내용이었다. 1795년에 괴테는 아들을 일메나우로 데리고 가서 광산을 보여주었다. 그리고 크리스티아네에게 보낸 편지에서 아우구스트가 새로운 세계에 대한 탐구열을 보인 것을 기뻐하고 있다. 이 여행에서 그의 아들은 전에 프리츠 폰 슈타인(슈타인 부인의 아들)이 차지했던 자리를 차지했다. 그때까지 괴테는 프리츠를 자신의 아들처럼 대하고 일메나우로 출장 가는 길에 자주 그를 데려가곤 했다.

괴테와 샤를로테 폰 슈타인 사이의 긴장된 관계에서, 아우구스트는 슈타인 집안의 조심스러운 거리감에도 불구하고 중개자와 연결자 노릇을 했다. 슈타인 부인은 그의 아내를 경멸했지만, 이탈리아 여행 이전에 친구였던 괴테가 이탈리아 여행 이후에 얻은 자식을, 마침 우연히 자기와 생일이 같은 이 아이를 자주 자기 집에 불렀다. 1801년 괴테가 목숨이 위태로운 중병에 걸렸을 때도 그랬다. 이 중병의 결과 그의 얼굴이 많이 상해서 도시의 이야깃거리가 되었다.

눈은 점차 좋아진다고 하는군요. 다만 그는 너무나 슬퍼서 세 시간이나 울었다고 하네요. 특히 아우구스트를 보면 울곤 합니다. 아이는 그 동안 내 집에 와서 지냈어요. 가엾은 소년이 안됐어요. 그애는 끔찍할 정도로 걱정을 하곤 합니다. 하지만 자신의 고통을 들이켜는 법을 익혔어요. 최근에는 자기 어머니가 드나드는 클럽에서 샴페인을 열일곱 잔이나 마셨답니다. 그래서 나는 있는 힘을 다해서 이 술기운을 몸에서 씻어냈지요.

열한 살짜리에 대한 이 편지는 아우구스트가 술꾼이라는 평판을 얻게 된 근거의 하나이고, 동시에 이런 파괴적인 성향이 어머니 쪽 유전이라는 판정에 대한 기원이 된다.

1801년 4월 말에 병상에서 일어난 괴테는 공작에게 청원서를 제출했다. 신체의 탈진을 겪고 나서 생활방식을 법적으로 안정시키려는 반응이었다.

> 제게는 아들 아우구스트가 있습니다. 그가 장차 시민으로서의 생활을 할 수 있도록 그의 복지를 확보해두고 싶습니다. 이런 관점에서 나는 이 자연의 소생(사생아)에 대해서 적자 판정의 은총을 내려주십사고 전하께 청원드리는 일을 나의 의무라고 생각합니다.

오래 기다리지 않아서 청원이 받아들여졌다. 그러나 혼외로 태어난 아들이 법적으로 인정을 받았다고 사회적인 인정까지 따라오는 것은 아니다. 1802년 1월 29일에 공작부인의 탄생일을 축하하는 가장무도회가 열렸다. 아우구스트는 날개를 단 사랑의 신(아모르)으로 분장하고서 이리저리 사람들에게 들려다니다가 마지막에 아버지가 쓴 8행시를 공작부인에게 헌납했다. 소피 폰 샤르트(S. von Schardt)는 샤를로테 폰 슈타인뿐 아니라 모두가 불쾌하게 여겼던 이 장면을 슈타인 부인의 아들 프리드리히 폰 슈타인에게 이렇게 써보냈다.

> 사랑으로 태어난 아이(사생아)가 아모르로 분장하고 고귀한 사람들 사이에 나타나는 것은 옳지 못한 일이었다고 사람들은 말합니다.

형식적인 적법절차를 밟은 다음에도 셰익스피어 독자들은 괴테의 아들을 〈리어왕〉에 나오는 글로스터(Gloucester)의 서자 에드먼드와 비교하곤 했다. 그러나 악의에 찬 바이마르 사회의 수군거림에도 불구하고 어디서나 아버지에 대한 존경심만은 여전했다.

괴테 부자가 1801년 여름에 피르몬트로 가는 길에 괴팅겐에 멈추었을 때 학생들은 큰길에서 이 유명한 시인을 위해 만세를 불렀다. 여기서 아버지가 극히 다양한 문학적·학문적 환경에 참석하는 것을 본 어린 아우구스트도 부담 없이 이 분위기에 어울려 들어갈 수 있게 되었다. 그들은 여러 번이나 괴팅겐 숲으로 소풍을 나갔다.

소풍에서 광물학에 대해 아우구스트가 관심을 보이자, 마침 그 자리에 참석했던 당시 가장 중요한 자연 연구가의 한 사람인 요한 프리드리히 블루멘바흐(J. F. Blumenbach)가 어린 소년의 호기심을 적절하게 부추겨주었다. 아우구스트의 생애에서 가장 중요한 상수 하나, 그러니까 광물학과 수집욕을 위한 초석이 일찌감치 여기서 놓였다. 바이마르로 돌아온 다음에도 소년은 블루멘바흐와 편지를 교환했다. 1815년 2월에도 아우구스트는 블루멘바흐의 유명한 해골 수집을 위해서 일름과 잘레 사이에 있는 무덤에서 찾아낸 해골을 그에게 보냈다. 그리고 자신의 광물학 수집품이 점점 늘어난다고 보고하고 있다.

괴팅겐과 피르몬트 여행은 수업 여행과 온천 여행을 결합시킨 것으로 1800년경 괴테의 두 가지 면모를 보여준다. 한편으로는 일을 통해서, 그리고 문학적·학술적 작업을 통해서도 관계와 자극이 엄청나게 많았다. 다른 한편으로는 요양과 보헤미아 온천지로의 정기적인 여행이 시작되었다. 여러 번에 걸친 중병들, 그 가운데 몇 번은 거의 죽을 뻔한 중병들이어서 신체적으로 허약해진 탓이었다.

아들이 태어났을 때 괴테는 마흔 살이었다. 그의 아버지 역할에 대한 당시 사람들의 보고에 따르면, 1801년 중병을 앓은 이후부터 그는 노쇠해지고 한때 강인하던 체질이 사라졌다고 한다. 명랑하게 모임을 주도하던 정신의 대가가 아니라 늙어가면서 병치레 잦은 50대 남자로서, 자라나는 아우구스트에 대비되었다.

1805년 5월에 실러가 죽고 괴테마저 병들어 다시 자리에 눕자 바이마르 사람들은 도이치 문학의 두 거장을 한꺼번에 잃어버릴지 모른다고 두려워했다. 아우구스트의 편지는 드물지 않게 괴테의 건강상태에 대한 보고를 포함한다.

> 아버지는 이제 다시 좋아지셨어요. 이 달 21일에 여섯 번째로 매우 고통스러운 경련발작을 겪기는 하셨지만 말입니다. 이번 발작은 아주 약해서 다음날 바로 사라졌어요.

1806년* 정치적 격동기에 예나와 아우어슈테트의 전투들이 있었고,

역사 읽기

신성 로마 제국의 붕괴(1806): 1804년에 나폴레옹은 프랑스 황제가 되었다. 1805년에 나폴레옹군은 아우스터리츠 전투에서 오스트리아 주력군을 격파했다. 1806년에는 프로이센 역시 나폴레옹군에게 완벽하게 패배했다. 이 두 나라를 제외한 라인란트 지역 도이치 국가들 사이에서 프랑스 황제는 저항은커녕 오히려 열렬한 환영을 받았다. 결국 신성 로마 제국 황제 프란츠 2세가 1806년 8월 6일 어차피 허울뿐이던 로마 황제관을 스스로 내려놓음으로써 신성 로마 제국은 공식적으로 붕괴되었다. 이 사실을 두고 괴테는 '나의 마부가 언쟁을 벌이는 것보다도 더 관심 없는 일'이라고 적었다. 당시 제국 붕괴의 소식을 들은 보통 도이치 사람들의 반응은 이와 비슷했다. 프란츠 2세는 이제부터 오스트리아 황제라는 칭호를 사용했고, 프로이센은 일시적으로 뒤로 물러났다. 나머지 도이치 국가들은 1806년에 라인 동맹(Rheinbund)을 결성했다. 1813년의 해방전쟁을 계기로 도이치 사람들의 민족의식이 확인되었고, 1815년 나폴레옹의 몰락 이후로 통일과 통일국가의 체제가 도이치 사람들의 주요 관심사로 등장하게 된다.

나폴레옹 전쟁의 소란이 바이마르의 괴테 집에까지 밀려들어왔다. 정치적으로, 그리고 신체적으로 생존이 흔들리는 것을 겪고 나서 그는 자신의 생활질서를 확고히 다잡아보자는 생각을 갖게 되었다.

크리스티아네 불피우스가 집에 진을 친 프랑스 병사들에게 다부지게 대항해서 가장 고약한 일을 모면한 이후로 그는 1806년 11월에 재빨리, 그리고 극히 간소한 형식만 갖추어서 그녀를 적법한 아내로 맞아들였다.

공작의 정부 카롤리네 야게만(K. Jagemann)도 12월 25일에 공작의 아들을 낳았다. 괴테는 12월 말에 자신의 조치를 공작에게 편지로 알리면서 애인을 합법적인 아내로 맞아들인 것은 자기들을 생각해서라기보다는 오히려 아우구스트의 장래를 생각해서 한 일이라고 적었다.

고약한 날들을 자주 기억하게 되니까요. 좋은 시절을 기억하고 많은 시기들을 비교하는 것은 정말 마음을 밝게 해주는 일이기에 17년 전 오늘 아우구스트가 태어나면서 나를 기쁘게 해주었던 일이 생각났습니다. 그는 여전히 유망하게 보입니다.

극히 불안정한 시기에 법적인 결속을 통해서 그 아이에게 아버지와 어머니를 선물하면서 멀리 계신 전하의 동의를 받을 수 있으리라고 생각했습니다. 그애는 그런 상을 받을 만하지요. 모든 결속이 풀릴 때 인간은 가정의 결속으로 되돌아가는 것이고, 그러면 기꺼이 내면을 바라보게 되니까요.

외동이를 위한 보호감호

1808년 4월 4일 아우구스트 괴테는 바이마르를 떠나 프랑크푸르트의 할머니 집에서 몇 주 묵은 다음 하이델베르크로 여행길을 나섰다. 그곳에서 법학 공부를 하기 위해서였다. 아들이 이렇게 떠나는 것이 아버지에게는 추정하기 힘든 의미를 지닌 한 시대의 종지부로 여겨졌던 것 같다. 1808년 5월 16일에 크리스티아네 괴테가 아들에게 보낸 편지에는 이별에 대한 괴테의 반응이 이렇게 적혀 있다.

아버지는 너를 몹시 사랑하셨다. 네가 멀리 떠난 이제야 나는 그것을 제대로 보게 되었다. 처음에 아버지는 식사도 거의 못 하셨다.

젊은 괴테가 견습을 하던 시절 베츨라의 제국 대법원은 무정부주의의 케케묵은 저항의 요새처럼 보였다. 그 옛날과 달리 1810년경 아우구스트의 전공과목인 법학은 현실정치 논쟁의 중심점에 있었다. 1808년 하이델베르크 학생의 거의 2/3가 법학이나 법학부에서 행정학을 공부했다. 괴테가 아들의 선생으로 찾아낸 법학자 안톤 프리드리히 유스투스 티보(A. F. J. Thibaut)는 1814년에 프리드리히 카를 폰 사비니(F. K. von Savigny)의 반대편에 서서 프랑스를 모범삼아 도이치 헌법을 제정하는 문제를 두고 논쟁을 벌였다.

아우구스트 폰 괴테는 유명한 민법 및 헌법 학자들의 강의와 나란히 싸움판과 술판을 벌이는 하이델베르크 대학생활의 즐거움을 맛보았던 것 같다. 그는 네카 강과 라인 강을 따라 포게젠 산맥까지 여행을 했으며 바이마르로 보낸 편지들에는 하이델베르크 성과 유적지, 달밤의 모습들이 낭만적으로 적혀 있다.

1809년 9월 말에 그는 바이마르로 돌아와 예나 대학에서 학업을 계속했다. 그러나 돌아오라는 명령을 받고 돌아온 것은 아니었다. 아버지 쪽에서는 그가 하이델베르크에서 학업을 계속하고, 이어서 당시 도이칠란트에서 가장 현대적인 괴팅겐 대학에 계속 머무는 것을 허락하려고 계획했지만 아들은 이런 계획을 적극적인 자세로 이용하려 들지 않았다.

아우구스트 괴테는 얼마 지나지 않아서 거의 자동적으로 공무원 직위를 받았지만 이 자리를 스스로 지원한 것은 아니었다. 아버지 괴테가 1810년(당시 예순한 살) 10월 초에 아들에게 배석판사 직위를 줄 것을 공작에게 청원했던 것이다. 괴테는 이 편지에서 아우구스트의 학문적인 자질을 칭찬했다. 아우구스트가 졸업도 하기 전이었다.

괴테는 특히 예나 대학에서 아우구스트가 불안정한 위치에 있다는 것을 언급했다. 그런 이유에서 아들이 아직 졸업을 못 했는데도 학생생활을 그만두도록 하려는 '어느 정도 때 이른 소망'이 생겨났다는 것이다. 예나 대학의 이익을 대변하는 비밀고문관인 아버지를 고려해서 그는 학생들과의 교류와 동향 학우회 활동에 참가할 수 없고, '모든 파당에 속하지 않음'을 선언하지 않을 수 없다는 것이다.

그가 학생들의 대열에서 두드러지게 되자마자 그는 더 이상 반격을 하지 않게 되었고, 교수들, 영주의 신하들, 상인들의 모임에서, 그리고 그 밖에도 다른 선별된 남자들의 생활권에서 겨울 저녁을 보내면서 많은 것을 체험하고 스스로 많은 일을 할 수 있게 되었습니다.

공작은 괴테의 청원에 즉시 긍정적인 답변을 해주었다. 1810년 10월 21일에 아우구스트는 처음으로 제복을 입고 궁정의 식사에 참석했다. 배석판사 직위를 확보해놓은 상태에서 그는 일정 기간 예나 대학에서 학업을 계속했다. 학업은 법학분야에만 한정되지는 않았다. 예나 대학에 대한 아버지의 권한을 염두에 두고 아우구스트는 화학·농업·재정학 등을 공부했다.

경력의 사회학이라는 측면에서 보면 공무원으로서의 경력을 시작하면서 벌써 아우구스트의 전기(傳記)에는 결정적인 약점이 형성되었다. 그는 이 약점에 저항하지 않았다. 이런 젊은이라면 램프 불빛 아래서 고향 도시의 유명인사들과 저녁시간을 함께 하기보다는 우선 세상을 둘러보아야 하지 않겠는가 하는 가능한 반박을 괴테는 미리 예방하려고 했던 것 같다. 공작에게 보낸 편지에서 자기가 청원을 하는 외적인 이유들말고도 아우구스트의 성격에서 나온 내적인 이유도 덧붙여 적었다.

> 그에게는 바깥 쪽, 낯선 곳을 향한 열의도 방향성도 없습니다. 그러기에 그는 자기에게 주어진 내부세계와 친분을 맺고 현재의 자리에서 쓸모 있는 존재가 될 것입니다.

아들의 바이마르 경력을 위한 괴테의 세심한 노력은 분명한 목적을 가진 것이었다. 마찬가지로 아우구스트를 당시 그 세대에 지배적이던 정치적·미적 성향들에서 분리시켜서 고전주의적인 예술 및 문학 정책과 연결시키려고 한 성공한 노력 또한 목적을 가진 것이었다. 하이델베르크 낭만파에 섞여서 바이마르 고전주의에 거리를 두는 대신에, 그리고 낭만파 작가인 아힘 폰 아르님(A. von Arnim)과 친분을 맺는 대신에, 대학생 아우구스트 괴테는 요한 하인리히 포스(J. H. Voβ)의 집에서 고전주의를 배웠다.

예나에서 그는 펜싱 연습장, 토론장, 학생운동 모임의 소란스럽고 저항적인 분위기를 피했다. 그리고 될 수 있는 대로 빨리 아버지의 곁,

바이마르 관리들의 모임 속으로 들어갔다. 그러나 특히 해방전쟁* 기간 동안 그는 사방에서 만들어지던 의용군 부대의 열광에 거리를 두었다.

여기서 아버지와의 갈등을 피한 아우구스트는 결국 자기 세대에서 주변인물로 밀려나게 되었다. 카를 아우구스트 공작이 1813년 11월 22일에 '의용군' 소환령을 내렸을 때 아우구스트도 아버지의 뜻을 어기고 이 명단에 자기 이름을 넣었다. 괴테가 곧바로 끼어들어서 비밀고문관 크리스티안 고틀로프 포이크트와 담판을 지었다. 1813년 12월 30일에 쓴 편지에서 그는 아우구스트가 없어서는 안 되는 이유로—어쨌든 수사적으로 보면—자기 자신의 생존이라는 이유와 함께 공정성을 제시했다.

마구(馬具) 제조인들에 대한 내 관계가 계속된다면, 또는 그것이 존에게 떨어진다면 내 아들도 다른 사람들처럼 한 번 시도해볼 수 있겠지요. 그러나 지금 같은 시기에 (재정적인 형편은 전혀 고려하지

역사 읽기

해방전쟁(1813~1814): 나폴레옹 점령군이 처음에 도이치 국민들 사이에서 열렬한 환영을 받았다 해도 시간이 흐르면서 점령군은 저항감을 만들어냈다. 도이치 사람들 사이에서 민족의식이 싹트기 시작했고, 지식인과 시인들은 이런 분위기를 열렬히 자극했다. 나폴레옹은 1812년 겨울 러시아 정복에 실패하고 1813년 봄에 퇴각하기 시작했다. 프로이센의 프리드리히 빌헬름 3세는 '나의 국민에게'라는 교서를 발표했다. 퇴각하는 프랑스군에 맞서기 위한 프로이센의 군대에는 각국의 교양시민들과 수공업자들이 지원병으로 몰려들었다. 부인들은 전쟁을 지원하기 위해 금붙이와 옷감을 내놓았다. 그런데도 나폴레옹 군대를 최종적으로 몰아내지 못하다가 오스트리아가 가담하면서 힘을 얻은 연합군은 1814년 봄 파리까지 진격했다. 이 전쟁으로 나폴레옹은 몰락했다. 1806년 나폴레옹에 의해 점령된 이후 처음으로 도이치 민족주의가 강력하고 통일된 힘으로 결집된 사건이었다.

않고) 낯선 사람을 나의 편지 교환, 나의 일, 나의 형편 안으로 들여놓는다는 것은 내 처지로서는 참기 어려운 일입니다. 감히 말씀드리자면 내 생존 자체를 불가능하게 만들 것입니다. 이것은 물론 당신이 우정으로 처리해주실 것을 믿고 드리는 말씀입니다만.

이 사건은 신중한 방식으로 처리되었다. 아우구스트는 의용군 명단에는 그대로 남았지만 공작의 허가를 얻어 재정고문관 륄만(Rühlmann)을 따라 프랑크푸르트로 파견되어서 그곳에서 군량공급 일을 하게 되었다. 아우구스트는 이 일에 합류하면서 의용군들의 전투에 참여하지 못했다. 바이마르 사회의 평판은 아주 좋은 편이 아니었고, 올바른 일이지만 괴테의 집은 전체적으로 반 프랑스 애국주의의 장소도 아니라고 여겨졌다.

1814년 5월에 공작 태자의 명령에 따라 아우구스트가 귀향하는 의용군들의 환영식에 제복을 입고 등장하자 사람들 사이에서 수군거림이 일어났고, 그 와중에 기병 대위 한 사람이 그에게 결투를 신청했다. 이때도 아버지가 조용하지만 정력적으로 끼어들었다. 크리스티안 고틀로프 포이크트와 폰 게르스도르프(von Gersdorff) 장관의 도움으로 싸움은 조용히 조정되었다.

뒷날 아우구스트 폰 괴테의 몇 안 되는 가까운 친구가 된 카를 폰 홀타이(K. von Holtei)는 바로 이 해방전쟁 때의 사건을 겪으면서 아우구스트의 술버릇이 완전히 병적인 중독증으로 변했다고 기록하고 있다. 동시에 해방전쟁 이후 과도하게 확장되어 생애 마지막까지 계속된 아우구스트의 나폴레옹 숭배는, '그의 마음을 손상시킨 아버지의 해로운 배려가 만들어낸 수치심을 감추려는' 시도였다고 해석되었다. "그래서 그의 방의 벽들은 서 있거나 말을 탄 황제의 그림들과 황제의 모자와 무기 그림으로 온통 가득 차 있었다. 모든 봉인, 향수병, 청동기들이 다 나폴레옹이었다."

아들이 의용군 전투에 참가하는 일과 위험한 결투를 방해하고 술수를 써서 막은 괴테의 단호함은, 아들을 자신의 삶에 붙잡아놓으려는 이기심의 소산이라고 쉽게 해석할 수 있다. 그러나 조수이자 협력자를 위한 근심이라는 점을 생각해보면 단순하게 '외동아들'을 위한 두려움이라는 해석을 상당 부분 물리칠 수 있다.

어쨌든 1813년 가을은 아들이 아버지보다 먼저 죽은 두 사건을 보고 괴테가 놀란 지 얼마 지나지 않은 때였다. 1812년 11월 14일 새벽 베를린에서 카를 프리드리히 첼터(K. F. Zelter)의 아들이 권총 자살을 했다. 이 소식을 들은 괴테가 첼터에게 보내는 답장에서 친근한 '자네(Du)'라는 표현을 쓰고 있는 것은 기묘하고도 우스꽝스러운 일이다. 그는 이런 표현을 대화나 편지에서 극히 드물게 사용했기 때문이다.

동료인 크리스티안 고틀로프 포이크트의 외동아들의 죽음은 시간적으로나 상황으로 그에게 더욱 가까운 사건이었다. 그는 1813년 4월에 프랑스 군대에 의해서 무고하게 스파이 혐의를 받고 에르푸르트 근교 페터스베르크에서 체포되었다. 나폴레옹이 바이마르에 머무는 동안 공작부인 루이제가 나서 그를 석방시켰지만 붙잡혀 있는 동안 전염된 티푸스로 1813년 5월 19일에 죽고 말았다. 포이크트는 몇 달 뒤에야 쓴 괴테의 조문편지를 받고 대단히 실망했다. 그는 "죽음과 죽은 사람의 후임에 대해서는 아무 말도 듣고 싶지 않다."고 말했다. 비슷한 다른 경우들도 그렇지만 여기서도 괴테의 침묵과 한 마디 말이 꼭 내면의 무감동의 표지는 아니다.

의용군 사건이 일어나기 전인 1813년 여름에 포이크트가 괴테에게 보낸 편지에 결정적인 말이 들어 있다.

아드님께서 다행스럽게도 홍역에서 회복되었다는 소식을 듣고 나는 어두운 근심에서 벗어났습니다. 나는 외동이들에 대해서 두려움을 갖게 되었습니다—자세한 이야기는 하지 않겠지만—우리 사이에는 너무나도 많은 유사점들이 있으니까요.

외동아들에게 멀리서 아주 희미하게라도 위험이 닥치면 무조건, 그리고 모든 수단을 다해서 그것을 없앤다는 것이 괴테의 말없는 원칙이 되었다.

기록자와 카오스

1826년 6월 11일 괴테가 비밀참사관에 임명된 지 50년이 되었다. 카를 아우구스트 공작은 괴테를 이 직위에 임명함으로써 항구적으로 바이마르에 붙잡아둔 것이다. 괴테의 일기장에는 가족이 이 날을 축하했다고 기록되어 있다.

아이들이 화환과 함께 1776년 6월 11일자의 낡은 임명장을 가져왔다.

아우구스트는 그 날을 기념해서 문서에 즉흥시를 덧붙였다. 이 시에서 그는 아버지와 그 업적에 대한 사료 편찬자로 등장한다.

당신을 위한 기념축제를
오래 전부터 준비했습니다.
그러나 오늘 아들이 좀 서두는

것을 허락하십시오.
충실한 기록자로서
그렇게 여러 해를
생각 없이 미루어온 일을
끝냈습니다.

우리 영주께서는 손수 만든
아름다운 임명장에 서명하시고
좋고도 사랑스런 나라에
위대한 것을 주셨습니다.

이탈리아에서 돌아온 이후로 괴테는 크리스티안 고틀로프 포이크트와 함께 공국의 문화분야를 책임지게 되었다. 작센 바이마르 아이제나흐 대공작령에 영토 확장과 새로운 행정부 조직을 초래한 빈 회의 (1815) 이후 아우구스트 괴테는 정부의 수많은 직함 수여의 일환으로 '재정고문관'으로 승진했다. 그의 아버지는 목적에 맞도록 일을 잘 처리해서 아들을 '바이마르와 예나의 학문과 예술을 위한 직접기관들에 대한 작센 대공작령의 감독'을 위한 협력자로 만들었다. 괴테의 공식 편지 교환에서 아우구스트는 흔히 '조수'라고 불리고 있으며, 포이크트 장관은 그를 '부지런하고 질서를 사랑하는 비서'라고 부르고 있다.

괴테는 아우구스트가 직업활동을 시작한 이후로 자신의 광범위한 활동분야로 아들을 더욱 강하게 끌어들였다. 1815년 그는 아우구스트를 프리메이슨 비밀결사 안에 받아들였다. 1816년 극장 갈등이 계속되는 동안 그는 아들을 감독부 안으로 끌어들였다. 서기 존이나 도서관 비서 크로이터와 함께 급료를 받지 않고 비슷한 일을 하는 아버지의

'충실한 기록자'로서의 아우구스트의 기능과, 바이마르 국가 공무원으로서의 그의 의무들 사이에 경계가 불분명했고, 정밀한 정의를 내릴 수도 없었다. 그래서 그는 예나의 수집품들, 예를 들면 해부학 연구실 일에도 끼어야 했고, 동시에 프라우엔플란의 집에서는 아버지의 수집품 관리자로 활동했다. 소년시절부터 열중했던 광물학에 대한 열정도 단절 없이 이런 기능 안으로 편입되었다.

아우구스트의 친구 카를 폰 홀타이는 아우구스트가 절제하지 못하는 술고래와 탕아라는 바이마르의 상투적인 표현에 맞서 친구의 업적들을 강조하려고 애쓰면서 아우구스트를 강제된 질서애의 인간이라고 묘사했다. 아우구스트는 아버지의 생활 및 작업 안으로 완전히 편입된 결과, 빈번히 아버지의 대리인 노릇을 하게 되었다. 1811년에 그는 괴테의 프랑크푸르트 쪽 재정상태를 조정하는 일을 계기로 그런 일을 처음으로 맡게 되었다. 이곳에서 젊은 법률가는 아버지의 이익뿐만 아니라 자신의 장래 이익까지 보호하는 일을 해야만 했다.

이런 대리인 노릇 가운데서도 괴테 작품의 '최종 전집 발간' 계획에 대해서 출판업자들과 협상하는 것은 실질적으로 중요한 일이었다. 그것은 괴테의 신청에 따라 도이치 연방이 1823년에 발급한, 불법출판에 맞서 특별권한을 보호하는 일이었고, 따라서 경제적인 대규모 계획이기도 했다. 아우구스트 폰 괴테는 '고전주의' 괴테의 출판사였던 코타 출판사를 상대로 전권을 가진 아버지의 문학 대리인으로 활동했다. 괴테 《작품》의 처음 판본이 아우구스트가 탄생하던 1789~1790년에 나왔다면, 그의 생애 마지막 해들은 1825년 이후로 출간된 전집의 공동작업들로 특징지을 수 있다.

아우구스트가 아버지를 위한 대리인 노릇을 한 것 가운데 상징적으로 가장 중요한 일은 대공작의 도서관으로 실러의 유골을 옮긴 1826년의 일이었다. 이 행사에서 아우구스트는 최근에 사임한 아버지의 이름으로 아버지가 준비한 연설문을 낭독했다. 그 자리에 참석한 실러의 아들 에른스트 폰 실러(E. von Schiller)에게 이 행사의 연설자 아우구스트는 별로 믿음직하지 않은 문학 대리인이기도 했다. 두 고전작가(괴테와 실러)가 교환한 편지의 출판에 관해서 실러 가족과 협상을 벌이는 일에서도 괴테의 아들이 자기 집안의 이익을 대표했기 때문이다.

아우구스트는 비밀고문관 겸 국가 공무원인 괴테의 협력자였을 뿐 아니라 아버지 작품의 열렬한 독자이기도 했다. 그는 바이마르의 지기들 사이에 새로운 출판물을 전해주는 역할도 맡아서 했다. 당시 교양 있는 사람들의 관습이기도 했지만, 특별한 계기를 맞이해 즉흥시를 쓸 기회를 절대로 놓치지 않는 문학적 딜레탕티즘에 아우구스트도 능숙했다. 그의 유품에서 수많은 시들이 발견되었고, 많은 것들은 깨끗이 정서해서 연작시로 만들어져 있었다. 생일을 위한 수많은 헌정시와 그 밖의 다른 시들이 '아버지께 헌정된' 것들이었다.

1817년 봄에 아우구스트는 오틸리에 폰 포그비슈와 결혼식 준비를 시작하면서 도이치 6음음계(헥사메터) 시로 아버지의 축복을 청했다. 이 구절들은 오디세우스를 찬양하는 아들 텔레마코스의 시구와 비슷한 울림을 가지도록 배려되었다. 동시에 시민적 가족세계에서 나온, 괴테의 위대한 서사시 〈헤르만과 도로테아(Hermann und Dorothea)〉를 지향한 것이기도 했다.

이 작품은 기대한 만큼 목가적인 시는 아니다. 세대 간의 갈등과 배우자 선택이 여기서 밀접하게 연관되어 있다. 그에 비해서 아우구스트의 시는 오해의 여지 없는 약속을 하고 있다. 아버지가 중심인물이 된 가부장적인 목가세계를 만들도록 가족을 이루겠다는 약속이다.

어린아이 시절부터 진지한 행위의 완성을 위해
목숨이 다하는 그 순간까지 일생을 통해
그런 지도자를 가진다면 실로 찬란한 운명입니다.
흐르는 세월 중에 당신은 내게 모든 것을 주셨으니
지금도 아버지로서의 축복을 주신다면 기쁘겠습니다.
한 번도 넉넉한 말로 당신께 충분히 감사드리지 못했으나
아주 긴 시간을 두고 행동으로 감사의 마음을 드릴 것입니다.
우리는 언제나 소중한 생명을 보호하려 하며
즐거운 생각으로 언제나 당신을 밝게 대하려 합니다.
당신께서 자손들과 즐거운 손님들에 둘러싸여
가장 높은 홀 당신의 옥좌에 앉아 계시는 동안에.

오틸리에 폰 포그비슈는 해방전쟁에서 싸운 의용군들을 찬양했고, 아우구스트 폰 괴테는 1813년경에 그녀를 알게 되었던 것 같다. 그녀가 덤불 숲에서 상처 입은 프로이센 군인을 아델레 쇼펜하우어와 함께 구조했다고 해서 작은 개인적 전설을 만들어냈던 시기였다. 실증적인 괴테 문헌학은 20세기 초에 이 덤불 숲 전설을 지워버렸다. 그러나 그런 병사는 정말로 있었고 오틸리에는 그에게 홀딱 반했다. 해방전쟁 때 아우구스트가 했던 이중적인 역할은, 두 사람의 밀고당기는 복잡한 관계에서 완충작용을 했던 것 같다.

몇 년이 지나고 나서야 아우구스트가 청혼한 것에는 잘 알려진 이유들이 있었다. 위대한 시인에게 어울리지 않는 짝이었던 어머니 크리스티아네 폰 괴테가 살아 있는 동안에 오틸리에의 가족이 이 결혼을 승낙해줄 가능성은 거의 없었다. 1816년 여름, 어머니가 죽고 나서야 아우구스트의 청혼이 성공했다.

1817년 결혼한 후 이 커플은 프라우엔플란에 있는 괴테 집 위층에 망사르(Mansard, 1598~1666. 프랑스의 건축가. 바로크 건축에 고전양식을 확립한 인물—옮긴이)식으로 고친 방들로 이주해 왔다. 그로써 아들이 아버지의 세계 속으로 들어오는 일이 완성되었다. 곧 이어서 가부장적인 목가 분위기가 3세대를 둘러쌌다. 아우구스트의 아들 발터 볼프강이 1818년에, 볼프강 막스가 1820년에 태어났다. 카를 폰 홀타이뿐만 아니라 다른 사람들도 이들이 아버지의 아들들이라기보다는 할아버지의 손자들이었다고 말하고 있다.

아우구스트 폰 괴테가 남긴 시 초안들에는 그가 좋아했던 드라마의 인물, 곧 셰익스피어의 존 폴스타프(Sir J. Falstaff) 역할 속으로 빠져 들어가는 시작부분을 가진 것들이 아주 많다. 포도주는 그의 일생의 상수 가운데 하나였다.

두 번째는 오틸리에의 성향이었다. 그녀는 1820년대에 바이마르로 괴테를 찾아온 수많은 영국인들 가운데 누군가와 언제나 거듭 사랑놀음을 시작하곤 했다. 볼프강 힐데스하이머는 전기 형식을 빌린 소설 《마르보트(Marbot)》에서 주인공을 프라우엔플란에 있는 집으로, 그리고 오틸리에 폰 괴테의 품안으로 들여보내고 있다.

아우구스트 폰 괴테가 아내 오틸리에와 똑같이 품고 있던 문학적인 딜레탕티즘은 그의 생애 세 번째의 상수였다. 그러면서 아들은 자주 아버지의 문학작품의 인물 속으로 빠져들곤 했다. 그가 남긴 유작에 들어 있는 〈발푸르기스 밤의 꿈〉에서 극히 인상적인 것은 그의 결혼생활의 장면들을 짐작케 해준다. 애인에게 거절당한 그는 붉은 망토를 두르고 악령들의 대장으로 변해서, 제어되지 않는 쾌락에 가득 차, 자신의 권력에서 이끌어낸 사나운 충동과 악한 정령들이 춤추면서 자기 곁을 지나쳐 가는 것을 바라본다.

하늘은 사라졌고, 지옥이 그 자리로 들어간다.
악한 정령들 떼가 사나운 충동에 이끌려 움직이며
내 확고한 감각을 흔들어놓았다.
이전의 부드러운 사랑은 맨 마지막에 보이고
내 안에서 생각들이 끔찍하게 뱅글뱅글 맴돈다.
오로지 뻔뻔한 자부심만 내 안에 남았네.
붉은 망토를 어깨에 걸쳐야 했다.
심장은 사납게 고동치고 모든 신경이 떨렸다.
잘 아는 춤곡이 내 영역으로 울려오고
모두 각자 자기의 미녀를 향해 서둘러 떠나네.
피곤에 지친 사람들에게도 동작이 들어오고
어두운 방은 갑자기 밝게 빛난다.
친구의 손에서 나는 자줏빛 꽃 같은 것을 본다.
모든 것은 악마적으로 날카롭게 빛나고
나는 악령들의 업적을 보았다. 그들은 그 무엇도
가장 사랑스러운 것조차도 보호하지 않았다.

오틸리에 폰 괴테는 1829년에서 1831년 사이에 간행된, 겨우 몇 부씩만 인쇄된 잡지 〈카오스(Chaos)〉의 편집자 노릇을 하면서 작품을 지나치게 까다롭게 선별하지는 않았다. 그녀는 바이마르의 괴테 주변에 있는 문학적 딜레탕티즘의 기관지를 유연하고도 세심하게 관리했다. 아우구스트는 1825년 여름에 나온 〈발푸르기스 밤의 꿈〉을 그녀에게 맡기지 않았던 것 같다. 그러나 1829년 점점 심해지던, 이미 고질이 된 결혼의 불행, 이혼의 소망, 도주 망상 등의 시기에 그는 그녀에게 제목이 없는 시를 한 편 주었다. 그것은 잡지 27호 시작 부분에 실렸다.

나는 더는 전처럼 조종 끈에 매여
끌려다니고 싶지 않다,
차라리 심연의 가장자리에서
모든 사슬을 끊고 해방을 맛보겠노라.

분명히 추락이 마련되어 있다고 해도
가장 좁은 길을 피하지 않으리,
많은 이들이 올바름을 부러워하고
그러니 이것이 가장 아름다운 행동이다.

찢어진 가슴은 다시는 회복될 수 없다.
그의 몰락은 정해진 운명,
폭풍우에 채찍질당하는 파도와도 같으니
마침내 테티스의 품안으로 빠져들 뿐.

그러므로 철썩거리며 계속 날뛰어라,
마지막 철썩거림도 사라질 때까지.
나는 더 나은 날을 향해 가리라
그곳에선 모든 속박이 풀리리!

독립한다는 것은 자유의 개념에서 가장 중요한 이미지들에 속한다. 칸트는 논문 〈계몽이란 무엇인가〉에서 '후견인들'을 비판하고 미성숙이라는 개념을 행동의 자유가 제한되었다는 이미지로 표현했다.

그들(후견인)은 집안의 동물을 우선 멍청하게 만들고 난 다음 조심스럽게 보호해서 이 조용한 동물들이 자기들을 가둔 틀 바깥으로 단 한 발짝도 나가려는 시도를 못 하게 된 다음에야, 그들이 혼자서 걸으려고 하면 어떤 위협이 닥칠지를 보여준다.

아우구스트의 시는 한편으로는 칸트의 의미에서 스스로 책임이 있는 미성숙에서 벗어나려는 시도로 읽힌다. 다른 한편으로는 괴테의 도서관에서 가장 중요한 기본서 가운데 하나인 벤야민 헤더리히(B. Hederich)의 《신화 사전》과 접촉하면서 아들이 독자적으로 자기 신격화를 시도한 기록으로 이해할 수도 있다. 아킬레스의 어머니 테티스는 제우스가 탐낸 바다의 요정이었다. 그러나 뒤에 제우스는 그녀가 아버지보다 강한 아들을 낳으리라는 말을 들은 다음 그녀를 피했다. 아우구스트의 시에 나오는 '나'는 자기가 이 아들이라고 주장하지는 않는다. 그는 난파당한 사람의 모습으로 바다 요정의 품 속으로 가라앉는다. 여기서 그는 옛날 신화를 대담한 암시로 인용하고 있다. 이보다 더 대담한 이미지를 써서 몰락의 광경을 표현한 것은 아우구스트 폰 괴테의 시에서는 찾아볼 수 없다.

아우구스트의 시를 〈카오스〉지의 이 자리에 배정할 때 오틸리에 폰 괴테의 얼굴이 어땠을지 떠올리는 것은 재미있다. 아버지의 시 텍스트와 아들의 시를 한 권 안에 묶어낸 것이 이번이 처음은 아니었다. 그러나 이 책에서처럼 두 작가가 나란히 배치된 적은 없었다. 괴테의 2행시 여섯 편이, 의미심장하지는 않더라도 어쨌든 많은 것을 보여주는 아우구스트의 시 앞쪽에 나와 있다. 아우구스트는 '아도로(Adoro)'라는 필명을 쓰고 있지만 괴테의 작품에는 아무 이름도 없다. 〈카오스〉 독자들은 물론 누구 작품인지 분명히 알아보았다. 당시 사람들은 작가를 밝혀내는 훈련이 되어 있었다. 거의 모든 2행시들은 불쾌한 사람에게 명랑해지라는 권고로 읽힌다. 특히 다음 둘이 그렇다.

스스로 만들어내는 것은 멋진 일. 그러나 다른 사람에 의해 발견되고
즐겁게 인식되고 평가받는 것은 행복하다. 그 또한 너의 것이 아니더냐?

가장 행복한 인간이란 누구냐? 다른 사람의 업적을 느낄 줄 알고,
다른 사람의 즐거움을 자신의 즐거움으로 느낄 수 있는 사람.

마조레 호수의 꽃

18세기에는 말타기처럼 여행도 병든 영혼을 위한 치료제라고 여겨졌다. 아우구스트 폰 괴테는 1820년대 끝 무렵에 친구인 카를 폰 홀타이에게 큰 여행을 해보고 싶다는 소망을 거듭 표현했다. 난처한 결혼상황에서 벗어나서 바이마르를 멀리 떠나 어두운 마음을 다시 밝게 하고 싶어했다.

그의 여행계획이 1830년 초까지 실현되지 못했던 것을 홀타이는 아버지의 거절 탓이라고 밝힌다. 1829년에 마지막 권이 출간된 실러와의 편지 편집작업을 하는 동안, 그리고 특히 전집의 완간을 위해서 괴테가 아들을 붙잡아두려 했으리라고 짐작해볼 수 있다. 편집작업이 거의 끝나갈 무렵에야 비로소 그는 아들을 놓아주면서 여행계획을 적극적으로 후원해주었던 것 같다. 1830년 2월 괴테 일기의 행간을 읽어보면, 그는 오틸리에와 더불어 아우구스트가 바이마르를 떠날 필요성에 대해 상세한 이야기를 나누었다.

3월에 요한 카를 빌헬름 찬(J. K. W. Zahn)이 베를린을 떠나 이탈리아 일주를 하려고 가는 길에 바이마르에 들러서 괴테에게 삽화가 많이 들어간 자신의 작품 《폼페이, 헤르쿨라네움, 스타비아이에서 출토된 가장 아름다운 장식품과 주목할 만한 회화작품들》이라는 책을 선물했다. 찬이 머무는 동안 여행계획은 구체적인 형태를 잡았다. 3월 16일에 괴테는 '아들의 여행 때문에 잡은 약속'에 대해 기록하고 있다. 여행에 동반하기로 한 에커만(Eckermann)과 여행방법에 대해서 이야기했다. 여행의 목표가 아들을 배려하고 아들의 내면에 있는 파괴적 에너지를 통제하는 것이라고 명백하게 밝히고 있다. 또한 자신도 자기 통제력을 상당히 상실했다고 덧붙이고 있다.

문제는 자신을 통제하는 법을 배워야 한다는 것이다. 그대로 내버려둔다면 나 자신과 주변을 망가뜨리는 어떤 요소가 내 안에 있는 것 같다.

그런 다음 육체와 정신의 상호작용에 대해서 말하고, 그런 상호작용에 근거해서 이탈리아와 그 아름다움을 체험함으로써 문제가 많은 여행자의 치유를 희망하고 있다.

1830년 4월 20일에 아우구스트는 여행을 시작하면서 부친에게 자신의 재정상태에 대한 최종보고를 하고 있다. 4월 22일에 그는 에커만과 함께 스위스 방향으로 출발했다. 육체적·심리적으로 병든 아들과 함께 특히 아버지의 동업자인 독서가 에커만도 여행길에 나섰다.

전집 발간 진행을 위해서 완성된 작품들 가운데는 《빌헬름 마이스터의 편력시대》(1829) 두 번째 판본과 〈두 번째 로마 체류〉(1829)가 포함된 《이탈리아 여행》 3권도 들어 있었다. 독자들은 이 책이 늦었다기보다는 오히려 차갑고 시대착오적인 고전문서라고 느꼈다. 무리해서 여행기를 완성한 괴테는 수집품과 자신의 도서관에서 관련된 책들, 동판화와 그림들을 한 번 더 모아서 프라우엔플란의 집을 고대와 르네상스 시대 이탈리아의 예술품 박물관으로 만들었다.

아우구스트는 여행을 떠나면서 이 책과 괴테의 여행기를 모범으로 삼았다. 밀라노에 더 빨리 도착하기 위해서 그는 아버지가 정해준 여행 경로를 벗어났다. 괴테는 아들을 위해 제네바에서 《식물의 변형》의 프랑스어 번역자 소레의 집을 방문하도록 계획해놓았다. 아우구스트는 로잔에서 아버지에게 보낸 편지에 아버지 책 《이탈리아 여행》이 이번 자기 여행의 프로그램이 되었다는 말로 변명했다.

저는 살고, 여행하고, 보고 싶습니다.

아버지의 계획인 브레너와 베로나가 아니라 북부 이탈리아의 호수들과 밀라노가 그의 여행의 첫번째 경유지가 되었다. 이것에 대해서는 1817년 여름에 카를 아우구스트 공작이 밀라노를 방문한 이후 생겨난 문화적 관계를 고려해야 한다. 당시 공작은 브레라 화랑의 화가이며 비서인 주세페 보시의 유품 가운데 레오나르도의 〈최후의 만찬〉 스케치가 든 지도를 얻어서 바이마르로 보냈다. 그것이 계기가 되어서 괴테는 레오나르도에 관한 논문을 썼다. 밀라노 사람인 화폐 감독관 가에타노 카타네오에 대한 바이마르의 관계도 이때 생겨났다.

1822년 이후로 괴테는 밀라노에 살고 있던 이탈리아 작가 알레산드로 만초니(A. Manzoni)의 작품을 꾸준히 읽고 있었다. 게다가 밀라노는 19세기 초에 예술품 거래의 중심지가 되었다. 재상 폰 뮐러는 1829년 여름에 밀라노를 방문했을 때 만초니를 찾아가서 괴테의 사자 노릇을 했다. 이런 배경을 놓고 보면 아우구스트의 여행은 치유를 구하는 환자의 여행일 뿐만 아니라 동시에 프라우엔플란에 있는 아버지의 수집품을 관리하는 전문직원이자, 동전 및 광물 전문가로서의 출장이기도 했다.

이탈리아의 미술·풍경·자연·역사·사람들의 생활 등은 아버지의 모범을 좇아 그에게 인식과 묘사의 대상으로 여겨지게 되었다. 스위스의 졸로투른에서는 어떤 광물 상인을 방문해서 거북이 박제를 자세히 살펴보았다. 밀라노를 방문하면서 그는 바이마르 소장품 상황을 고려해 자신의 여행을 예술품 구입 여행이라고 여겼다. 밀라노 골동품상에서 메달들을 사서 아버지에게 보냈고, 그 품질과 유리한 구입 가격에 대해서 열광적인 인정을 담은 편지를 받았다. 브레라의 화랑을 방문하고 그림들이 유파에 따라 전시되지 않은 것을 못마땅하게 여기는 촌평을 보면 그가 대단한 미술 애호가로 자처하고 있음을 알 수 있다. 그는 카타네오와 함께 동전 수집상을 방문했다.

에커만은 1830년 5월 13일에 밀라노에서 괴테에게 이렇게 썼다.

> 아드님의 상태는 매일 더 좋아져서 지금은 거의 완전히 건강한 사람이 되었습니다.

밀라노 체류기간에 그들 위에 드리워진 유일한 그늘은 도이치계 이탈리아 은행가 하인리히 밀리우스의 아들의 죽음이었다. 이 은행가는 괴테 및 바이마르 궁정과 좋은 관계를 맺고 있었고, 아우구스트를 친절하게 맞아들여서 롬바르디아 지방과 그 수도를 보여주었다.

밀라노 아레나(고대 경기장)에서 있었던 큰 불을 묘사한 광고문과 마조레 호수 및 코모 호수 관광의 흔적을 말린 봄꽃의 형태로 바이마르에서 오늘날에도 볼 수 있다. 이 호수에서 그는 '쾌적한 이야기들을 더 잘 이해할 수 있게' 되었다. 아우구스트는 큰 불을 묘사한 광고문과 호수로 놀러 갔다가 꺾어온 봄꽃 말린 것을 아버지에게 보냈다.

말린 꽃과 꽃잎을 보내고 받는 것은 바이마르 문인들 사이에서는 관례가 된 일이었다. 재상 폰 밀러는 1829년 8월 28일에 코모 호숫가에 있는 빌라 플리니아나에서 괴테에게 생일을 축하하는 시를 보내면서 편지에 월계수 잎사귀를 동봉했다. 그것은 생일을 맞은 시인의 품격을 암시하는 것이었다. 아우구스트가 아버지에게 보낸 꽃들도 비슷한 의미를 가진다.

꽃은 그것을 얻은 장소와 날짜를 조심스럽게 적은 작은 봉투 안에 들어 있었다. 그가 5월 19일에 빌라 플리니아나 근처에서 꺾은 팬지꽃과 줄무늬 양치류는 분명 식물학에 대한 관심에서 바이마르로 보낸 것은 아니었다. 이틀 뒤에 마조레 호수에서 얻은 산월계수꽃들도 마찬가지로 사적인 행동이었다. 이런 행동이 무엇을 암시하는가에 대해서는 복잡한 설명이 필요치 않다. 아버지는 아들이 자기 작품의 성실한 독자 자격으로 꽃 인사를 보냈음을 이해했을 것이다. 봉투에 발견 장소가 '마드레 섬'이라는 말과 함께 '성 바로메우스의 기념상 근처에서 꺾은 것'이라고 더 정확한 장소가 표시되어 있다.

괴테의 《빌헬름 마이스터의 편력시대》는 장 파울(J. Paul)의 《거인》과 함께 19세기 초에 북부 이탈리아 호수 풍경에 문학적인 고귀성을 부여한 가장 중요한 문학작품이었다. 그러나 괴테는 이탈리아에서 돌아오는 길에 코모 호수만 보았고 마조레 섬은 직접 가보지 않았다. 그는 이곳을 미뇽(《빌헬름 마이스터의 편력시대》에 나오는 이탈리아 소녀)의 출생지로 만들었지만 그것은 주로 미술품을 보고 묘사한 것이다. 마조레 호수에 있는 보로메우스 섬들 가운데 마드레 섬이 가장 아름답다고 알려져 있는데, 이것은 그가 1796년에 알았던 게오르크 멜키오르 크라우스의 대형 수채화를 보고 얻은 생각이었다.

아우구스트의 마른 꽃들은 《빌헬름 마이스터의 편력시대》의 독자가 그 작가에게 보낸 존경심의 표시였다. 동시에 그것은 아버지가 풍경화로만 알았던 그곳의 풍경을 아들은 자연 그대로 즐겼다는 증거이기도 했다. 어쩌면 그 때문에 바이마르로 보낸 봉투에 분명히 적은 것, "제가 돌아갈 때까지 잘 보관해주십시오."라는 말이 그렇게 중요했을 것이다.

여행 편지와 열(熱) 곡선

아우구스트가 이탈리아를 여행하는 동안 주고받은 편지보다 괴테와 아들의 관계를 더 상세히 증언하는 문서는 없다. 크리스티아네가 남편을 지칭할 때 그랬던 것처럼 아들도 아버지에게 언제나 존칭(Sie)을 사용했다. 아버지는 아들에게 반말(du)을 썼다. 여행 처음부터 편지와 함께 그때 그때의 일기장도 동봉되었다. 여행을 이토록 빠짐없이 문서로 기록한 것은 여행의 주요 목적—아들의 신체적·정신적 건강 회복—의 성패를 알려줄 수단이었기 때문이다.

괴테의 일기장 메모와 편지들은 이탈리아에서 오는 여행 편지와 일기장을 거의 자랑스럽게 증언하고 있다.

밀라노에서 보내온 아우구스트의 일기장은 생생하고 좋음.

프라우엔플란에 있는 괴테의 집에서는 점심식사 때 이 일기장 일부가 낭송되었고, 이어서 아우구스트에 대한 긍정적인 인상을 사람들 사이에 퍼뜨렸다. 괴테는 자주 아들의 편지를 가족의 범위를 넘어 바이마르에서 이리저리 돌아다니게 만들었다. 첼터와 다른 친구들에게 보낸 편지에서 그는 여러 번이나 자랑스럽게 아들이 이탈리아에서 '현실적인 여행자'임을 보여주고 있다고 말하고 있다.

아우구스트에게 보낸 답장에는 언제나 바로 앞에 그가 보낸 보고에 대한 평가가 들어 있곤 했다. 여기서 아버지는—특히 밀라노 동전 구입과 관련해서—아들의 식견과 지식에 대한 칭찬을 아끼지 않았다. 그러나 무엇보다도 그는 '네 안에서 내면의 욕구가 자라나는 것'을 찬양했다. 아우구스트는 다시 아버지의 기대와 경고를 받고서 일기와 함께 상세한 계산서를 보내지 않을 수 없었다. 그는 6월에 머물렀던 베네치아에서 자신이 쓴 '베네치아 일반에 대한' 개괄적인 묘사를 아버지에게 보냈다.

괴테의 《이탈리아 여행》에서 계속 찬양되는 장소들에 대해서 아들은 특별히 상세하게 서술하고 있다. 특히 피렌체가 그랬다. 그곳에서 그는 아버지보다 훨씬 오래 머물면서 예술품들을 훨씬 더 자세히 살펴보았다. 미술 아카데미를 방문해서 그곳에 있는 말 훈련사의 조각상을 본 느낌을 표현하면서 그는 아버지가 자기에게 아름다운 것을 감지할 능력을 준 것을 감사드리고 있다. 프라우엔플란의 집에서 자란 것은 이탈리아 여행을 위한 이상적인 준비학교였다고 암시한다.

이 위대한 예술작품에 가까이 있고 보니 내가 지금까지 보았던 모든 것은 아무것도 아니며 그냥 야만적인 것처럼 생각됩니다. 그리고 이런 것을 방문할 기회를 갖게 된 것이 정말 고귀한 것으로 여겨져요. 이 순간 얼마나 행복한지요, 그리고 아버님에게서 물려받은 행복한 천성과 교양을 가지고 이 위대한 것을 바라보고 인식할 수 있다는 사실을 얼마나 하느님께 감사드리는지요.

미리부터 일기장에 밑줄과 대문자로 표시해놓았던 8월 28일에 아들은 피렌체에서 아버지의 생신을 축하드린다. 제노바에서 에커만과 싸우고 헤어진 7월 말 이후로 그는 혼자서 여행을 계속했다. 상상의 동반자이기는 했지만 그래도 가장 중요한 동반자는 바이마르에 남아서 그의 편지와 일기장을 받는 아버지였다. 처음부터 아버지는 아들에게 경제적인 자율권을 주었다. 여행의 목적이 어느 정도의 지출을 요구하는 것이기 때문이다.

너는 언제나 스스로 이렇게 말해야 한다. 너의 의도는 위대한 세계를 자신 안에 받아들이는 것이고, 네 안에 남아 있는 한계를 없애는 것이라고 말이다.

그는 제노바에서 마차 사고를 당했고, 그곳에서 과거 아내의 연인들 가운데 하나인 영국 영사의 아들 찰스 스털링을 만났다. 두 사람은 〈카오스〉를 위한 논문을 바이마르로 보냈고, 이것은 사이좋게 앞뒤로 나란히 배치되었다. 9월 초에 아우구스트는 리보르노에서 증기선을 타고 나폴리로 갔다. 아버지는 자기 서명의 현대화가 교통수단의 현대화에 뒤지지 않는다는 것을 보여주었다. 그는 자신의 서명을 석판화로 만들어서 친필 서명 몇 장을 아들에게 보냈다. 아들이 로마에 도착하면 분명히 그에 대한 요구가 있을 것이고 그럴 경우 나누어주라는 것이었다. 괴테 숭배는 그가 죽은 다음 비로소 등장한 것이 아니었고, 아우구스트는 이탈리아에서 그것을 체험할 수 있었다. 찬과 함께 나폴리에서 폼페이 유적지를 방문했을 때 방금 발굴된 집들 가운데 하나는 '카사 괴테(괴테의 집)'라고 명명되었다.

괴테로서는 처음부터 자신의 작품 '최종 판본'의 완성이 아들과의 편지 왕래의 주요 주제였다. 그는 그것의 완성을 아들이 로마 방향으로 나아가는 일정과 맞추었다. 병이 다 나은 아우구스트가 로마에서 돌아오는 날, 바이마르에서도 나란히 진행된 일이 끝나 곧바로 전집 인쇄가 완료된다는 것이 이상적인 목표였다.

마지막으로 넘긴 부분의 견본쇄가 차츰차츰 나오고, 8절판 인쇄가 계속되어서 네가 돌아오면 완성된 것을 보게 될 것이다. 내게는 중요한 이 시기가 너의 완전한 회복과 맞아떨어지면 좋겠다.

정밀하게 살펴보면 여기서 괴테가 소원한 것은 한 시기의 완성이며 시작이었다. 작품 발간과 더불어 괴테가 《시와 진실》의 앞부분을 낸 이후 계속해 온 자신의 역사화 작업이 끝을 맺게 된다. 소원하는 대로 아우구스트가 이탈리아에서 재탄생을 겪으면, 예술작업이 끝난 다음 아들과 함께 새로운 삶의 시기가 시작될 것이다. 아우구스트에게 보낸 마지막 편지에서 괴테는 한 번 더 전집의 완성과 아들의 여행의 종결을 한데 엮고 있다.

그러면 너는 우리 둘이 한 시대를 종결짓고 새로운 시대를 시작할 시점에 돌아오게 된다. 그 시점을 위해서 선한 데몬(영)들이 우리에게 통찰력과 힘을 주시기를 빈다.

자신의 삶에서 그랬듯이 아들의 삶에서도 이탈리아 여행이 똑같이 '시대를 만드는' 것이 되기를 바라는 마음에서 이런 기대가 표명되고 있다. 아들이 여행의 목적지에 다가갈수록 괴테는 더욱 그런 기대를 갖게 되었다. 여기서도 그는 아들의 로마 도착 시나리오를 마련하고서 거의 초조한 심정으로 이렇게 쓰고 있다.

네 일기장에서 네가 포폴로 문을 들어섰다는 말을 읽으면 정말 기분이 좋을 게다.

아버지가 규정한 재탄생으로서의 이탈리아 여행의 힘은 로마에 있었다.

로마에 들어선 사람을 향해서 그 무슨 말도 할 수 없다. 그가 새로 태어났다고 느낀다면 그는 그만한 가치가 있으며, 또한 오래 머물 경우에는 모든 좋은 점이 더욱더 커질 것이다.

1830년 10월 16일 아우구스트는 이상할 정도로 서둘러서 나폴리를 떠나 로마로 향한다. 도착한 날 그는 곧바로 바이마르로 편지를 보냈다. 맨 먼저 성 베드로 성당의 지붕과 콜로세움에서 받은 첫인상들이 서술되어 있다.

나는 모자를 벗고 여기 오게 된 것을 하느님께 감사드렸습니다.

이어서 아버지가 규정한 의미대로 로마 체류에 대한 보고가 이어진다. 이 보고는 이상한 문장으로 끝을 맺고 있다. 아버지가 바이마르에서 쓴 시가 조종하는 끈을 통해서 로마에서 만들어내는 메아리를 만들어내는 것 같다.

그래서 나는 이탈리아를 보고 알리는 의도를 따르고 있습니다.

아우구스트 폰 괴테 | 1830년. 모리츠 슈타인케의 그림. 이 초상화는 고집 세고 자폐적인 모습을 보여준다. 그의 힘차고 독특한 얼굴에서 아버지의 모습을 볼 수 있다.

그것이 성공해서 내 앞날에 아주 중요한 것이 되기를 희망합니다. 인간에 대한 지식과 더 높은 예술 및 자연의 형성은 위대한 것이니까요. 내가 독립적이라는 느낌에 도달한 것, 그것도 낯선 사람들 사이에서 그런 느낌에 도달한 것은 40년 만에 처음 있는 일입니다!

아우구스트는 《오디세우스》의 첫 구절들, 즉 멀리 여행한 남자의 원형(原型)을 인용하면서 경험의 확장을 강조한다. 아버지의 신속한 답장을 아들은 받지 못했다. 아버지의 편지는 이탈리아에서의 재탄생에 대한 시적인 전망을 산문적으로 요약하고 있다.

네가 그렇듯 많은 사람들이 사는 도시를 보았고 그곳의 관습을 배웠으니, 이제 바이마르의 프라우엔플란에서 선량한 사람들과 살아가는 방법도 아주 분명하게 알게 되었으리라고 기대해도 되겠구나.

로마에서의 죽음과 바이마르에서의 출혈

아우구스트 폰 괴테는 로마에 도착하고 겨우 10일도 더 살지 못했다. 그는 1830년 10월 26일에서 27일 밤에 포르타 핀치아나 거리에 있는 숙소에서 죽었다. 갑작스런 죽음으로 인해 행해진 부검 결과, 발작에까지 이르지 않은 천연두가 원인이었을 것으로 추측되었다. 케스트너가 폰 뮐러 재상에게 보낸 보고에는 간이 기형적으로 일그러졌다는 내용이 들어 있는데 그것은 그가 과도한 음주벽으로 죽었다는 주장의 증거가 되었다.

아우구스트는 1830년 10월 29일에 포르타 산 파올로 근처에 있는 케스티우스 피라미드 옆에 매장되었다. 그곳에는 18세기 중반 이후 신교도들의 매장지가 있었다. 괴테는 로마에 체류하던 1788년 그곳을 방문한 적이 있었다. 초기 아우구스트 시대, 그러니까 기원전 20년경에 대법관이며 호민관이던 가이우스 케스티우스를 위해서 세운 피라미드는 18세기 말과 19세기 초에 자주 그림의 모티프로 선택되곤 했다. 괴테가 이탈리아 여행에서 바이마르로 가져온 미술 습작들 가운데는 케스티우스 피라미드의 밤 풍경 모티프에 의한 스케치도 있었다.

하노버 대사의 대리공사인 아우구스트 케스트너는 아들이 죽은 소식을 직접 아버지에게 전하지 않고 재상 폰 뮐러에게 전했다. 그러면서 재상에게 아버지에게 구두로 이 소식을 전해달라고 부탁했다.《젊은 베르터의 슬픔》시대 친구였던 샤를로테 부프의 아들 케스트너는 로마에서 아우구스트를 맞아들여서 그곳 예술가 그룹에 소개시켜 주었다. 그는 재상에게 보낸 부고 편지를 이렇게 시작하고 있다.

이 편지를 개봉하는 즉시 맨 먼저 하실 일은 모든 신문, 또는 이 우편물과 함께 바이마르에 도착하는 모든 소식을 통제하는 일입니다. 그것들은 고귀하신 노인, 비밀고문관 폰 괴테에게 로마에서 온 불안한 소식을 전할 수도 있기 때문입니다.

사망 소식을 다루면서 케스트너가 보인 조심성은 바이마르에서 괴테 주변인물들의 태도를 미리 보여준 것이다. 동시대 사람들의 편지에서는 대부분 아들의 죽음에 대한 애도보다는, 로마에서 온 소식으로 아버지가 치명적인 충격을 받을까 봐 걱정하는 내용이 더 많다. 11월 10일에 괴테의 일기장은 재상 폰 뮐러와 의사 포겔의 방문을 기록하고 있다. '아들이 10월 26일에서 27일 밤에 세상을 떠난 일을 나에게 알리기 위해서'였다. 괴테는 모든 형식적인 조문객을 사절했다. 1830년 11월

21일에 그는 첼터에게 이렇게 썼다.

'죽음에 이르기 전에는 아무도 행복하다고 할 수 없다(Nemo ante obitum beatus).'라는 말은 세계사에서 쓰이고 있지만 실제로는 아무것도 말해주지 않습니다. 원래의 엄밀성을 가지고 표현해보자면 아마 이렇게 말해야 하겠지요. "마지막 순간까지 기다렸다가 검토하라."고 말입니다. 운명은 우리가 신경, 정맥, 동맥, 그리고 그것들과 연결된 신체기관들로 이루어진 존재가 아니라 마치 철사로 엮어진 존재처럼 취급한다는 점을 놓치지는 않았겠지요.

괴테는 이 편지에서 아들의 죽음이 자신의 신체기관을 공격하고 있음을 말하고 있다. 11월 25일 밤에 과도한 출혈이 일어났다. 그 출혈은 며칠 동안이나 생명을 위협했다. 첼터에게 보낸 편지에서 그는 이런 위협이 '나 자신을 완전히 삼킬 정도로' 과도한 작업으로 도망친 결과 나타난 것이라고 해석하고 있다. 겨우 2주 동안 과도하게 열을 올려서 오랫동안 그대로 버려두었던 《시와 진실》의 제4부 작업을 끝내서 인쇄할 수 있는 정도로까지 만들었다.

그 아래 억눌려 있는 고통과 과도한 정신적 긴장이 아마도 신체적으로 준비가 되어 있던 그런 발작을 일으킨 것 같습니다.

죽음의 소식을 의지력으로 누르려는 정신적 전략에 맞서서 신체가 그렇게 심하게 반항했다는 괴테의 말에 덧붙일 말이 별로 없을 것 같다. 그러나 일로 도망친 것은 아들을 생각나게 하는 모든 주제를 피하려는 의도와 꼭 일치하지는 않는다. 출혈이 일어나기 전 며칠 동안 괴테는 1775년 스위스 여행에 관한 부분들을 수정했다. 그것은 고타르트 산 등반을 다룬 부분으로, 이탈리아로 여행을 떠나는 일과 북부로 돌아가는 것 사이의 '갈림길'에서 고민하는 부분이었다. 여기서 여행의 동반자는 북부 이탈리아로 계속 여행하는 것에 찬성하고 있다.

이 골짜기를 통해 아래로 내려가는 길은 아주 멋지고 힘도 별로 들지 않을 것이다. 그리고 벨린초나가 눈앞에 펼쳐지면, 그 어떤 즐거움일까!

그는 이야기꾼의 눈앞에 마조레 호수의 보로메우스 섬들을 펼쳐 보이고, 밀라노에서 사업상의 친구가 여행을 계속할 비용을 빌려줄 것이라고 말한다. 그러니 어서 이탈리아 쪽으로 서둘러 내려가라고 다그친다. 괴테는 《시와 진실》의 최종 판본을 만들고 있을 때 특정한 작업을 시작하지는 않았다. 스위스에서 이탈리아로 접근하던 그 옛날 일을 이야기한 부분을 쓰고 고치면서 그는 아들의 여행경로에 접근했다. 아버지의 《빌헬름 마이스터의 편력시대》에 묘사된 보로메우스 섬의 모습이 아들을 부추기지 않았더라면 그는 이곳을 방문하지 않았을 것이고, 괴테는 이 구절에 이르러서 아들을—그리고 아마도 그가 보낸 말린 꽃들을—생각하지 않을 수 없었을 것이다.

이번의 수정작업이 회상의 거울로 변한 것은, 《시와 진실》의 마지막에 유혹으로 등장하기는 하지만 실제로 행하지는 않은 이탈리아 여행이 가족의 전통으로 옮겨진 것과 관계가 있을 것이다. 이 전통이란 스스로 이탈리아 여행을 하고 여행기를 쓴 아버지가 아들을 부추겨서 밀라노와 롬바르디아 방향으로 떠나도록 만든 추진력이었다. 괴테의 집에서 이탈리아 여행은 거의 가족의 의무처럼 보인다. 마지막 페이지에서―우연을 통해서―이탈리아 여행에 반대하는 편으로 바뀌고는 있지만, 그래도 그것은 계속 이어가야 할 세대 간의 고리처럼 보인다. 《시와 진실》 마지막에서 아들이 적어도 상상력의 영역에서라도 이런 여행을 시작하는 구절에서는 한 세대 늦게 아우구스트가 밀라노 방향으로 출발한 상황을 어렵지 않게 읽어낼 수 있다.

아버지는 내게 아주 멋진 여행 계획을 만들어주셨고, 내가 미리 준비하고 현장에서 나를 이끌어갈 수 있는 작은 도서목록도 함께 주셨습니다. 어린 시절부터 이야기들을 통해서, 그리고 온갖 종류의 그림이나 묘사들을 통해서 익혀온 훌륭한 대상들이 내 영혼 앞에 모여 있었고, 나는 그것들에 가까이 가는 것보다 더 바라는 것이 없었습니다…….

묘비명과 비가

1830년 겨울과 1831년 봄 괴테의 편지들과 일기 기록을 읽어보면 프라우엔플란에 있는 괴테 집 일상의 윤곽이 나타난다. 상복을 입은 오틸리에 폰 괴테의 모습이 거기서 확실한 크기를 지닌다. 그녀는 시아버지에게 대화 사전의 어떤 부분들을 낭독해 들려준다. 죽은 사람에 대한 말은 없지만 그의 죽음에 대한 해석은 계속되고 있다. 1831년 2월 23일 첼터에게 보낸 편지에서 괴테는 아들의 여행경로를 한 번 더 요약하고 그 경로의 끝에 죽음을 표현하고 있다. 첫 문장은 재탄생 모델이 실패했음을 확인해주고 있다. 아버지가 믿은 법칙에 따르면 아우구스트가 여행하게 된 것은 바로 다음 때문이었다.

내 아들은 낫기 위해서 여행을 했지요…….

이 자리에서 한 번 더 이 글 맨 앞에 인용된, 아우구스트가 시적 재능이 없다는 농담을 생각해보자. 그 배경은 로마의 카피톨리니 언덕이었다. 괴테 아들을 경멸하는 사람들 가운데 식자들은 이 자리에서 카피톨리니 언덕에 바쳐진 아버지의 《로마의 비가》를 생각할 것이다. 시인은 여기서 손님으로서의 권리를 자기에게 허용해달라고 유피테르 크세니우스(Jupiter Xenius, 손님을 접대하는 주피터)에게 말을 걸고 있다.

그대는 정녕 손님 접대의 신인가? 그렇다면 이 길손을 당신의
올림포스에서 도로 땅으로 밀어 떨어뜨리지 마시라.
"시인이여! 그대는 길을 잃고 어디를 향하는가?"—나를 용서하시라.
높은 카피톨리니 언덕은 당신의 두 번째 올림포스.
유피테르여, 나를 여기 있게 하시고, 헤르메스여, 나중에 나를 안내하시라.
케스티우스의 기념비를 지나 어두운 하데스의 나라로.

재상 폰 뮐러가 괴테에게 아들의 죽음의 소식을 가능한 한 해롭지 않게 전하기 위해서 노력한 장면을 비서인 크로이터가 기록했다. 처음에 괴테는 조심스럽게 접근한 이 주제의 의미를 이해하지 못했던 듯하다. 그러다가 그는 갑자기 재상의 말을 끊었다.

그러니까 줄여 말하면 내 아들이 케스티우스의 피라미드 발치에서 지상의 경력을 끝냈다는 말이군요.

이 소식을 이해한 순간에 '죽음'이라는 단어를 케스티우스 피라미드라는 이미지로 즉석에서 바꾼 것은 어쩌면 이 장면의 일화적인 효과를 위해서 크로이터가 임의로 만든 것일 수도 있다. 그렇지만 괴테가 편지에서 여러 번이나 아우구스트의 죽음을 자신의 삶 및 창작과 특이하게 일치시켜서 해석했고, 그 과정에서 언제나 《로마의 비가》에 나오는 죽음의 상징인 케스티우스 피라미드로 끝을 맺곤 했다는 것은 의심의 여지가 없는 일이다. 위에서 인용한 첼터에게 보낸 편지에서 그는 아우구스트의 짧은 로마 체류에 대해서 이렇게 적고 있다.

로마로 서둘러 달려간 일이 이미 흥분한 이 천성을 특별히 진정시킬 수는 없었지요. 그곳에 있는 도이치 남자들과 중요한 예술가들의 사랑과 존경에 넘친 환대를 열의에 들떠서 즐겼던 것으로 보입니다. 며칠 뒤에 그는 케스티우스 피라미드에서 쉬려고 길을 떠났으니까요. 그가 태어나기도 전에 아버지가 문학적으로 동경하던 그곳으로 말입니다.

아들의 죽음을 그가 태어나던 무렵 만들어진 《로마의 비가》에 그렇게 접근시켜 해석함으로써 괴테는 로마에서의 아들의 갑작스런 종말에서 우연성의 특성을 지우고, 자신의 삶을 위한 상징적인 요소로 바꾸었다. 케스티우스 피라미드 근처에 있는 묘지는 아들의 '로마 체류지'로 바뀌었다. 아들의 이탈리아 여행은 아버지의 여행을 되풀이하면서 동시에 반대 이미지로 맞서는 것이었다. 이 우연한 사건을 아버지의 문학과 아들의 삶에 있는 운명적 결합의 '중요한' 상징으로 바꾸는 것이 괴테에게 얼마나 중요한 일이었는가 하는 것은 1831년 6월 31일에 케스트너에게 보낸 편지에 나타나 있다. 여기서 비가는 아버지가 자신을 위해서 세웠고 아들이 더 높은 힘에 의해 이끌려간 시적 표지판이 되고 있다.

저 비가가 증언하고 있듯이 아버지가 그 길을 가기를 소원했기에 아들이 그 길을 가야만 했고, 이 사건은 하나의 표지가 되었지요.

이것은 많은 것을 밝혀주는 발언이다. 죽은 아들을 가능하면 완벽하게 자신의 삶과 작품 안으로 감싸안으려는 괴테의 전략을 증언해주는 것이다. 갑작스런 '뇌출혈', 케스트너의 편지에 따르면 뇌혈관이 '터진' 결과 나그네는 스스로 케스티우스 피라미드 방향으로 이끌려가다가 아예 그곳에서 영원한 안식을 찾았다. 괴테의 표현에 따르자면 죽은 아우구스트 자신이 아니라 아들의 운명에 자신의 비가가 반영되었다는 특이한 사건이 이로써 그 기념비를 얻은 것이다. 아우구스트는 로마에서 죽음으로써 아버지의 작품을 위해서 고통스럽기는 하지만 올바른 방식으로 공적을 세웠다는 느낌까지도 풍긴다.

1831년 7월 초에 케스트너는 괴테에게 케스티우스 피라미드 근처에 있는 아우구스트의 무덤에 기념비를 세울 준비상황을 알리고 있다. 하인리히 킬리우스의 아들을 위해서도 코모 호숫가에 있는 그의 별장에 기념묘를 만든 덴마크 조각가 베르텔 토르발트젠이 돈을 받지 않고 아우구스트의 부조를 석주(石柱)에 새겨넣겠다고 약속했다는 내용이다. 괴테는 답장에서 기념비를 위한 구상에 동의하고 석주를 위해서 생각한 묘비명을 동봉했다. '그곳 전문가들의 갈채를 소망하면서' 말이다. 비명은 이렇게 되어 있었다.

괴테의 아들이 40의 나이로 아버지보다 앞서 죽다.

(Goethe Filius Patri antevertens obiit anno XL.)

아버지가 초안한 묘비명에 죽은 사람은 이름이 없다. 그는 그냥 아들이라는 특성 속에 파묻혀버렸다. 마치 아들은 아버지의 작품을 통해서, 그리고 그 작품 안에서만 존재했던 것처럼 보인다. 그러나 괴테는 아들을 위해서 또 다른 기념비를 생각했다. 아들의 글, 아우구스트가 이탈리아에서 바이마르로 보낸 편지와 고백들로 만들어진 기념비였다. 죽음의 소식을 듣고 보내지는 못했지만, 그 소식 전에 마지막으로 아들에게 쓴 편지에서 괴테는 런던의 〈문학 가제트〉지에 나온 예고를 인용하고 있다.

괴테, 아버지와 아들. 위대한 도이치 시인의 아들 괴테는 이탈리아 여행일기를 작성했고, 아버지 괴테는 그것을 출판하려고 한다.

그리고 여기에 보충의 말을 덧붙인다.

영국 신문에서 뽑은 앞의 내용을 우리가 이루기로 하자.

그러나 아들에게 그의 일기들을 수정하고 약간의 결함들을 보충하겠노라고 명백하게 경고한다. 아우구스트가 죽은 다음 괴테는 불행하게 끝난 여행의 결말을 마무리짓는, 첼터에게 보낸 편지 말미에서 영국 신문의 예고를 다시 거론하고 있다.

어쩌면 장차 어느 날인가 그의 여행기록들에서 그 젊은이에 대한 기억이 친구들과 선의를 가진 사람들 사이에 다시 일어나게 될지도 모르지요. 그렇다면 무덤들을 넘어서 앞으로 가는 거지요!

아들과 데몬들

1831년 3월 16일자로 에른스트 폰 실러에게 보낸 편지에서 카롤리네 폰 볼초겐은 아들의 시적 소질을 인정하는 발언으로 괴테를 기분 좋게 만들려고 했지만 실패했다고 적고 있다. 괴테는 별 기쁨을 드러내지 않고 이렇게 말했다고 한다.

권총으로 한 방 쏘는 것처럼 끝나고 말았지요.

모든 희망을 갑작스럽게 파괴해버린 것에 대해서 권총 발사라는 비유를 쓴 것은 괴테가 아들의 여행에 걸었던 기대에 뒤이어 나타난 고민에는 잘 들어맞지 않는다. 장래 가족의 행복을 위한 무대그림처럼 내걸렸던 재탄생의 전망은 죽음의 소식을 통해서 처음으로 파괴된 것이 아니다. 아들의 죽음에 뒤를 이어 아버지의 죽음을 불러온 위기는 기대 밖의 충격에서 온 것이라기보다는 오히려 감추어져 있던 기대가 들어맞은 것에 대한 놀라움에서 온 것이다. 괴테의 주변에서는 이런 해석이 이미 일찍부터 나타났다. 요한나 쇼펜하우어는 1831년 재의 수요일에 카를 폰 홀타이에게 보낸 편지에서 이런 소문을 전했다. 뮐러 재상이 죽음의 소식을 전하는 자리에서 아버지는 그가 말을 맺기를 기다리지 않고 이렇게 말했다고 한다.

그가 떠날 때 나는 이미 그를 잃어버린 것으로 여겼소.

이것은 케스티우스 피라미드에 대한 연관성 못지않게 일화로 만들기 위한 극단화일지도 모른다.

어쨌든 이 문장은 괴테가 아들의 여행과 그 죽음에 대해 논평한 발언들 뒤에 감추어진 주요 동기를 정확하게 짚어내고 있다. 아버지가 처음부터 아들의 여행에 대해서 보였던 주의 깊은 관심 속에는 재탄생이라는 껍질 아래 언제나 불행과 죽음의 모습이 가까이 있었다. 1830년 5월 14일에 북부 이탈리아로 보낸 편지에서 괴테는 아들을 위해서 '모든 선한 데몬들'을 빌어주고 있다. 아우구스트가 로마에 들어갈 것을 내다보고 아버지는 10월 초에, 아우구스트의 휴가기간을 연말로 연장하는 청원에 기꺼이 동의서를 보내주었다. 괴테는 아들이 로마에서 이 서한을 보고 일종의 환영 선물로 여겨 기뻐할 것이라고 기대했다.

귀찮게 하는 데몬들이 네게 또 다른 훼방을 보내지 않는다면 말이다.

괴테는 이런 조건문으로 아우구스트가 에커만과 헤어진 직후에 라스페치아 근처에서 당했던 사고를 암시하고 있다. 마차가 뒤집혀지고 그는 쇄골이 부러졌다. 아우구스트 자신은 사고로 인한 열과 고통 속에서도 편지에서 평상시 태도를 유지하고 변덕스러운 주석을 덧붙여서 침착성을 보여주기 위해 온갖 노력을 다했지만 바이마르의 아버지는 이 사고 소식을 지나치게 심각하게 받아들였다. 그는 지난 몇 년 동안 친필 편지를 그렇게 많이 쓰지 않았지만 1830년 8월 19일에 아들에게 친필 편지를 써보냈다.

피렌체로 네게 편지를 보내기 위해서 나는 손수 펜을 들었다. 다른 사람들에게도 이번 사고를 알려야 할지 아직 주저하고 있기 때문이다. 상상력의 가장 두려운 활동은, 완전한 무력감을 확신하고 있으면서도 절실하게 도움을 필요로 하는 경지로 스스로 빠져드는 일이다.

괴테는 여행 중의 사고를 악령들의 특별한 활동으로 여겼다. 그는 다른 사람들이나 자기 자신에게서 이런 사고를 운명의 특별한 신호라고 여겨 진지하게 받아들이려는 성향을 보였다. 그는 이미 여러 번이나 여행 초기에 마차 사고가 일어나면 여행을 포기했다. 이탈리아에서 아들이 당한 사고 소식을 들었을 때 그가 지나치게 염려한 나머지 바이마르에서 이야깃거리가 되었을 정도였다. 그 사고를 비밀에 부치려는 괴테의 노력은 자기 자신에 대한 염려에서 나온 것이었다. 8월 29일 자기 생일이 다가오는 것과 관련이 있다. 아들의 지나친 침착성의 과시는 아버지의 예민함과 관계가 있는데, 괴테는 거의 승리에 넘친 어조로 비밀에 부치려는 자신의 시도가 성공한 것을 아들에게 알리고 있다.

이번 사고에 대해서 우리가 얼마나 관심을 기울였는지 알고 있겠지. 우리는 그것을 비밀로 했지만 재상은 밀리우스에게서 보고를 받았다. 그러나 우리가 침묵을 지켰기 때문에 그것은 그대로 비밀로 남았고 나는 이런저런 이야기를 듣지 않고 생일을 무사히 넘겼다.

괴테는 사람들이 '비밀'을 알게 될 것을 감수했다. 다만 자기 생일에 그 이야기가 나오지 않게 하는 데 관심을 기울였다. 모두가 아는 일을 침묵하도록 만드는 경우를 여기서 볼 수 있다. 그것은 뒷날 아들의 죽음에 대한 소식을 받은 다음 아버지 집에서 질서가 된 전형이었다.

정신분석의 관점에서 보면 아우구스트 괴테는, 아버지에 의해서 무의식적이기는 해도 상당히 합목적적으로 파괴되는 아들의 극단적인 경우에 해당한다. 쿠어트 아이슬러의 괴테 연구에서 이 부분은 다음과 같이 요약되어 있다.

의심의 여지 없이 확실한 괴테의 애정, 염려, 근심에도 불구하고 무의식적인 공격성을 배제할 수는 없다. 젊은이의 비극적이고 때 이른 죽음에서 마침내 그 공격성은 목적을 달성하고 있다.

이런 진단의 불리한 점은 너무 분명한 가해자-희생자 위치를 위해서 괴테와 아들의 관계에 나타나는 반사구조를 놓치고 있다는 점이다. 괴테가 아들의 죽음의 소식을 접하고 나서 스스로 파묻힌 《시와 진실》 제4권의 완성작업을 생각해야 한다. 이 책에서 1775년에 하지 못했던 이탈리아 여행 다음으로 중요한 주제는 데몬에 대한 반성이다.

고대 신들의 세계에서 나온 선하거나 악한 데몬들에서 형태는 없지만 운명적으로 작용하는 힘이 나오고, 그것은 이런저런 다행한, 또는 불행한 사건에만 영향을 미치는 것이 아니라 인간의 생명에 전체적인 영향을 미친다. 그것은 '정신이나 재능에서 언제나 탁월하지는 못한 인간 존재가 선의로 받아들이기 어려운 것'으로서 악령의 특성을 가진다.

괴테는 자신의 아들이 이렇듯 기묘한 힘에 의해서 특징지어진 존재라고 파악했던 것으로 보인다. 로마에서의 죽음을 우연과 섭리가 함께 작용한 것으로 해석했고, 그것은 바로 《시와 진실》에서 전개하는 데몬에 대한 규정의 핵심 부분을 이룬다.

생명이 있는 자연과 생명이 없는 자연, 영혼이 깃든 자연과 영혼이 없는 자연에서 모순적으로만 드러나고, 그 때문에 그 어떤 개념으로도 파악할 수 없고, 한 마디 말로는 더욱 표현할 수 없는 힘을 그는 믿었다. 그것은 이성이 없는 것으로 보였기에 신적인 것은 아니었고, 오성이 없기에 인간적인 것도 아니었다. 그렇다고 악마적인 것도 아니었다. 선의를 가지고 있기에. 그리고 천사의 특성도 아니었다. 때때로 해코지하는 즐거움을 드러냈기 때문이다. 그것은 어떤 결론도 허용하지 않기에 우연과 같은 것이고, 그런데도 전체적인 맥락을 보이기 때문에 섭리와도 비슷했다. 이것은 우리에게 한계를 만드는 모든 것을 꿰뚫어버리고, 우리 존재에서 필연적으로 보이는 요소들을 가지고 멋대로 장난을 치고, 시간을 줄어들게 하고 공간을 늘어나게 했다. 오직 불가능한 것만을 좋아하고 가능한 것을 경멸하여 밀쳐버리는 듯이 보였다. 나머지 모든 것들 사이로 끼어들어서 그들을 가르거나 결합시키는 것처럼 보이는 이런 존재를 나는 데몬적 존재라고 불렀다. 고대인들의 예에 따라서, 그리고 그 비슷한 것을 보존한 사람들의 예에 따라서 말이다. 나는 습관에 따라 하나의 이미지의 뒤로 도망침으로써 이 두려운 존재로부터 자신을 구하려고 했다.

아버지와 아들 사이에서 이름을 잃다

―아브라함 멘델스존 바르톨디―

데틀레프 클라우센

"고양이는 어떡하라고?" 자신에 대한 회의에 빠져 있던 시절의 아브라함 멘델스존 바르톨디. 사위의 스케치.

그림자

사회적 아웃사이더인 프로이센의 유대인 3대가 국가시민으로 받아들여지기 위해 눈물겹게 노력한 이야기. 이들의 이야기는 아버지와 아들의 문제에 앞서 도이치 사회의 제도적 억압에 직면한 유대인 집안의 처절한 생존의 몸부림으로 읽힌다.

도이치 시민사회의 일원이 되기를 원했던 모제스 멘델스존은 거의 불가능한 상황에서 맨주먹으로 일어서서 시민적 가정을 이루고, 자신의 집을 지식인들이 자유롭게 드나들 수 있는 공개적인 사교의 장소로 만들었다. 동시에 탁월한 학문적 업적으로 도이치 철학사에 분명한 흔적을 남겼다. 훌륭한 교육을 받은 아들 아브라함은, 자손들이 유대인의 제한된 활동영역을 벗어나 자유롭게 재능을 발휘할 수 있는 프로이센의 시민으로 성장할 수 있도록 만들기 위해 유대 신앙을 버리고 기독교로 개종했다. 은행가로 성공했지만 학문과 예술을 사랑했던 그는 아들을 음악가로 만들었다. 그러나 성공한 아들 펠릭스는 프로이센을 자신의 활동지로 선택하고 다시 유대인의 자리로 돌아가기를 원했다. 아브라함의 고뇌와 개종의 노력이 일시적으로 빛을 잃는 순간이었다.

유명한 아버지와 더욱 유명한 아들 사이에 낀 아브라함은 자신의 존재와 자신의 세대가 두 세대 사이에서 종적을 잃고 스러졌다는 느낌을 가졌다. 그러나 이 집안은 두 번에 걸쳐 각기 거의 이상적인 세대 교체에 성공하고 있다. 탁월한 한 유대인 가문의 감추어진 고뇌를 들여다보면서 대를 이어 고통을 뚫고 솟아나온 유대인의 강인한 정신적 위대성을 느낀다. 바깥의 시련이 너무 커서 내부의 작은 갈등이 문제를 일으키지 않고 오히려 화합을 만들어내는 독특한 화학작용을 여기서 볼 수 있다. 고통과 시련이 바로 강인한 정신을 단련해내는 과정이다.

후세는 그에 대해서 별로 기억할 것이 없다. "처음에 나는 내 아버지의 아들이었고 이제는 내 아들의 아버지이다."라고 그가 말했다고 한다. 아버지와 아들의 이름은 오늘날에도 자주 거론된다. 18세기의 계몽주의 철학과 19세기 초 음악사는—시대정신에 따라 바뀌는 '유대인' 또는 '도이치'라는 수식어를 붙인 채로—이들 아버지 및 아들의 이름과 결합되어 있다.

그러나 세대 간의 연결고리에서 유명한 아버지와 더욱 유명한 아들 사이를 연결해주는 인물, 즉 아브라함 멘델스존 바르톨디(Abraham Mendelssohn Bartholdy, 1776~1835)에 대해서 우리는 별로 아는 것이 없다. 부당한 일이다. 이렇게 말하고 싶어진다. 아브라함 멘델스존 바르톨디에 대해서 모르는 사람은 모제스 멘델스존과 펠릭스 멘델스존 바르톨디에 대해서도 이해하지 못한다고 말이다.

살아 있을 때 이미 아브라함은 아버지와 아들의 명성을 견뎌야 했다. 1833년에 그는 베를린에서 소식을 기다리는 아내 레아에게 런던에서 보낸 편지에서 이렇게 말하고 있다.

당신은 물론 펠릭스가 얼마나 사랑받고 존경을 받는지 읽고 싶겠지요. 나는 그것을 여기서 가장 뚜렷하게 보고 듣고 있소. 늙은 호슬리는 오늘 내게 그렇게 위대한 남자의 아들이며 또한 위대한 남자의 아버지이니 아주 행복한 사람이라고 말하면서 자기가 대단한 칭찬을 한다고 생각했을 겁니다. "그럼 고양이는 어떡하라고?" 하고 난 생각했소. 내가 아버지와 아들 사이에 줄표(—)로 삽입된 것 같다고 그렇게나 자주 스스로를 비웃지 않았더라면 정말 대단히 화가 날 뻔했소.

이 줄표 뒤에 숨어서 아버지의 세계일 수도 아들의 세계일 수도 없는 아브라함의 세계는 그냥 사라져버린 것 같다. 그들의 이야기는 자주 여러 가지 보호 장치 아래서 이야기되곤 했다. 그에 비해 우리는 아브라함의 세계를 찾아내야 한다. 그의 세계에 관해서는 유명한 아버지와 아들의 생애 이야기에서 빙 돌아 겨우 조금 얻어듣게 되니 말이다.

그의 손자 세바스찬 헨젤―그러니까 아브라함의 딸 파니와 화가 빌헬름 헨젤 사이에서 태어난 아들―은 외할아버지에 대해서 다음과 같이 쓰고 있는데, 그 말이 옳다고 해야 할 것이다.

그에게는 모방의 요소가 없다.

1879년 처음으로 출간된 세바스찬 헨젤의 책《편지와 일기로 본 멘델스존 집안 1729~1847》에서 우리는 아브라함 멘델스존 바르톨디에 대한 대부분의 지식을 얻게 된다. 그는 아버지 모제스 멘델스존의 탄생 연도와 아들 펠릭스의 사망 연도로 이루어진 가족사의 괄호 안에 그냥 들어가 있다. 이 책은 가족사 책으로 씌어졌다. 멘델스존 집안의 외손

✲✲ 역사 읽기

모제스 멘델스존(Moses Mendelssohn, 1729~1786): 레싱, 니콜라이 등과 함께 대표적인 계몽주의 철학자. 그 밖에 비평가, 성서 번역자 및 주석가. 특히 유대인이 도이치 시민사회에 동화되는 데 큰 기여를 했다. 대표작으로 《철학적 대화》《감정에 대해》《파이돈 혹은 영혼의 불멸에 대한 편지》등이 있다.

펠릭스 멘델스존 바르톨디(Felix Mendelssohn Bartholdy, 1809~1847): 작곡가, 피아니스트, 지휘자. 초기 낭만파의 거장. 대표작으로 〈한여름 밤의 꿈 서곡〉, 〈이탈리아 교향곡〉, 〈엘리야〉, 피아노 협주곡과 많은 실내악곡이 있다.

자 헨젤은 약간 억지를 써서 프로이센·프랑스 전쟁(1870~1871)이 지난 다음 새로운 민족주의 대중을 위해서 이 유대인 집안을 도이치 집안으로 슬쩍 바꿔치고 있다.

1879년이라는 발행 연도도 의도적으로 선택된 것이다. 그것은 레싱과 멘델스존의 탄생 150주년이 되는 해이고, 레싱의《현자 나탄》(기독교·이슬람교·유대교 사이의 종교적 관용을 주제로 삼은 레싱의 대표작. 유대인 나탄이 주인공이다—옮긴이)이 나온 지 100년이 되는 해이다. 당시 평범한 도이치 시민은 이 작품의 주인공 나탄을 유대인 계몽주의자 멘델스존과 동일인물이라고 여겼다. 프랑스 혁명(1789), 신성 로마 제국의 붕괴(1806), 그리고 그와 결부되어 있는 도이칠란트의 유대인에 대한 수치스러운 대우 등의 변화무쌍한 역사는 헨젤의 가족사 책에서는 정밀하게 취급되지 않는다. 거의 믿을 수 없는 일이지만 사실이다.

1871년 제2제국이 성립되면서 도이칠란트 전체에 유대인의 법적인 대등함이 나타났다. 그러나 8년 뒤, 그러니까 1879년에는 프로이센-도이치 국가* 역사가인 트라이치케에 의해서 베를린 반유대주의 투쟁이 시작되었다. 이런 쇼비니스트적이고 반해방적인 시대정신에 맞서서 헨젤은 끈질기게 자유주의 노선으로 맞서려고 애썼다.

1871년 이후로 유행이 된 도이치 민족주의 관점에서 보면 정확하게 아브라함 멘델스존 바르톨디의 삶의 시기에 그림자가 드리워진다. 이 시기에는 도이치 문화 및 민족주의 통일 이외에 다른 것, 즉 해방과 자유도 중요했다. 해방과 자유라는 개념은 이 세대에는 집단적 의미뿐만

역사 읽기

프로이센-도이치 국가: 1871년 프로이센 주도로 도이치 제국이 탄생했다. 프로이센의 색채가 짙은 비스마르크 시대 도이치 제국을 가리키는 말.

아니라 개인적인 의미로도 이해되었다.

세바스찬 헨젤의 가족 연대기는 아브라함 멘델스존 바르톨디가 학교교육과 직업교육을 받던 시기에 대해서 특이하게도 아무것도 말하지 않고 있다. 그러나 주의 깊게 읽어보면 여기저기서 많은 흔적들을 찾아낼 수 있다. '줄표'라는 멋진 표현은 헨젤이 우리에게 전해주는 말이다. 이것은 앞에서 인용한 아버지와 아들에 대한 언급에 잘 들어맞는 말이지만, 맥락을 알아야 정확하게 이해된다. 상트페테르부르크에 있는 슈티글리츠 남작의 집을 방문했을 때—연도는 정확하게 알려져 있지 않다—아브라함은 막시밀리안 하이네에게 이렇게 말했다.

러시아로 오시길 잘한 겁니다. 여기서 자신의 이름을 얻었으니까요. 도이칠란트에서는 당신 자신의 업적이 있어도 언제나 살로몬 하이네의 조카나 아니면 하인리히 하이네의 동생이라고 생각되었을 거니까. 내 형편이 바로 그래요. 젊었을 때 나는 모제스 멘델스존의 아들이었고 나이 들고 보니 펠릭스 멘델스존의 아버지일 뿐입니다.

자유를 찾아서

모제스 멘델스존이라는 이름은 도이칠란트 안에서 언제나 유대인 계몽주의 및 유대인의 해방이라는 말과 결부되어 있다. 멘델스존이라는 개인에서는 계몽주의와 해방이 만났지만, 사회적 현실에서 그것들이 서로 떨어졌다는 사실은 이미 오래 전인 19세기 말에 잊혀졌다. 멘델스존의 생애는 뒷날 부당하게도 프랑스 혁명 이전의 '잉크로 얼룩진 세기'라고 조롱받는 시대에 속한다.

유럽의 모든 계몽주의 세력은 프랑스 혁명에서 낡은 세계의 개혁을 기대했다. 당시만 해도 유대인의 정치 프로그램은 아직 해방이 아니고 '유대인을 시민으로 개선하기'였다. 프로이센의 고급 관리 크리스티안 빌헬름 폰 돔(Ch. K. W. von Dohm)은 멘델스존의 자극을 받아서 1781년에 위의 말을 제목으로 삼은 글을 썼다. 계몽주의 사회와 새로운 유형의 학교 건설은 이런 시대특성에 속하는 것이다.

베를린에서 계몽주의자들은 1783년 이후로 영향력이 많은 '수요 모임'을 가졌다. 모제스 멘델스존은 그곳의 명예회원이었고 거기서 돔과도 만났다. 멘델스존은 프랑스 혁명이 시작되는 것을 보지 못했지만 이성적 개혁을 기대하면서 글을 쓰고 출판했다. 이런 개혁은 기독교도들의 끈질긴 계몽작업을 통해, 그리고 유대인 공동체 안에서도 또한 준비되어야 한다고 주장했다.

모제스 멘델스존은 단독으로 자신의 길을 갔던 사람이다. 그는 자신의 비상한 교양을 독학으로 습득했다. 데사우 출신인 그는 열네 살에 자기 주먹만 믿고 유대인 랍비 다비트 프렝켈을 따라 베를린으로 왔다. 데사우에서는 이 선생이 그의 지식욕을 풀어줄 유일한 사람으로 보였다. 젊은 멘델스존은 배움을 향한 전통적인 유대인의 이상을 진지하게 받아들였다. 그러나 그 때문에 18세기 유대인이 처해 있던 정신적 위기를 생생하게 겪었다.

기독교 지배세력은 언제나 유대인들을 밖으로 밀어내려고 했지만, 그렇다고 유대인들이 세상 밖에서 살았던 것은 아니다. 17세기에 서유럽에서 시민사회로 가는 과정에 대한 반응으로, 그리고 폴란드-리투아니아와 우크라이나의 참혹한 유대인 박해에 대한 반응으로 사베타이 체비(S. Tzevi, 1626~1676. 유럽과 중동 지역에서 대중의 추앙을 받았으나 유대 정교 랍비들의 미움과 협박을 받았던 가짜 메시아. 유대 밀교인 카발라를 추종했다)의 운동 같은 메시아 운동이 나타났다. 유대인 공동체

안에서 민중적 종교성과 신정(神政) 체제 조직방식이 서로 대립했다. 유대인 세계는 자체적인 문제들을 겪었다. 그러면서 세속적 지식의 필요성이 점점 더 커졌다. 유대 공동체들은 기독교 지배세력이 정해준 한계를 넘어서 성장했다.

1743년 열네 살이던 모제스 데사우—뒷날 그는 자신의 프로그램에 따라 '벤 멘델'이라는 성을 '멘델스존'이라는 성으로 바꾸게 된다—가 베를린으로 가자마자 곧바로 계몽주의 집단에 들어갔던 것은 아니다. 그는 도시와 공동체의 엄격하게 제한적인 정신태도를 체험했다. 계몽주의자라는 명성으로 자신을 치장하기를 아주 좋아했던 프로이센의 왕 프리드리히 2세는 1750년 '개정된 유대인 규약'을 발표했다. 억압받는 유대인을 체계적인 여섯 개의 계급으로 나누는 법안이었다. 당시 프로이센에서 국가는 사회를 엄격하게 규제했으며, 멘델스존은 이런 억압의 분위기에서 활동해야 했다. 그라우페가 프리드리히 대왕 시대 프로이센의 사정을 냉정하게 묘사한 바에 따르면 당시 사정은 다음과 같다.

일반특권을 받은 사람들과 가장 부유한 유대인들이 최상층을 이룬다. 그들의 권리는 특별히 할당받은 개인적 특권에 의해 다시 규정된다. 그들은 기독교 상인들과 동일한 권리를 가졌다. 어디에나 정착할 수 있고 부동산을 취득하고 자기들의 특권을 모든 자녀들에게 물려주었다. 그러나 극소수의 가족만이 이 계급에 속했다. 그들은 본질적으로 예전의 궁정인들과 동일했다.
두 번째 계급은 정상적인 보호를 받는 유대인들로서 지방귀족의 특권을 소유했다. 그러나 그들은 명시된 지역에만 정착할 수 있고 자녀 두 명에게만 이 특권을 상속할 수 있었다. 첫번째 자녀를 증명하기 위해 1000탈러의 재산이 있음을 입증해야 했고, 두 번째 자녀를 증명하기 위해서는 1만 탈러의 재산을 입증해야 했다.

세 번째 계급은 예외적 보호를 받는 유대인들이다. 이들의 특권은 상속되지 못했다. 예를 들면 의사·치과의사·화가·예술가 등 대개 자유직업 종사자들이 여기 속했다. 이들 세 계급은 함께 힘을 합쳐서 유대인 세금과 공과금을 부담해야 했다.

보호를 받는 유대인이 다른 곳으로 이주하려고 할 경우 국가가 그것을 제한했기 때문에 큰 어려움이 있었다. 프로이센에서만 그런 것은 아니었다. 각자가 속한 유대인 공동체도 그것을 어렵게 했다. 그가 떠나면 중요한 세금원도 함께 없어지기 때문이다. 그러므로 그런 사람은 별도의 공제금을 내야만 했다. 그리고 새로운 거주지에서 몇 년 동안 옛날 거주지의 세금을 함께 부담해야 할 경우도 많았다.

네 번째 계급은 유대인 사제인 랍비, 공동체 관리 등 공공 서비스에 종사하는 사람들이다. 그들은 장사를 하거나 다른 직업을 가질 수 없었다. 이 조항은 그들이 직무를 수행하는 기간에만 타당했다.

다섯 번째 계급은 이른바 '참아주는' 유대인이었다. 그들은 보호받는 유대인의 나머지 자녀들—두 번째 이후의 자녀들—과 예외적 보호를 받는 유대인, 자유업 종사자, 공동체 관리의 자녀들이었다. 이 후손들은 결혼할 권리가 없었다. 또한 그들은 사업을 하거나 직업을 갖지 못했으며 아버지의 가족에 속했다.

여섯 번째 계급은 개인에게 고용된 사람들이었다. 그들은 결혼할 권리가 없었고, 고용되어 있는 동안만 '참아주는' 계층이었다. 보호받는 유대인의 상점이나 사무실에 고용된 사람들도 바로 이 계층에 포함되었다. 모제스 멘델스존도 바로 여기 속했다. 그가 1762년에 예외적 보호를 받는 유대인 자격을 취득하기까지 그랬다.

모제스 멘델스존 | 요한 크리스토프 프리슈 그림, 1786년. 선입견이 없는 시민적 계몽주의의 이상적 유형으로 꼽히고 '도이치 소크라테스'라고 불렸던 이 사람은 여러 세대에 걸쳐서 정신적 작업을 통한 해방의 전형으로 여겨졌다.

'시민생활'을 꿈꾸다

1743년에 모제스가 베를린으로 왔을 때 그는 아무런 신분도 아니었다. 완전히 프로이센 규약의 바깥에 있던 거지 유대인들과 오직 한 가지 점에서만 구분되었다. 몇몇 후원자들의 열성 많은 학생으로서 얻은 보잘것없는 구상 몇 가지를 가지고 있었던 것이다. 그에게는 종교적·세속적 지식만이 유일한 삶의 기회였다. 이 독학자는 자기가 접촉할 수 있는 사람들을 찾아보았다. 그리고 닥터 아브라함 키슈(1725~1803), 아아론 살로몬 굼페르츠(1723~1768?), 이스라엘 사모츠(대략 1700~1772) 등의 유대인 학자들을 찾아냈다. 이 의사들과 개인교사들은 국가와 유대 공동체 우두머리들이 의심의 눈길로 지켜보는 가운데 어느 정도 남몰래 자기들의 지식을 전수할 수 있었다.

젊은 멘델스존은 이들에게서 외국어와 자연과학 분야에서 아주 적은 지식을 전수받았다. 여기서 얻은 지식으로 그는 1750년에 이삭 베른하르트라는 유대인 비단 공장 경영자 집에 가정교사로 취직할 수 있었다. 그 자녀들이 어른이 된 1754년 이후로 베른하르트가 그를 부기계원으로 고용하지 않았다면 멘델스존은 베를린을 떠나야 했을 것이다. 이제 신분이 변하면서 그는 유대인 학자들의 범위를 넘어 젊은 계몽주의 지식인들과 접촉할 수 있게 되었다.

1754년에 멘델스존은 재능 있는 동갑내기 문인 고트홀트 에프라임 레싱*과, 뒷날 영향력 있는 출판인 겸 문필가가 되는 프리드리히 니콜라이*를 만나게 되었다. 니콜라이만이 방금 생겨난 도이치 출판시장에서 장기적으로 생활을 꾸려가는 데 성공했다. 레싱은 잡지를 만들었다가 심각한 경제적 손실로 실패하고 1770년에 결국 볼펜뷔텔의 도서관 사서로 취직했다. 멘델스존은 상인과 작가라는 이중생활을 시작했다.

지식인으로서 그는 도이치어를 사용할 경우에만 출판이 가능했다. 젊은 저널리스트 레싱은 저작활동을 통해 국가의 협소함과 사회적 고립에서 벗어나려고 애쓰는 이 작가의 힘과 신선함을 알아보았다. 멘델스존은 교류할 사람들을 찾아내려고 애썼다. 그는 자신의 생각을 알리기 위해서 대화, 편지, 토론, 논쟁 등을 했다. 멘델스존의 계몽주의 개념은 칸트의 유명한 논문 〈계몽이란 무엇인가〉에 필적하는 것이다. 1784년 멘델스존은 일종의 사회학적 관점에서 '계몽, 문화, 교양'이란 '교류하는 삶으로 변화하는 것'이라고 규정했다.

그가 일부러 가족을 이루고 시민적 '가정'을 이끌어간 것은 이런 계몽주의 사교 개념에서 나온 것이다. 베를린 최초로 유명한 살롱을 열었던 헨리에테 헤르츠(1764~1847)는 아브라함 멘델스존 바르톨디의 라이프치히 거리 3번지에서 파니와 펠릭스가 솔리스트로 등장하는 유명한 '일요 음악회'가 열리던 1828년에도 여전히 모제스 멘델스존 시절을 회상하고 있다. 헨리에테 헤르츠의 기억에 따르면 니콜라이는 재력이 있었는데도 그만한 사교모임을 조직하는 데 성공하지 못했다.

친구와 손님들이 초대받지 않고도 환대받을 것이 확실한 집을 만든 베를린의 학자는 단 한 사람뿐이다. 이 한 사람은 겉으로 드러난

역사 읽기

고트홀트 에프라임 레싱(G. E. Lessing, 1729~1781): 도이치 계몽주의의 가장 중요한 작가, 비평가. 《현자 나탄》, 《함부르크 연극론》, 《라오콘》 등 수많은 주요 저작을 남겼다.

프리드리히 니콜라이(F. Nicolai, 1733~1811): 레싱, 모제스 멘델스존과 더불어 도이치 계몽주의를 대표하는 작가, 출판인.

직업으로 보면 상인계층에 속하는 사람이었다. 그는 모제스 멘델스존이었다. 비단가게 경영자로서의 수입은 문필작업 수입과 합쳐도 별로 넉넉하지 않은데다가 여섯 아이들을 보살펴야 하는데도, 이 탁월한 사람의 집 대문은 언제나 열려 있었다.

타지방 학자가 베를린을 방문하고 그의 집을 방문하지 않는 경우는 드물었다. 그의 친구들과 친구의 친구들은 초대받지 않고도 이 집을 찾아왔다. 딸들의 친구들도 마찬가지였다. 나이 든 정통 유대인들도 빠지지 않았다. 이들에게 멘델스존은 언제나 친절한 마음을 가진 신앙의 동지임을 입증해 보였다. 그리고 도시의 최고 지식인들도 마찬가지였다.

멘델스존은 가족이 그 때문에 매우 쪼들리는데도 대단히 너그럽게 손님을 맞아들였다. 그렇지만 손님에게 내놓은 물질적 접대는 가장 엄격한 절제의 경계선을 넘지 못했다. 이 집안 딸들의 가까운 친구였던 나는 고귀한 안주인이 당시 '꼭 필요한' 접대용 간식이었던 건포도와 아몬드를 내놓을 경우 손님의 숫자에 따라 낱알을 헤아려서 접시에 담아 응접실로 가져갔다는 것을 알고 있다. 그러나 멘델스존의 집은 언제나 하나뿐이었고 많은 사람들의 정신적 욕구를 만족시키지는 못했다.

멘델스존은 고집스럽게 18세기에 정상적인 시민생활을 한 최초의 유대인의 한 사람이 되고자 했다. 그 결과 그의 뜻과는 반대로 그는 예외적인 현상이 되었다. 절대주의 국가의 불신을 받는 가운데 멘델스존은 사교적인 생활을 계속했다. 닫힌 체제 안에 열린 집이었다. 억압받지 않는 생활을 향한 유대인들의 희망이 그 개인에서 구현되었다. 급격한 변화 없이 사회적인 상승을 원하는 허약한 시민계층의 희망도 그에

쾌적한 계몽주의의 시민적 목가. 라파터가 멘델스존을 설득하려 노력하고 있다. 레싱이 판관 자격으로 그것을 지켜보고 있고, 친밀한 분위기의 주부가 차를 내온다. 사실이기에는 너무 멋진 모습. 여기 그려진 이 만남은 실제로 이루어진 적은 없었다. 오직 조화로운 상상의 세계 속에서만 가능했다.

게서 구현되었다. 베를린의 유대인 시민계급의 발전에서 핵심적인 인물의 하나인 다비트 프리들랜더(D. Friedländer, 1750~1834)는 아브라함 멘델스존 바르톨디와 거의 비슷한 나이로 이 집의 가장이며 자기 스승인 멘델스존의 고민을 이렇게 증언하고 있다.

"그는 모든 주목을 기꺼이 피하고 싶었다. 그러나 탈무드의 표현대로 그가 명성의 길에서 벗어나려 할수록 명성은 그림자처럼 더욱 그의 뒤를 쫓아왔다······."

1754년에 이미 레싱이 멘델스존을 어려운 상황에 빠뜨렸다. 그는 자기 희곡 〈유대인들〉(1749)의 고귀한 주인공을 놓고 벌어진 문학논쟁에서 자신의 '꾸며낸' 주인공을 훨씬 능가하는 유대인을 현실에서 알고 있다고 주장했다.

그의 솔직성과 철학적 정신은 처음에 그를 제2의 스피노자라고 생각하게 만들었다. 그와 비교해보면 스피노자가 오류들을 가지고 있다는 것만이 두 사람의 차이이다.

여기 나오는 '스피노자'라는 단어가 위험한 수로를 열었다. 이 유대인 철학자(1632~1677)는 암스테르담 공동체에서 이단으로 몰려 추방되었고 기독교 교회에 들어갈 생각은 꿈에도 하지 않은 그런 인물이었다. 18세기에 스피노자라는 이름은 과격한 무신론자라는 의심스런 명성과 결부되어 있었다. 종교가 사적인 문제로 간주되지 않는 절대주의 국가에서 이런 명성은 순종하지 않는다는 의심과 결합되었다. 멘델스존은 국가와 공동체에서 자신의 위치와 가족을 지키기 위해서 외교적이고 전략적인 능숙함을 발전시키지 않을 수 없었다. 멘델스존은 첫 출판물이 나온 다음부터 공개적인 삶을 살았다. 대중의 눈길은 그를 '도이치 소크라테스'로 보았고, 동시에 그의 일거수일투족을 관찰했다.

1769년에는 취리히의 신학자이며 관상학 창시자인 라파터(Lavater, 1741~1801)가 그를 아주 심각한 곤경에 빠뜨렸다. 그는 샤를 보네(Ch. Bonnet, 1720~1793. 스위스의 자연주의자, 철학적 저술가)의 책 《기독교를 위한 입증의 시도》를 번역·출간하면서 멘델스존에게 헌정했다. 그러면서 멘델스존에게 이성적 기독교라는 주장을 철회하거나 아니면 그 자신이 기독교로 넘어오라고 요구했다.

지배적인 종교에 반대하는 문서를 출간했다가 1763년에 겨우 '보호증'을—그것도 그 자신만 받고 가족은 해당되지 않는—얻은 가장 멘델스존은 프로이센에서 추방당할 것이 확실했다. 그러므로 그것을 위반한다는 것은 멘델스존으로서는 생각할 수 없었다. 1767년에 《파이돈 혹은 영혼의 불멸에 대한 편지》라는 책으로 도이치 출판시장에서 권위를 얻은 철학자 멘델스존은 침묵하는 편이 가장 좋았을 것이다. 라파터와의 갈등이 멘델스존의 마음을 몹시 압박해서 그는 심한 병을 앓았다. 여러 달이나 숙고한 끝에 그는 라파터에게 답장을 써보냈다. 거기에는 이런 구절이 들어 있었다.

우리 동시대 사람들 사이에 공자나 솔론 같은 사람이 살고 있다면 나는 그런 사람을 개종시키겠다는 웃기는 생각을 하지 않고, 내 종교의 원칙에 따라 그 위대한 사람을 사랑하고 경탄할 것입니다. 개종? 뭐하러요?

그의 장남인 요제프 멘델스존(1770~1848)의 증언에 의하면 아버지는 죽을 때까지 이 시기에 얻은 병에서 완전히 회복되지 못했다. 새로 생겨난 여론은 안전한 보호장치가 되지 못했다. 유명하고 대단히 존경받는 남자에 대해서도 마찬가지였다. 대왕이라는 별칭이 붙은 왕은 정말 속좁게 굴었다. 가족의 미래에 대한 근심이 멘델스존의 마음을 떠나지 않았다. 아들 요제프가 들려주는 이야기는 이렇다.

"아버지가 죽기 얼마 전에 친구 한 분이, 집 앞 나무 아래 앉아 있는 아버지에게 물었다. '무슨 일입니까, 친애하는 멘델스존? 정말 걱정이 많아 보이네요!' 아버지가 대답했다. '그래요. 정말 그래요. 내가 죽고 나면 자식들이 장차 어찌될까 생각하고 있어요. 그들에게 재산을 거의 물려주지 못하니 말입니다.'"

절대적인 유대인 규약을 아는 사람만이 그 말이 무슨 뜻인지 안다.

전통적 유대주의와의 결별

그가 죽고 1년이 지난 1787년에 그의 과부는 프리드리히 빌헬름 2세에게서 자신과 여섯 아이들을 위한 일반특권을 얻었다. '남편과 아버지의 확고한 공적으로 인해' 그들을 추방에서 보호해주는 특권이었다.

요제프는 자신의 기회를 이용했다. 은행에서 실습을 마치고 그는 아내 히니 마이어의 지참금으로 1795년에 슈판다우 거리에서 환전소 또는 금융업을 시작했다. 1799년에 그는 앞에서 언급한 다비트 프리들랜더의 둘째아들 모제스 프리들랜더를 회사에 영입했고, 1803년에는 여섯 살 아래인 동생 아브라함과 함께 'J & A 멘델스존' 은행을 설립했다. 1804년에 그들은 함부르크로 사업을 확장했다가 1811년에 베를린으로 돌아와서 베를린에서 가장 성공한 민간 금융 가문의 하나로 확고히 자리잡았다. 이것은 '멘델스존 주식회사'라는 이름으로 1938년 국가사회주의자들(나치)에 의해서 해체될 때까지 지속되었다. '은행가'라는 직업 선택이 아주 현명한 것이었음이 나중에 드러났다. 그러나 아버지도 아들들도 처음에는 직업의 전망에 대해서 아무런 열광도 없었다.

자기 비판적인 아버지는 예전 가정교사에게 장남에 대해서 이렇게 써보냈다.

그의 미래 생활방식을 우리는 아직 결정하지 못했어요. 나는 그 애에게 뭐라고 충고해야 할까 아직도 모르겠소. 그의 재능과 기본학문에 대한 훌륭한 소질은 학문분야에서 탁월한 것을 기대해도 좋을 것 같아요. 그러나 유대인 신분이니 오로지 의학분야로만 나갈 수 있지만, 그쪽으로는 흥미도 재능도 없어요. 상업에 종사하기에는 아직 좀 이른 것 같아요.

그러니까 그가 흥미와 충동을 느끼는 것을 모조리 배워두는 것이 좋겠지요. 그로 인해서 상인이 되는 길을 적어도 망가뜨리지는 않을 것이니까요. 어쨌든 아버지가 모든 것을 해냈던 것처럼 그도 또한 해내야겠지요. 시간을 쪼개서 학자와 상인으로 일하는 것 말입니다. 둘 중 어느 것도 완전히 하지 못하면서 말이죠…….

여기에는 일부러 겸손한 말을 하는 것이 아니라 18세기 유대인의 발전을 가로막고 있던 협소한 한계의 체험이 드러나 있다. 멘델스존이 아내와 자녀들에게 남긴 얼마 안 되는 재산보다 더욱 중요한 것은 교육이었다. 가장 위의 자녀들, 브렌델과 요제프뿐만 아니라 아브라함도 그런 혜택을 누렸다. 멘델스존은 자녀들의 교육 때문에 죽은 다음에 여러 가지 면에서 욕을 먹었다. 자녀들이 유대교에서 멀어지도록 한 책임이 아버지에게 있다는 것이다. 딸 브렌델을 은행가 시몬 파이트와 결혼시킨 것만 해도 잘못한 일이라는 것이다. 그래서 그녀가 아무나 걸리는 사람하고—다름 아닌 프리드리히 슐레겔—도망치는 일이 벌어졌다고 비난한다.

세바스찬 헨젤의 작은 가족 연감이 발간되는 것과 같은 시기에 역사가 하인리히 그래츠는 기념비적인 11권짜리 유대인 역사서에서 18, 19세기 변환기 이른바 베를린 살롱의 이중적인 분위기를 격하게 비난했다. 이런 소박한 주장은 자세히 살펴보면 맞지 않는다. 멘델스존의 자녀들은 아버지의 삶의 환경과 현저히 다른 도전에 직면했다.

1789년 프랑스 혁명, 1806년 프리드리히 시대 프로이센의 붕괴, 1815년 반 나폴레옹 전쟁 이후 등장한 유럽의 반동시기 등이 이들 자녀들의 세계를 결정한 사건들이었다. 이 시대에 모제스 멘델스존의 인생관은 새로운 조명을 받게 되었다. 그는 유대인 해방을 위한 정치적 프로그램을 발전시키는 대신, 프로이센의 억압적인 상황에서 실천적인 생활방식을 만들어냈다. 많은 사람들이 본받을 만하다고 여긴 생활방식이었다. 어린 소녀 시절 브렌델(도로테아) 멘델스존과 가까운 친구였던 헨리에테 헤르츠는 믿을 만한 증인이며 당시의 정확한 관찰자였다. 그녀는 이렇게 말한다.

모제스 멘델스존과 더불어 베를린의 유대인, 특히 젊은 세대의 유대인들 사이에서 도이치 교양과 관습을 익히고자 하는 노력이 생겨났다. 남자들은 그 자극을 받아서 철학 연구에 몰두했다. 이런 노력들로부터, 예를 들면 다비트 프리들랜더 같은 철학적 교육을 받은 남자들과 살로몬 마이몬, 벤다비트와 그 밖의 철학자들이 나왔다. 그러나 철학은 학문적인 예비지식, 정신적 깊이, 상당한 정도의 시간적 희생을 요구하는 일인데 당시 대부분의 유대인들이 상인이었고 상업에 열렬히 종사해야 했으므로, 일부는 철학 연구를 완전히 그만두었고 다른 일부는 오직 취미 수준으로 행했다.

전체 생활방식의 세속화는 18세기 유대인 세계에도 밀려왔다. 밥벌이를 위한 직업과 시민적 교양은 모제스 멘델스존 이후의 계몽된 세대를 전통적인 유대주의에서 멀어지게 만들었다. 멘델스존의 체험 지평 바깥에 있기 때문에 그의 저술에서는 답변을 찾아낼 수 없는 질문들이 새로운 세대에게 주어졌다. 예를 들면 신앙심을 갖지 않은 유대인이 자기를 시민으로 받아들여줄 생각이 없는 사회에서 어떻게 살아야 할까 하는 질문이었다.

1786년에 멘델스존과 프리드리히 2세가 죽고 난 다음, 이 유대인들에게는 오직 정치적 개혁작업만이 유일한 길이었다. 프로이센의 계몽된 유대인들은 멘델스존의 제자인 다비트 프리들랜더의 영도 아래 국가 안에서 유대인의 대등한 권리를 얻으려고 했다. 그러나 국가는 꿈쩍도 하지 않았다. 특히 1791년 프랑스 국민의회가 해방운동을 통해서 프랑스의 유대인을 대등한 시민으로 만든 이후로 프로이센의 프리드리히 빌헬름 2세의 주위 사람들은 조심성이 생겼다. 그래서 그들은 전통적인 유대인 조직의 대표자들까지 박해했다.

1792년 1월 29일에 요제프와 아브라함 형제를 중심으로 젊은 세대의 계몽된 유대인들이 '친구 모임'을 만들었다. 다비트 프리들랜더도 그랬듯이 유대주의를 개혁하겠다는 생각이 이들에서도 엿보인다. 그러나 사교적이고 현대적인 연대 공동체를 형성하겠다는 소망도 읽을 수 있다. 이 모임은 혁명과 반동의 소란스런 시대를 넘기고 살아남았다. 그리고 1820년 이후로 간스, 춘츠, 하이네 같은 다음 세대 유대 지식인들까지 끌어당겼다. 멘델스존 형제 같은 젊은 유대인들은 18세기 마지막 30년 동안 도이칠란트에서 시민적(부르주아적) 생활방식의 선구자들이 되었다. 도이칠란트는 아직 이웃한 프랑스 같은 국민국가로 존재하지 못하던 시절이었다.

1812년 해방 칙령이 나올 때까지 프로이센 국가는 베를린의 유대인들에게 사회적 · 정치적 평등권을 주지 않았다. 1799년에 프리들랜더는 '유대교의 몇몇 가장들'의 이름으로 '존경하는 베를린 프롭스트 텔러 종교국 최고감독관께 보내는 공개서한'을 작성했다. 여기서 그들은 이성에 모순 된 기독교 교리를 꼭 받아들이지 않아도 된다는 조건으로 계몽된 '기독교도'가 되겠다는 제안을 하고 있다. 여러 세대가 지난 뒤에도 이 서한은 격렬한 유대인들 사이에 감정을 불러일으켰고, 멘델스존 형제가 포함된 서명자들에 대해서 역사가들은 공정한 경우가 드물었다. 열렬한 기독교 신자가 아니라 말 그대로 합리적인 사람이었던 텔러는 이성 종교라는 관점을 놓고 모제스 멘델스존과 논쟁을 벌인 적도 있었다. 시구로 된 다음의 대화는 실제 있었던 일로 여겨진다.

텔　러: 그대들은 하느님 아버지를 이미 믿고 있다.
　　　　그렇다면 그 아들도 믿어라.
　　　　아버지의 삶을 보고 아들을
　　　　신뢰하는 것을 그대들은 의무로 삼고 있으니.
멘델스존: 우리가 어떻게 아들을 믿겠소.
　　　　아버지가 영원히 사실 것이니!

　1799년의 공개서한은 이 시구에 재미있게 표현된 베를린의 계몽된 유대인들의 이중적 입장을 진지하게 표현한 것이다. 이 유대인들은 주변의 기독교도들과 공통점을 가졌지만, 그러면서도 그들과 다른 점을 지닌, 금융업과 상업에 종사하는 사람들이었다. 멘델스존 이후의 세대에게 있어서 세상과 사유는 이미 변했다. 다만 프로이센만 변하지 않았다.
　'자연적 종교' 대신에 역사적·사회적 종교관이 등장했다. 신이 아니라 도덕법칙이 공공선으로 여겨졌다. 흄, 애덤 스미스, 칸트 등이 이미 영향을 남겼다. 아브라함 멘델스존 바르톨디와 같은 세대인 슐라이어마허 같은 사람은 기독교에 파괴적으로 작용할 수 있는 '깨어난 유대 젊은이들'에 대해서 격렬하게 저항했다.

텔러도 이 공개서한의 세속적 핵심을 금세 알아보았다. 이들 가장들은 다른 종교가 더 낫다고 보고 한 종교를 포기하려는 것이 아니라, 기독교 시민만 인정하는 국가에서 시민이 되기를 원하고 있었다. 공개서한은 거기 서명한 사람들을 고립시켰을 뿐이다.

해방의 공간, 파리

프로이센에서 유대인의 정치적 해방이 불가능한 것으로 여겨지던 시기에 각 개인은 자신의 발전을 위해 스스로 노력해야만 했다. 많은 사람들은 실제로 프로이센을 떠났으며, 아브라함 멘델스존은 자신의 새로운 장소로 혁명의 수도 파리를 선택했다. 그는 유명한 은행가 '풀드 주식회사'에서 견습을 받았다. 나중에 하이네도 이곳을 통해서 자신의 사례금을 송금받곤 했던 은행이었다.

아브라함에게는 은행가가 되려는 특별한 야망은 없었던 것 같다. 그는 다만 자신의 문화적 관심에 헌신하기 위해 은행원의 월급이 필요했다. 그는 살롱 생활에서 자신의 이상을 얻었다. 그의 세대에는 세속적 교양과 예술적 능력이 한 개인의 품성으로 여겨졌다. 헨리에테 헤르츠의 살롱을 보면, 그의 아버지의 생애 마지막 무렵에 이미 상당한 취향이 발전했음을 볼 수 있다. 괴테는 작가로서 단연 선두에 있었다. 당시 젊은 세대는 레싱조차 무미건조하다고 느꼈다. 세속적인 음악교육도 유대인 사회에 널리 퍼졌다. 아브라함 멘델스존은 베를린 성악 아카데미 교장인 첼터에게서 노래 수업을 받았다. 그 이전의 교장이었다면 유대인을 노래 수업에 받아들이는 일은 생각도 못했을 것이다.

첼터는 오늘날까지도 괴테의 또래친구로 유명한 사람이다. 그러나 이 우정은 — 이것을 아는 사람은 별로 없지만 — 첼터의 제자인 아브라함이 만들어낸 것이다. 1797년 스물한 살이 된 아브라함은 파리로 여행을 가는 길에 프랑크푸르트에서 베를린의 선생에게 장문의 편지를 써 보냈다.

마인 강변의 프랑크푸르트에서 처음에 느꼈던 슬픈 기분은 갑자기 유리하고도 아주 행복한 기분으로 변화되었습니다. 파이트(누나 브렌델을 가리키는 말)가 이미 말씀드렸을지 모르는 일이지만 나는 인류의 가치를 지닌 한 사람, 괴테를 만났거든요. 자초지종을 조금 상세히 말씀드리겠습니다. 그 일을 생각하면 내가 얼마나 기쁜지 모르실 거예요.

어느 날 저녁 파이트와 함께 극장에 갔어요. 지루해하던 참이었죠. 우리가 잠깐 광장에 서 있는데 파이트가 갑자기 나를 툭 치면서 낮은 소리로 "저기 괴테다!" 하고 속삭였어요. 나는 그를 이곳 프랑크푸르트에서 만날 것이라고는 생각지 못했기 때문에 파이트가 무슨 말을 하는지 모르고 그냥 바라보았지요. 그 사이 괴테가 우리 곁을 지나갔습니다. 그를 보는 순간 나는 그를 알아보았어요. 그는 자기 어머니를—화장을 한 아주 거만한 노부인이더군요—극장에 모시고 왔어요.

우리는 그의 뒤를 따라갔죠. 다행히도 그는 어머니만 들어가시게 하고는 도로 나왔습니다. 파이트가 그에게 말을 걸었고 나는 멀찍이 떨어져 있었습니다. 괴테는 다음날 자기를 찾아오라고 하면서 나도 데려오라고 했습니다.

그 다음 본 연극에 대해서는 별로 말씀드릴 게 없군요. 나는 온통 내일만 생각하고 있었으니까요. 그것도 복합적인 느낌으로 말입니다. 사람들은 내게 그의 자부심과 사람을 깔보는 태도에 대해서 이야기해주었으니까요. 게다가 나는 그를 멀리서만 보았고, 그래서 그가 꼿꼿한 태도로 존엄한 자세를 잡고 있는 것만 보았거든요. 나는 상당히 두려웠어요.

다음날 12시에 우리는 그에게 갔습니다. 그는 우리를 기다리고 있더군요. 우리는 어떤 방으로 안내를 받았는데 그곳에서 몇 분 동안 기다리고 있자니 그가 들어왔어요. "당신이 멘델스존의 아들입니까?" 하고 그가 물었습니다. 나는 이렇듯 아무런 수식어 없이 아버지 이름을 부르는 것을 처음으로 들었어요. 내가 언제나 소원했던 일이지요. 내가 그렇다고 대답하고 나서 대화는 보통의 재미있는 것이 되었습니다.

무슨 말을 해야 할까요? 당시 프랑크푸르트에서는 아주 화려하게 〈팔미라〉가 공연되었습니다(나는 놓쳤지만요). 그는 그것에 대해서 오직 전문가만이 할 수 있는 방식으로 전체를 보면서 개별적인 것에 대해서 섬세한 안목을 가지고 이야기했어요. "우리 극장(바이마르 궁정극장)에서 오페라와 오페레타가 지배적이라는 것이 놀라운 일이겠지요." 하고 그가 마지막으로 말했습니다. 나는 놀라지 않아요, 우리 오페라와 오페레타에는 적어도 예술이 있지요, 우리 연극에서는 그런 것을 찾을 수 없지만. 이것은 그 자신의 말입니다.

나는 선생님의 작곡들 가운데 실러의 새로운 연감을 위한 곡을 가지고 왔다고 말했습니다. 그는 선생님이 무엇을 작곡했는지 아느냐고 물었어요. 그래서 나는 쓸데없는 비밀누설을 피하기 위해 실러의 시로 내가 노래한 적이 있는 것들만 말했습니다. 이어서 예나 여행은 선생님이 좋아하는 계획의 하나라고, 그리고 언젠가는 분명 실천하실 거라고 말했지요. "얼른 오신다면 좋겠군요." 하고 그가 말했어요! 그를 만난다면 좋겠습니다. 괴테는 선생님의 작곡을 대단히 높이 평가하고 있으며, 게다가 선생님이 기뻐하실 일은 그가 선생님을 만나고 싶어한다는 것이지요. 그분과 이야기하실 선생님이 정말 부럽군요. 예나로 가십시오.

내게 정말로 힘이 되어준 이 반 시간 동안의 대화를 마친 다음 우리는 밖으로 나왔어요. 다음날 나는 다시 극장에 갔지요. 가자마자 괴테가 있는지 찾아보았고 저 앞 특별석 세 번째에 그가 앉아 있는 것이 보였어요. 파이트는 집에 남아 있었지요. 2막이 끝났을 때 나는 밖으로 나갔고 마침 운이 좋아서 복도에서 그를 만났지요. 그는 나를 알아보더니, 나의 찬사의 말에 대해 아주 정중하게 대답했습니다. 내가 곧바로 가려고 하는데 그가 내게 말을 걸었어요. 그래서 다시 반 시간 동안 그분과 이야기를 했지요. 이것은 대단히 드문 일이라고 하네요. 그러니 내가 그분 마음에 아주 안 들었던 것은 아니라는 증거가 되지요.

위대한 남자의 본성이 그의 특징을 이루고 있어요. 그의 눈에는 전에 그가 만든 훌륭하고 위대한 것이 모두 나타나 있습니다. 그의 맞은편에 서서 그의 눈을 들여다보면 그와의 사이에 있는 공간이 점점 커져서 무서워집니다. 그가 말하는 것을 거의 듣지 못할 정도로요. 그런데도 그가 말한 것을 아주 정확하게 알아요.

내가 느낀 감정을 아주 분명하게 표현할 수는 없군요. 그러나 그는 신적인 눈길을 하고 있어요. 선생님도 보시게 될 겁니다. 나는 몇 번 당황했지요. 내가 그를 아주 날카롭게 여러 번이나 바라보았고, 그는 처음 만난 사람을 누구든 아주 자세히 그 눈길로 뚫어지도록 바라보는 습관이 있기 때문에 여러 번이나 우리 눈길이 마주쳤거든요. 괴테를 보고 자부심이 강하다고만 여기는 사람, 그리고 모든 것을 자기 쪽으로 끌어내리고, 긴장하고, 자기가 하는 말을 지나치게 생각하는 사람은 부끄러워지지요.

그와 함께 있으면서 내 자신이 고상해졌다고 느끼는 것이 정말 무한히 즐거웠어요. 괴테가 다른 사람들처럼 아주 작은 일이라도 끊임없이 대화를 계속하려고 열성적이지 않다는 점이 아마 사람들 눈에 띄었을 겁니다. 그는 여러 번이나 5분 정도씩 침묵하곤 했어요. 그리고 다시 이야기를 시작하면 뭔가 흥미로운 것을 말합니다.

1797년에 나온 이 편지는 아브라함의 인생관과 세계관을 분명히 들여다보게 해준다. 젊은 멘델스존은 괴테에게서 인간적 해방이 성공한 경우를 보았다. 자기 아버지도 그것을 위해서 노력했다. 아브라함의 귀는 아주 민감하다. 그는 아버지의 이름을 '내가 언제나 원하던' 대로 '수식어 없이' 부르는 것을 듣는다. 그는 인간을 예외적 유대인이 아니라 개인으로 인식하고 있다.

괴테는 자기 시대 다른 누구보다 유명한 사람이었다. 그는 시민적 생활과 예술적 존재를 연결시키는 일, 비밀고문관 겸 지식인으로서의 자기 존재를 결합시키는 일에 성공했다. 1795년에 《빌헬름 마이스터의 편력시대》 제1권이 나왔고, 베를린의 살롱에서 사람들은 그 작품을 계시처럼 읽었다. 해방의 희망에 대한 고통스런 실망, 시민적 존재방식과 미적 이상 사이에 분명히 존재하는 모순 등이 괴테의 작품에서 화해를 얻고 있다. 아브라함이 자기 음악 선생에게 보낸 편지는 《빌헬름 마이스터의 편력시대》에 나오는 아저씨가 쓴 문장의 변이 형태로 읽힌다. 거기서 문화적 자아의 이상은 다음과 같이 표현되고 있다.

인간이 이룬 가장 커다란 공적은, 가능한 한 주변세계에 많은 영향을 미치고, 그 자신은 주변세계에 의해서 가능한 한 적게 영향을 받는 것이다.

교양과 직업교육, 여행과 외국여행은 아브라함의 수업시대와 편력시대의 좌표가 되었다. 프랑스에서의 삶은 정치적 해방은 없이 문화적 해방만 허용하는 베를린의 사회적 편협함에서 그를 해방시켰다. 유대 여성들은 이런 노력의 전위적 실천자들이었다. 헨리에테 헤르츠, 뒷날 결혼해서 바른하겐이 된 라헬 레비 외에도 그 자신의 누나 브렌델, 뒷날 이름 도로테아 — 위의 편지에 나오는 파이트 — 도 교육받은 여성의 선구자들에 속했다.

멘델스존은 모든 자녀들에게 세속적인 교양과 개인적 직업교육을 베풀어주었다. 그러나 개인적으로는 넘어갈 수 없는 사회적 제약이 바로 직업이었다. 시민 여성의 직업활동이란 존재하지 않았다. 결혼제도가 해방을 제한했다. 여성뿐만 아니라 남성에게도 그랬다.

교육받은 처녀들의 부모는 딸들이 올바른 환경에 들어가는 일을 극히 중시했다. 직업상의 성공이야말로 사위를 고를 때 가장 결정적인 기준이었다. 헨리에테를 위해서 부모는 나이가 훨씬 많은 의사이며 철학자인 마르쿠스 헤르츠를 사위로 골랐고, 브렌델의 신랑으로는 은행가인 시몬 파이트를 골랐다. 라헬은 가족이 모두 싫어하는데도 결혼하지 않았다. 괴테는 《빌헬름 마이스터의 편력시대》의 한 장에서 그녀를 '아름다운 영혼'이라고 불렀다.

아브라함의 타협

예술에 몰두한 '아름다운 영혼'의 생존방식은 남자에게는 거부되어 있었다. 아브라함이 결혼하겠다는 생각을 품게 되었을 때 그의 눈길은 베를린의 부유한 유대인 가문 출신으로 다니엘 이치히의 손녀인 레아 살로몬(1777~1842)을 향했다. 신부의 교양이 그를 매혹했다. 그녀는 영어와 프랑스어에 능통했고 호머를—남몰래—원어인 그리스어로 읽었다. 그리고 대단한 바흐 해석가이기도 했다.

아브라함의 편지를 보면 그가 자신을 단순히 아마추어 음악가라고 생각지 않았다는 것을 알 수 있다. 그는 파리에서 위풍당당한 요구를 하고 있다. 레아더러 새로운 생활환경을 가진 도시 파리에서 자기와 함께 살자는 것이다. 프로이센에는 구식 유대인 규약이 여전히 존재하고 있지 않은가. 그러나 장래의 장모는 단순한 은행직원을 사위로 받아들이지 않겠다고 거절했다. 아브라함의 누나 헨리에테(1775~1831)도 파리에 살고 있었는데 한 살 아래인 동생을 진지한 말로 설득하고 있다.

내가 너보다 스무 살은 위인 것 같다. 그래서 네 나이 사람들은 정말로 행복을 향한 도중에 있다 해도, 대체로 행복을 경박하게 오해한다고 경험에서 우러난 말을 해야 할 것 같구나. 모든 것이 우리 소원대로 꼭 좋아지기만 할 거라고 사람들은 바라곤 한다. 그 사이 행복은 멀고도 닿을 수 없는 곳에 가 있는데 말이다!

다음 편지에서는 네가 릴라와 이야기를 했다는 것, 그녀와 자주 이야기할수록 이런 여성을 다시는 만나지 못할 거라는 생각이 든다고 쓰면 좋겠구나. 네 마음에 안 드는 베를린의 생활방식이—결혼처럼—가장 중요한 결정을 내리는 데 그토록 중대한 영향을 미칠 거라고는 생각지 않는다.

네 편지에서 "나는 파리에서 마른 빵을 먹는 편을 택할 겁니다!(Je préférais manger du pain sec à Paris!)" 같은 구절을 읽고서 네 유치한 성급함을 나무라지 않을 수가 없다. 마른 빵이란 이곳에서는 하얀 색이기 때문에 그렇게 나쁜 것도 아니다. 우리가 아는 너의 재능과 고집을 가지고서도 네가 다른 사람들만을 위해서 일하고, 너 자신을 발전시킬 수단도 없이 그렇게 종속되어 있다가 오래도록 '쓴 빵'을 맛보게 될까 걱정이다. 신께서 너를 지켜주시기를 빈다. 지금 거절하면 너는 앞으로 후회하게 될 것이다.

아브라함은 타협을 해야만 했다. 아내가 가져온 넉넉한 지참금으로 이미 성공한 형 요제프와 함께 'J & A 멘델스존' 은행을 세울 수 있었다. 이 은행은 1804년 함부르크에 자리를 잡았다. 대륙 봉쇄와 나폴레옹 지배의 시절, 가능성도 크지만 위험도 크던 은행의 상황에 대해서는 오늘날 별로 알려진 것이 없다. 다만 멘델스존 형제가 1811년 남몰래 이 도시를 떠나 베를린으로 향했다는 것만 알려져 있다.

사적인 상황에 대해서는 조금 더 알려져 있다. 아브라함과 레아는 세 자녀를 두었다. 파니(1805년생), 펠릭스(1809), 레베카(1811) 등이다. 뒷날의 편지에 따르면 '마르텐의 물방앗간'이라는 시골집에서 그들은 아주 행복하게 살았다. 프로이센의 개선된 환경에서—1812년에 해방문서가 나왔다—잠시 동안 베를린의 유대인들에게 삶의 기회가 좋아졌던 것으로 보인다.

그러나 반 프랑스 운동과 더불어 위험한 국수주의도 퍼졌다. 이 국수주의 안에서 전통적인 유대인에 대한 증오가 새로운 반유대주의와 뒤섞였다. 유대인 은행가 집안들은 전쟁으로 이익을 취했다는 이유로 공격을 받았다. 나폴레옹이 최종적으로 쓰러진(1815) 다음 반동적인 빈 회의 기간에, 혁명과 개혁의 시기에 없어졌던, 유대인에게 적대적인 수많은 조치들이 다시 도입되었다.

계몽된 유대인과 기독교 국가종교 간의 공조체제를 찾아내자는,

1799년 다비트 프리들랜더의 제안이 실패한 이후로 전통적인 방법과 다르게 살려는 유대인들은 개별적인 길을 생각해야만 했다. 오래 된 국가들이 붕괴되고, 재산을 만들기도 하고, 부유한 재산가들이 몰락하기도 하던 격동기에 자신과 가족이 갈 수 있는 편안한 길이란 없었다. 오래 된 지배형식들을 가능한 한 조정하는 대신 정치의 종속성이 나타났다. 그것은 이 시대 가장 유명한 개인 나폴레옹이 운명이라고 생각했던 것이다. 혁명과 반동, 개혁과 반개혁 사이의 진동은, 조용한 계몽주의 실천을 통해서만 이룩할 수 있는 지속적인 발전에 대한 모든 믿음을 흔들어놓았다.

아버지 멘델스존은 종교적인 싸움을 피했다. 그에게는 그런 싸움이 인식과 문화를 방해하는 것으로 보였다. 그러나 그는 기독교가 그것을 이용해서 유대인을 억압하리라는 것을 날카롭게 꿰뚫어보았다. 멘델스존이 죽은 다음에도 프로이센의 유대인을 고통스럽게 만든 사회적인 억압은 사라지지 않았다. 그러나 빈 회의 이후에는 유럽에서 반유대주의 제약들이 없어질 것이라는 희망마저 사라져버렸다.

멘델스존의 자녀들은 아버지의 가르침을 지킬 수 없었다. 그들은 각자 자신의 길을 찾아내야만 했다. 장남 요제프는 성공적인 은행가의 생존방식을 계몽적 유대인 학자의 그것과 결합시키는 데 성공했다. 브렌델은 아주 얕잡아보던 남편 다비트 파이트와 헤어지고 오랫동안 프리드리히 슐레겔과 악명이 자자한 방식으로 동거했다. 그녀는 처음에 신교로 개종했다가 다시 새 남편과 함께 가톨릭으로 개종했다. 기독교도와의 결혼 가능성, 가톨릭에 대한 낭만주의의 새로운 해석 등이 그녀에게서 독특한 방식으로 뒤섞여 나타난다.

아브라함의 경우 사정은 달랐다. 누나 도로테아는 편지에서 여러 모로 그의 발전을 얕잡아보는 발언을 하고 있다. 그녀는 그를 '시민 아브라함'이라고 불렀다. 파리에서 마른 빵으로 프로이센의 신앙고백 딜레마를 벗어나려고 하던 그의 정치적 희망을 빗댄 말이었다. 프로이센으로 돌아오는 것과 더불어 아브라함에게는 기독교 환경 안에서 문화적인 해방의 희망만 남았다.

개종하는 유대인들

   1816년에 아브라함은 자녀들에게 세례를 받도록 했다(기독교로 개종시켰다). 1822년에 레아와 아브라함은 마인 강변의 프랑크푸르트로 갔다. 베를린에서 멀리 떨어진 곳에서 세례를 받기 위해서였다. 아마도 베를린의 나이 든 유대인 친척들을 생각해서였던 것 같다. 동시에 그들은 바르톨디라는 별칭을 붙여도 된다는 허가를 얻었다.
   바르톨디라는 이름은 처남에게서 얻었다. 처남은, 프로이센의 유대인으로는 처음으로 할아버지 다니엘 이치히가 획득한 토지의 이름을 따서 자신을 이 이름으로 불렀다. 이 목장은 나중에 아브라함의 소유가 되었다. 목장 또는 정원은—이름을 바꾼 일을 상징적으로 보여주는 것만 같다—현실로 변한 한 조각 유토피아였다. 18세기의 유대인들이 자기들끼리 방해받지 않고 만날 장소를 갖지 못했다는 사실을 기억할 경우에만 이 목장이 가지는 정서적 질을 분명하게 이해할 수 있다. 정원을 소유한다는 것은 아무런 부담도 없이 야외에 있을 수 있다는 것을 뜻했다. 모제스 멘델스존의 편지를 보면 자녀들의 경험 일부를 알 수 있다. 그들은 그것을 절대로 잊지 못했다.

   저녁이면 이따금 아내와 애들과 함께 산책을 합니다. 죄 없는 어린것이 물어봅니다. "아빠, 저기 저애가 우리한테 뭐라고 소리치는 거예요? 어째서 우리한테 돌을 던져요? 우리가 쟤들에게 뭘 잘못 했나요?" 또 다른 애가 말합니다. "그래요, 아빠. 쟤들은 길거리에서 언제나 우릴 쫓아오면서 욕을 해요. 유대놈! 유대놈! 하고요. 유대인이라는 것이 그렇게 욕이 되나요? 다른 사람들을 그렇게 방해하나요?"

멘델스존은 정원 하나를 세내서 불안한 시절에도 니콜라이와 레싱 같은 친구들을 그곳으로 초대했다.

바르톨디라는 이름은 환경에 영향을 받기보다는 환경에 영향을 주자는 소망의 암호로 읽을 수 있다. 아브라함의 처남은 대담하게 이렇게 결론지었다. 나폴레옹 전쟁(1792~1807년 유럽 군주국가들이 프랑스 공화국에 맞서 벌인 전쟁으로 나폴레옹이 승리했다) 기간에 그는 외교관 및 장교로서의 경력을 쌓았다. 세례를 받지 않았다면 이것은 가능하지 않았을 것이라고 했다. 그래서 그는 가까운 친척들에게 같은 일을 하라고 설득했다. 가족 사이에서 이런 일이 말썽을 일으키기도 했다. 처남의 어머니는 그 때문에 그를 쫓아내고 다시는 보지 않겠다고 했다.

개종에는 배교자, 변절자, 배신자라는 낙인이 달라붙었다. 유럽 중세 역사에서는 자주 이 변절자들이 가장 고약한 유대인 고발자들로 변하곤 했다. 그러나 시대는 변했다. 19세기 처음 30년 동안의 편지 문헌을 보면 사람들이 개종에 대해서 아주 나쁘게 말하고 나서 얼마 뒤에는 자신이 개종하는 것을 볼 수 있다. 앞에서도 언급했던 것으로, 요제프와 아브라함이 1795년 결성하고 그들 자신도 거기 속했던 '친구 모임'은 어떤 종교를 가지느냐 하는 문제는 엄격하게 개인적인 일로 간주함으로써 이런 갈등을 잠재우려고 했다. 이 시기에 대해 감정적 이해를 가진 역사가의 한 사람인 한스 귄터 라이스너는 이 세계를 '세속화된 유대인 모임'이라고 부르고 있다.

베를린에서 이 모임은 1812년 일시적인 유대인의 해방▪ 이후로 특별한 형식을 얻었다. 계몽된 유대인들은 자기들이 상업적으로 성공한 그룹으로서 개혁성향을 가진 관리들에 의해서 국가 안에 받아들여질 것이라고 생각했다. 그들은 일반시민의 해방이 자신들의 해방과 결합될 것이라고 여겼다. 그리고 아무런 유보도 없이 유대인이 시민계층에 편입되는 일을 환영했다.

재상 하르덴베르크를 중심으로 개혁세력이 형성되었다. 그는 1817년 취임연설에서 "우리는 혁명의 결과를 즐길 정도로 행운이 있다."고 말했다. 이런 개혁 성향의 태도와 연관시켜서 교육받은 젊은 세대 유대인들의 대표자의 한 사람인 에두아르트 간스는 아브라함의 딸 레베카에게 진지한 태도로 청혼했지만 뜻을 이루지는 못했다.

1819년 여름에 뷔르츠부르크에서 유명한 소요가 시작되어서 코펜하겐까지 퍼져나갔다. 혁명이 지나고 나폴레옹이 패배한 이후로 유럽 어디서나 유대인들의 처지는 정말 난처하게 되었다. 구세대 출신인 프리들랜더도 합세한 간스 주변의 개혁세력은 국가 안에서의 개혁과 또한 유대인 공동체 안에서의 개혁을 계승했다. 그러나 반동세력이 프로이

***
역사 읽기

1812년 프로이센의 개혁: 신성 로마 제국이 붕괴(1806)되고 난 다음 도이치 국가들은 프랑스 모델에 따라 국가를 개혁했다. 프로이센의 개혁은 나폴레옹이 몰락하기 전까지 재상(총리)을 맡았던 카를 폰 슈타인 남작과 카를 아우구스트 폰 하르덴베르크에 의해 1812년에서 1815년 사이에 이루어졌다. 이들은 역사상 유례 없는 중앙집권 국가 건설을 목표로 했다. 관료 · 군인 · 법률가 등이 주체세력이었다. 이들의 수많은 개혁 가운데 유대인 해방이 포함되어 있었다. 그러나 이런 개혁의 일부는 1815년 메테르니히 반동체제가 출발하면서 철회되었다. 당연히 유대인 해방은 물거품이 되고 말았다.

센을 휩쓸고 지나갔다. 반동세력은 유대인을 혁명시민이라는 의미에서 시민으로 받아들이는 일에도, 공무와 여론에 유대 지식인을 받아들이는 일에도 관심이 없었다.

멘델스존 바르톨디의 집안은 깊은 관심을 가지고 이런 발전과정을 주목했다. 은행가로서 아브라함은 재상 하르덴베르크와 밀접한 관계를 맺고 있었다. 그는 하르덴베르크 주변의 진보적인 남자들, 예를 들면 바른하겐 같은 사람들이 영향력을 잃는 것을 목격했다. '유대인 문화 학술 협회'는 아버지 멘델스존이 교양 있는 유대인들에게 부여한 과제를 떠맡아야 했다. 그러나 멘델스존도 '협회'도 전통적인 유대인 공동체 관리들과 국가 관리들의 거센 저항에 부딪쳤다.

간스 주변의 젊은 남자들은 현대국가가 '부르주아적인 교양에 의해 조건지어진다'는 사실을 정확하게 인식했다. 그러나 왕정복고 시대 프로이센 국가는 세속화로서의 시민문화를 오히려 제한하고 두려워하던 민주주의를 허용했다. 여론은 아직도 기독교에 의해 주도되었고 뵈르네 같은 단호한 유대인 대변자들은 기독교로 세례를 받았다. 유대인 간스는 베를린에서 교수가 될 기회가 없었다. 그는 1825년 겨울에 파리에서 세례를 받았다. 친구인 하이네는 그를 '변절자'라고 비웃었다.

> 오, 많은 사람들이 그것을 읽는다.
> 저 슐레겔, 할러, 버크 등이.
> 어제는 영웅이던 사람이
> 오늘은 악당이라네.

그리고 동시에 그 자신도 '유럽 문화의 입장권'인 '세례증서'를 사 들였다.

멘델스존 일가를 이미 1822년 자신의 〈베를린 편지〉에서 언급했던 하이네는 세례받은 다른 사람들에 대해서도 자주 조롱했다. 이런 조치가 특히 그 자신의 관심을 끌었기 때문이기도 했고, 또한 그가 평생 동안 기독교 개종의 필요성에 대한 회의를 지니고 있었기 때문이기도 했다. 1844년에 〈도이칠란트. 겨울 동화〉(하이네의 작품. 하이네도 유대인이었다)에는 붉은 수염 황제가 모제스 멘델스존에 대해서 묻는 장면이 나온다.

아브라함도,
아들은 죽어서 망가졌다.

아브라함은 레아와 함께 아들을
낳았는데, 이름이 펠릭스였더라,
그는 기독교 세계에서 아주 크게 성공해서
이미 지휘자가 되었다.

문화가 넘쳐 흐르는 살롱

아브라함과 레아는 아주 일찍이 자녀들이—특히 파니와 펠릭스가—비상한 재능을 가지고 있음을 알아보았다. 두드러지게 드러난 이들의 재능이 제대로 발전할 수 있도록 부모는 비용과 수고를 아끼지 않았다. 개인교사들이 아예 부대로 투입되었다. 괴테의 친구인 첼터가 음악 교육을 맡았으며 펠릭스는 그가 아끼는 제자가 되었다. 1821년에 아브라함은 은행의 일상적인 업무에서 물러났다. 라이프치히 거리 3번지에 저택을 얻었고 그곳에 딸린 커다란 정원에 이 집안의 친구인 알렉산더 폰 훔볼트(A. von Humboldt, 1769~1859. 유명한 언어학자 · 철학자 빌헬름 폰 훔볼트의 동생으로, 19세기에 자연과학을 일반대중에게 널리 보급하는 데 중요한 공헌을 한 생물학자—옮긴이)는 자신의 관측소를 세웠다.

아브라함 멘델스존 바르톨디는 이 집을 즐거운 교제의 장소로 꾸몄다. 이런 환경에서 아이들은 각자의 재능을 가능한 최대로 펼칠 수 있었다. 이 집안의 유명한 '일요 음악회'에는 특별한 손님들이 찾아왔고 이것은 일종의 문화적 기구가 되었다. 아브라함은 이 집과 더불어 명성을 얻었다. 누나 헨리에테의 말에 따르면 라이프치히 거리 3번지에는 '낙원 같은 예술가 세계'가 만들어졌다. 이곳에서 정치와는 거리를 두고서 18세기의 살롱에서 추구되던 것과 동일한 것이 발전되었으니, 곧 사람들 간의 인문적이고 인간적인 교제였다.*

손자 세바스찬 헨젤은 아브라함과 레아가 이 집에서 맞아들였고 또 자기 아버지가 스케치했던 당대의 명사들을 아주 자랑스럽게 열거하고 있다.

"예술가들의 세계가 가장 넉넉하게 등장했다는 것은 아주 당연한 일이다. 가장 유명한 음악가들을 거론하자면 다음과 같다. 베버, 첼터, 파

역사 읽기

비더마이어(Biedermeier) 시대: 메테르니히 체제가 자리를 잡으면서 1820년 이후 도이치 국가들에는 비더마이어 시대라고 알려진 시대가 등장한다. 유럽에서 20년 동안이나 전쟁이 없었던 기간으로 정말 오랜만에 찾아온 긴 평화의 시대였다. 동시에 반동시대의 부자유가 지배했던 시기이기도 하다. 검열과 국가의 억압조치로 정치논쟁은 지하로 숨고, 그 대신 규모가 작고 예쁜 것, 모든 것을 아끼고 절약하는 태도, 가정적 안락 등이 가치를 얻었다. 이 시대는 무엇보다도 음악이 사랑받던 시대였다. 베토벤, 프란츠 슈베르트, 펠릭스 멘델스존 바르톨디 등의 대가들도 주로 실내악으로 큰 성공을 거두었다. 이 시대 음악의 특징은, 소규모 악단이 집안에서 피아노나 현악기, 가곡을 위한 소품을 연주하는 실내악의 경향이 두드러지게 나타났다는 점이다.

가니니, 헨젤트, 구노, 힐러, 에른스트, 리스트, 클라라 슈만, 그리고 물론 아주 다양한 모습의 펠릭스. 화가들 가운데는 코르넬리우스, 앙그르, 호라스, 베르네, 마그누스, 코피시, 페르뵈크호벤, 카울바흐, 모리츠 폰 슈빈트 등이다. 연극계는 밀더 양, 라헬 양, 자이델만, 노벨로 양, 라블라슈, 그리지 양, 파스타 양, 웅게르 사뢰티에, 그리고 슈뢰더 데브리앙 양 등이 있었다. 문학계의 대표자로는 라 모트 푸케, 테오도어 쾨르너, 클레멘스 브렌타노, 베티나 폰 아르님, 호프만, 티크, 바른하겐, 하인리히 하이네, 괴테, 슈테펜스, 오스틴 양, 파울 하이제 등을 들 수 있다. 토르발트젠, 라우흐, 리스 등이 조각가를 대표했다. 학계의 대표자들로는 헤겔, 간스, 분젠, 훔볼트, 야코프 그림, 렙시우스, 뵉크, 크베텔레트, 야코비, 디리흘레트, 랑케, 에렌베르크 등이 등장했다. 그들은 거의 모두 저녁에 방문하고 음악이 연주되거나 활발한 토론이 벌어지고 스케치도 이루어졌는데, 때로는 그들 자신도 모르는 사이에 그렇게 되는 수도 있었다."

아브라함 멘델스존 바르톨디는 가족에게 왕정복고 시대 프로이센의 제한된 틀을 벗어나 유럽적인 문화환경을 제공했다. 그는 언제나 꾸준히 경계선을 넘어갔고, 아이들에게도 각자의 지평을 넓힐 가능성을 제공하려 애썼다. 비용도 노력도 아끼지 않았다. 여행을 좋아하지 않는 아내 레아의 반대에도 불구하고 온 가족을 거느리고 바이마르를 거쳐 스위스 여행을 감행했다. 그는 무엇보다도 펠릭스와 파니의 내면에 더 넓은 교양 여행을 향한 욕망을 일깨웠다. 영리한 누나 헨리에테는 파리에서 이렇게 말하고 있다.

> 너는 첫번째 아브라함처럼 온 가족을 이끌고 나라를 여행하고 있으니 정말 제격이구나.

괴테 집을 되풀이 방문한 것, 그리고 아이들에 대한 괴테의 열광, 특히 펠릭스에 대한 그의 사랑은 멘델스존 가족이 지녔던 문화적 해방에 대한 소망의 충족으로 보였을 것이 분명하다. 헨리에테는 남동생에게 이렇게 써보냈다.

우리가 어린 시절 그토록 자주 꿈꾸었던 것, 괴테의 주변에서 지낼 수 있다면 얼마나 좋을까 생각하던 소망이 이제 펠릭스에게서 이루어졌구나. 그리고 젊은 시절 아버지의 베이스 떨림음이 끊임없이 울리더니 이제 무르익어 아들의 비상한 재능이 되었구나. 네가 끝없이 노래할 때면 "정말 못 견디겠다!"고 외치곤 하던 가엾은 어머니가 꿈도 꾸지 못하던 것을 체험할 행운을 신께서 너희에게 허용하신 것을 정말로 감사드린다.

그러나 10년도 지나지 않아 이 명랑하던 음조가 사라졌다. 헨리에테는 1830년에 근심스럽게 큰언니 도로테아 슐레겔에게 이렇게 써보내고 있다.

우리 동생 일은 슬픈 일이에요. 그가 우울하고 불만스런 기분으로 지내면서 자신과 가족에게 근심을 만들어내고 있으니 말이지. 자신의 약점과 일관되지 못함에서 스스로 벗어나기 위해서 그는 가장 고약한 유머를 만들어내고 그 속에 틀어박혀서 아내와 자식들 앞에서도 속마음을 내놓지 않으니까요. 형제자매는 전혀 만나지도 않고. 그것도 지상의 모든 소망이 다 이루어진 사람이 그러니 말이지요.

약점과 일관되지 못함이란 무슨 뜻일까? 아브라함은 국가종교인 루터파로 개종한 자신의 정책이 비록 성공을 거두기는 했어도, 가톨릭 신앙에 빠져든 누이들에게 일관되지 못한 것으로 보이는 것이 아닐까 하고 평생 의심했다. 그러나 아내 레아도 남편이 여러 해 동안이나 우울증에 빠져 있었음을 확인해주고 있다. 그가 죽은 직후인 1835년 11월 29일에 그녀는 요제프의 아들인 조카 베니 멘델스존에게 이렇게 적어 보냈다.

　　넘치는 힘과 건강의 시절에 이따금 자신의 운명과 아이들의 운명을 올바른 관점에서 보지 못하기도 했지만, 다행스럽게도 마지막에는 모든 것이 그의 마음에 크나큰 만족을 가져다주었다.

아버지의 이름과 아들의 이름

　　1829년에 한 번 더 상황이 극적으로 변화되었다. 유럽 왕정복고 시대가 종말에 이르리라 기대되었던 7월 혁명(1830)이 일어나기 직전 파리와 런던에서 성공을 거둔 펠릭스는, 1815년 이후 왕정복고 시대 프로이센의 상황에 적응했던 아버지의 개인적 종교정책에 반대하는 마음을 갖게 되었다. 1829년에 도이칠란트에서는 이미 계몽주의 시대 유럽에서 가장 유명한 유대인이었던 모제스 멘델스존의 탄생 100주년 기념식을 준비하고 있었다. 모든 현대국가들이 유대인에게 법적인 평등권을 부여하는 것은 이제 1770년보다 훨씬 더 직접적으로 오직 시간문제로만 보였다. 펠릭스는 국제적 음악회에서 단순히 펠릭스 멘델스존이라는 유대인 이름을 내걸었다. 그러나 1829년 7월 8일에 아버지가 개입했다.

너는 펠릭스 멘델스존이라는 이름이어서는 안 된다. 그렇다고 펠릭스 멘델스존 바르톨디는 너무 길어서 일상적인 이름이 될 수 없다. 그러니까 너는 이제 펠릭스 바르톨디라고 해야 한다. 이름은 의상이다. 그리고 의상이란 방해가 되거나 우스꽝스럽지 않은 한에서 시대의 요구와 국가에 적응하지 않으면 안 된다.

영국인들은 보통 형식을 대단히 중시하고 옛날 방식을 믿고 고집스럽지만, 그래도 살면서 자주 이름을 바꾼다. 그래서 세례명으로 유명해지는 사람이 거의 없다. 그들이 맞다. 되풀이해서 말하겠다만, 유대인으로서 유교를 믿는 사람이 없듯이 기독교도로서 멘델스존이란 드물다. 너 자신을 그렇게 부름으로써 너는 유대인이 되는 것이다만, 그것은 쓸모가 없는 일이다. 진실이 아니기 때문이다.

아브라함의 표현에서 세부에 이르기까지 그 아버지의 그림자가 느껴진다. 유교를 믿는 사람의 예는 1769년에 라파터에게 보낸 모제스 멘델스존의 답장을 기억나게 한다. 1829년에 아브라함은 자기가 1816년에 느꼈던 딜레마를 이렇게 묘사하고 있다.

나는 너희를 위해서 선택해야만 했다. 내가 유대교의 모든 형식을 가장 오래 되고, 가장 타락하고, 가장 목적에 어긋난 것이라고 하찮게 여기면서 너희를 위해 그것을 선택하지 않았다는 것은 지극히 당연한 일이다. 나는 문명화된 다수의 사람들이 받아들이는 기독교를 더욱 정화된 형식이라 여기고 너희들을 그런 방식으로 길렀다. 그리고 나 자신도 개종했다. 너희를 위해 더 나은 것이라고 인정한 것을 자신을 위해서도 해야만 했기 때문이다.

이런 서술의 전면에는 아이들을 위해 좋은 것이라는 사고가 드러나 있다. 아이들에게는 상인과 상인의 아내가 되는 것 이외의 다른 생활방식을 가능하게 해주려는 아버지의 배려가 드러나 있다. 이 점에서도 아브라함은 비더마이어 시대 도이칠란트에서 독립적인 예술가로 살아간다는 것이 도대체 가능한 일인지 오래 의심했다. 세속적인 교육을 받은 유대인 다수는 유대인 규정의 강제조항이 적용되는 유통업을 떠나고 싶어했다.

처남 바르톨디는 일관되게 행동했던 것으로 보인다. 그에 반해 아브라함은 1816년에 자녀들에게 세례를 준 이후에도 망설이다가 1822년에야 아내와 함께 자신도 세례를 받았다. 처남에게 보낸 편지에는 아브라함의 갈등이 드러나 있다. 이런 내면의 갈등은 1829년 펠릭스에게 보낸 단호한 편지에서도 좀 매끈해진 모습으로 다시 등장한다.

네 신앙과 네 이름을 지니겠다는 네 주장은 나를 설득하지 못한다. 그런 주장들은 오늘날에는 맞지 않는다. …… 너는 아버지를 기억할 의무가 있다고 말한다. 그렇다면 네가 자식들을 위해서 더 나은 것으로 여긴 종교를 자식들에게 준 것이 나쁜 일을 한 것이라고 생각한단 말이냐? 그것은 너와 우리 모두가 진정한 계몽을 얻기 위한 아버지의 노력에 바쳐야 할 감사이다. 네 아버지는 네가 네 자식들을 염려하듯이 그렇게 했던 것이고, 아마도 내 자신을 위해서도 그렇게 했을 것이다.

사람은 억압받고 박해받는 종교에 평생 머물러 있을 수도 있다. 그리고 자식들에게도 일생을 통해 계속되는 고문을 계승시킬 수도 있을 것이다—그것만이 유일하게 영적인 평화를 주는 종교라고 생각한다면 말이다—그러나 그렇게 생각하지 않는다면 그런 행동은

야만적인 일이다! 네가 다른 멘델스존들과 구별되도록 멘델스존 바르톨디라는 이름을 앞으로도 지니기를 나는 바란다. 그럴수록 더 내 마음이 편하다. 이것은 그들을 추모하는 나의 방식이며 내가 진정으로 기뻐하는 일이기 때문이다. 그렇다고 너는 어떤 특별한 일을 하는 것도 아니다. 아내의 친척의 이름을 자신의 이름에 덧붙이는 것은 프랑스나 다른 어디서도 관습이 된 일이기 때문이다.

'아버지의 노력'이라는 말은 랍비 정교에 맞선 유대교 내부의 개혁이라는 말로 이해된다. 1834년 하인리히 하이네는 그것을 가톨릭에 맞선 루터의 종교개혁에 비유했다.

모제스 멘델스존은 그럼으로써 대단히 찬양받을 일을 했다. 그는 도이칠란트 안에서는 적어도 이 유대교 구교에 맞서 저항했기 때문이다. 넘치는 것은 해롭다. 전통을 비난하면서도 그는 모세의 율법을 종교적 의무로 세우려고 했다. 그것은 비겁함인가, 아니면 현명함인가?

실패한 '선의'

아브라함 멘델스존이 개종하고 이름을 바꾼 일은 계몽된 베를린 유대인들이 유대교 개혁이 실패했다고 여긴 시점에 이루어졌다. 1823년 4월 1일자로 베를린에서 임마누엘 볼빌에게 보낸 하인리히 하이네의 편지 한 통은 해소할 길 없는 이 갈등을 정확하게 보여주고 있다.

티눈 제거 외과의들(프리들랜더 주식회사) 몇 명이 유대교의 몸통에서 방혈을 통해 치명적인 피부 궤양을 치유하려고 했다. 그런데 그만 그들의 서툼과 거미줄 같은 이성 붕대를 통해서 이스라엘은 과도한 피를 흘리면서 죽어가고 있으니…… 우리는 수염을 기를 힘도, 단식할 힘도, 미워할 힘도, 미움으로 견딜 힘도 없다. 그것이야말로 우리 개혁의 동기인 것이다.

하이네는 거짓 이성주의를 가차없이 폭로했다. 그 자신도 이것을 통해서 왕정복고 시대의 비굴한 세례식을 잊으려고 했다. 처음에는 아버지 멘델스존의 아들이었고 뒤에는 펠릭스의 아버지로만 여겨진다는 아브라함의 발언은 바로 이런 맥락 속에 들어 있다. 그는 막시밀리안 하이네에게 보낸 편지에서 아달베르트 폰 샤미소의 소설(《페터 슐레밀》. 주인공은 악마에게 자기 그림자를 팔았다—옮긴이)을 암시하는 어두운 주석을 덧붙이고 있다.

그들은 그림자를 갖지 못한 진짜 페터 슐레밀들이다.

기독교로 개종하면서 그는 유대인으로 타고난 역사적 그림자를 미래의 사회적 행복과 바꿈으로써 털어내려고 했던 것이다. 1829년에 아버지의 탄생 100주년 기념식과 동시에 아들이 '멘델스존'이라는 이름으로 작곡가로서의 국제적인 명성을 얻었다. 그러자 아브라함 멘델스존 바르톨디는 고통스럽게 이 입장권을 얻기 위해 지불한 높은 가격을 회상하지 않을 수 없었다. 타고난 종교는 단순한 형식 이상의 것이었다. 그것은—당시 유행하던 표현을 빌자면—'이성으로 없애버릴' 수 없는 자기 역사의 필연적인 일부였다.

최고의 선의에서 행한 일이 실패로 돌아갔다는 생각도 슐레밀의 이미지에 속한다. 세속화된 사회에서 자유로운 삶을 살기를 원했던 제1세대 유대인들에게는 과거의 그림자가 죄의식이 되어 덮여 있었다. 개종함으로써 박해받는 자들의 공동체를 떠났다는 죄의식이었다. 그들의 희망이 적어도 자식들에게서라도 성취될까? 종교적 가치관이 시민적 가치관과 분리되었다. 예술적 해방은 멘델스존 바르톨디의 집에서는 노동을 통한 해방을 의미했다. 펠릭스의 가수 친구인 에두아르트 데브리앙은 1868년에도 아들에게 미친 아버지의 영향을 이렇게 표현했다.

삶이란 노동, 쓸모, 노력의 의무를 가진 것이라는 확신, 이런 확신을 펠릭스는 아버지에게서 물려받았다.

아버지와 아들 사이의 협정은 모든 편지를 통해 나타난다. 그러니까 예술가 펠릭스는 노동을 통해서 자기 자신을 부양해야만 한다는 내용이었다. 그것이야말로 아버지가 아들에게 유럽을 통한 과격한 여행을 하도록 자극한 한 가지 이유였다.

파리와 런던에는 음악시장이 형성되어 있었다. 유명한 베를린 사교계의 여주인공인 아말리에 베어의 아들인 자코모 마이어베어(G. Meyerbeer)는 거기서 확고한 기반을 얻었다. 펠릭스가 1832년 2월 21일 편지 말미에서 아버지에게 다음과 같이 확고하게 통보했을 때 그는 부자관계를 가혹한 시험대에 세웠다. 자신은 생각해보았다고 했다.

아버지가 떠나기 전에 나의 목표라고 제시하고 확정해주신 것을. 그러니까 나는 여러 나라들을 자세히 살펴보고 내가 살고 활동하기를 원하는 나라를 찾아내야 한다고 하셨지요……. 그 나라는 도이

펠릭스 멘델스존 | 바이마르에서 1830년경 요한 요제프 슈멜러 그림. 니체는 작곡가인 펠릭스에 대해서 이렇게 적었다. "쉽고 순수하게 행복한 영혼으로 인해서 그는 빨리 존경받고 또한 빨리 잊혀졌다. 도이치 음악의 아름다운 돌발사건이었다."

칠란트입니다. 그 점에 대해서 지금은 완전히 확신하게 되었습니다.

펠릭스는 1848년 3월 혁명 이전의 도이칠란트를 선택했다. 그는 어머니의 표현대로 아버지가 '자유주의의 부자유주의'를 가지고서 거부했던 프로이센이 이제는 달라졌다고 느꼈다. 정치와 문화에서 개혁을 받아들이는 나라가 자신의 노동을 필요로 한다고 여겼다. 1834년 12월 23일에 그는 누이 레베카에게 이렇게 써보냈다.

> 예술과 정치와, 포도(鋪道)와 또 어딘들 아니랴마는, 그 모든 일에서 내가 바라고 사랑하는 것이 바로 개혁이다. 개혁이란 잘못된 사용을 부정하고, 방해하는 것을 제거하는 것이기에 하는 말이다.

아직까지 존재하지 않은 어떤 것을 예술을 통해서 실현시킨다는 이런 계획에는—'새 형식에 옛날의 뜻을 담는 것'—아브라함도 동참할 수 있었다. 공감을 바탕으로 한 참여가 나타나면서 그의 우울증은 사라졌다.

그럴수록 1835년 아버지가 일찍 죽은 것이 아들에게는 고통스러웠다. 그는 친구들에게 보낸 감동적인 편지에서 자신의 충격을 묘사하고 있다.

> 내 삶을 어떻게 계속해 나가야 할지 모릅니다. 아버지를 잃었을 뿐만 아니라(어린 시절에 이미 가을이라고 생각했던 감정이지요), 또한 지난 몇 년 동안 내 마음의 유일한 친구이며 예술과 삶에서의 스승이기도 했던 분을 잃었기 때문이지요.

아버지의 죽음은 모제스 멘델스존의 죽음을 생각나게 했다.

할아버지도 바로 그렇게 돌아가셨다고 하더군요. 같은 나이에 병도 없이, 명랑하고 평온한 상태에서 말입니다.

아버지의 죽음이 아들의 감정세계에 던진 그림자를 보면, 아브라함 멘델스존 바르톨디가 스스로 그림자를 잃은 슐레밀이라고 여겼던 것이 잘못이었음을 알 수 있다.

황제와 아들,
그 권력관계의 이면

―빌헬름 1세·프리드리히 3세·빌헬름 2세―

토마스 슈탐 쿨만

뒷날 프리드리히 3세는 1848년 혁명 이후 세대 사람들에게 그 멋진 수염으로 기억되었다. 키가 크고 빼어난 용모로 인해서 그는 1887년에도 '로엔그린'(바그너의 오페라에 등장하는 성배를 수호하는 백조의 기사)이라 칭송되었다. 1880년 무렵의 사진.

권력

　19세기 후반 도이치 제국의 황제 빌헬름 1세와 그 아들 프리드리히 3세, 그리고 손자인 빌헬름 2세의 3대에 걸친 황제들의 이야기.

　군국주의 전통이 강한 호엔촐레른 왕가에서 성장한 프리드리히 3세는 특이하게도 젊은 시절과 거의 평생 계속된 황태자 시절 입헌군주제의 이상을 지녔다. 그러나 국민에게 인기가 있었던 이 황태자는 비스마르크와 아버지 황제에게 심한 견제를 당했다. 아흔한 살까지 살았던 아버지의 뒤를 이어 치명적인 질병에 걸린 상태에서 겨우 99일 동안 황제 자리에 있었던 비운의 황태자.

　뒷날 빌헬름 2세가 되는 그의 아들은 부모에 저항하고 할아버지와 친했다. 할아버지를 닮은 절대군주제의 옹호자이자 어린 시절 영국인 어머니에게 구박을 받았다고 느낀 그는 황제가 된 다음 영국에 대한 도전적인 정책에 앞장섰다. 그래서 제1차 세계대전이 발발하는 데 적지 않은 악영향을 끼쳤던 인물이다.

　역사에 '만일'이라는 상상은 허용되지 않는다. 그런데도 이 이야기는 만일 빌헬름 1세가 조금 일찍 죽고 입헌군주제 사상을 지녔던 프리드리히 3세가 자신의 정치적 이상을 펼칠 수 있었다면, 그리고 만일 빌헬름 2세가 부모와 사이가 좋았더라면 도이치 역사와 20세기 세계 역사는 얼마나 달라졌을까 하는 현기증 나는 질문을 유도한다.

　역사를 군주의 역사로만 읽어서는 안 될 것이다. 그래도 절대군주제의 전통을 가진 프로이센-도이치 제국 군주들의 운명이 조금만 달랐더라면 역사상 얼마나 많은 것이 달라졌을까? 역사적 상상력을 자극하고 역사적 현기증을 만들어내는 3대에 걸친 부자 갈등 이야기.

아들에게는 아버지가 있다. 그리고 장인도 있다. 19세기 후반 호엔촐레른 가문(프로이센 왕가, 뒷날 도이치 제국 황제 가문)의 이야기는, 첫번째 세대와 세 번째 세대가 힘을 합쳐서 두 번째 세대의 삶을 힘들게 만든, 유쾌하지 못한 온갖 이야기들이 들어 있는 3대 이야기이다. 뿐만 아니라 장인이 핵심적인 역할을 하는 이야기이기도 하다. 바람직한 아버지의 모습을 지닌 장인이 멀리 떨어진 곳에서 주인공의 꿈과 행동에 적절한 영향을 주고 있기 때문이다.

내 평생 꿈은 사랑하는 아빠와 영적·정신적으로 비슷한 아들을 갖는 거예요. 그러니까 아빠와 엄마의 손자 말이에요……. 하지만 바라는 대로가 아니라는 이유로 자식들과 다투는 잘못을 범해서는 안 되겠지요.

이것은 프로이센의 제위(帝位) 계승권을 가진 황태자빈 빅토리아(Viktoria)가 마흔일곱 살이 되던 1887년에 어머니인 영국의 빅토리아 여왕에게 보낸 편지의 한 구절이다. 1859년에 태어났지만 '부모가 바라는 사람'이 되지 못한 그녀의 장남 빌헬름은 뒷날 도이치 황제 빌헬름 2세가 되는 사람이다. '아들이 닮기를 바라는 사랑하는 아빠'란 작센 코부르크 고타의 알베르트 공(Prinz Albert von Sachsen-Coburg-Gotha)을 이르는 말이다. 그는 대영제국 빅토리아 여왕의 남편으로 특별히 세련되고 똑똑하고 이상적인 왕자였으며, 딸의 우상이었다. 그는 외손자 빌헬름이 태어난 지 2년 만인 1861년에 티푸스에 걸려서 너무 일찍 세상을 떠나고 말았다. 아내 빅토리아 여왕은 그가 죽었을 때 겨우 마흔두 살이었지만 그 이후로 40년 동안 계속된 통치기간 내내 그를 잃은 것을 애도했다.

그렇다면 딸의 우상이었던 알베르트 공이 어째서 아버지와 아들들 사이의 관계에 들어오는 것인가? 그는 사위이며 도이치 제국 및 프로이센의 황태자인 프리드리히 빌헬름(Friedrich Wilhelm, 1831~1888)의 우상이기도 했기 때문이다. 프리드리히 빌헬름은 스스로를 프리드리히 3세라고 불렀다. 그는 알베르트 공을 우상으로 여김으로써 자신의 친아버지를 마음속 이상에서 몰아냈다. 그의 아버지는 프로이센의 왕이며 도이치 제국의 첫번째 황제로서, 아들에게는 불행한 일이었지만 너무 늦게 죽었다. 그가 아흔한 살, 아들이 쉰일곱 살이 되었을 때였다.

조용한 어린 시절

뒷날의 프리드리히 3세는 1831년 10월 18일 포츠담의 새 왕궁에서 프로이센의 빌헬름 왕자(뒷날 빌헬름 1세, 재위 1861~1888)와 작센 바이마르의 공주 아우구스타의 아들로 태어났다. 이때 유럽은 지축을 울

역사 읽기

19세기 후반 프로이센-도이치 제국은 비록 군주국가이기는 했으나 국제정세로 보아 군주가 절대권을 행사하기 힘든 상황에 있었다. 19세기 전반에 유럽을 휩쓸고 지나간 혁명사상의 전파로 인해 의회주의, 국민주권, 입헌군주제 등 다양한 민주주의 사상이 도이치 사회 깊숙이 스며들었다. 게다가 런던에 머물고 있던 마르크스와 엥겔스의 직접·간접적 지시를 받은 사회민주당도 국가의 박해를 받는 가운데 활발한 활동을 벌이고 있었다.

19세기 후반은 도이칠란트 통일의 주역이었지만 절대주의 신봉자로 제국이 새로운 자유주의와 민주주의 방향으로 나아가는 것을 절대적으로 방해했던 비스마르크가 활동하던 시대이기도 하다. 그는 동부 프로이센의 토지귀족인 융커 세력을 대표하는 인물. 융커 계급은 군부의 핵심을 이루고, 군국주의 성향이 강한 빌헬름 1세를 둘러싼 완강한 보수주의 귀족계급으로 도이칠란트 민주화를 가장 거세게 가로막은 세력이었다.

리는 혁명의 파도를 방금 뒤로 한 참이었다. 이 혁명은 모든 적법한 왕가들, 따라서 당연히 호엔촐레른 왕가도 놀라서 가슴 졸이게 만들었다.

당시 호엔촐레른 왕가에서 형의 뒤를 이어 왕위 계승 서열 2위에 있던 프로이센의 빌헬름 왕자는 유럽이 끝없는 갈등으로 뒤덮인 것을 보았다. 그의 눈으로 보면 혁명의 해인 1830년은 국민주권(민주주의)과 신의 은총을 입은 왕가(군주제) 사이의 갈등에서 겪은 또 하나의 1회전에 지나지 않았다. 그의 생각에 따르면 이런 갈등 국면에서 프로이센은 분명한 입장을 밝혀야 했다. 1830년 8월 초 프랑스의 부르봉 왕조가 붕괴되는 것을 보면서 그는 이렇게 적었다.

적법한 왕가와 혁명 가운데 어느 편이 이겨야 하느냐가 결정되어야 할 자리에서 위기가 나타난 것으로 보인다. 유럽이 프랑스를 교육하기 위해 하나의 공통된 결정을 내린다면 적법한 왕가가 승리할 것이다. 유럽이 프랑스에서 벌어지는 현재의 소요를 그대로 방치한다면 혁명이 승리를 거둘 것이다. 혁명은 합법화될 것이고 왕위는 안전하게 설 자리가 없을 것이다…….

그러나 정말로 그와 같은 혁명적인 반응이 전 유럽을 통해서 만들어진다면 그럴수록 적을 알고 제압하기에 유리해진다. 그러므로 나는 누구든 자기 신분, 자기 자리로 돌아가 줄 것을 바란다. 어디서나 동일한 원칙이 동일한 원칙에 맞서서 싸우는 것이기 때문이다. 신이 승리를 결정한다.

여러 해가 지나면서 그에게서도 많은 것이 완화되고 원만해지기는 했지만 빌헬름 1세*는 뒷날에도 언제나 19세기의 역사적 경험을 두 원칙들의 싸움이라는 조명 속에서 해석했다. 그러나 1830년과 1831년 유럽 외교정책은 혁명적 갈등을 한 번 더 통제할 능력이 있음을 입증했다. 그리고 프랑스와 벨기에서 한정된 형태로나마 타협이 받아들여짐으로써 프로이센을 선두로 한 적법 왕가들은 유럽을 포괄하는 전쟁을 피할 수 있었다.

그렇게 해서 프리드리히 빌헬름 왕자의 어린 시절은 기만적 속성을 지닌 가짜 고요함이 지배하던 시절이었다. 1840년 할아버지 프리드리히 빌헬름 3세(재위 1797~1840)의 통치가 큰아버지 프리드리히 빌헬름 4세(재위 1840~1861)의 통치로 넘어갔다. 사람들은 새로운 왕이 선왕이 지키던 절대주의 통치방식에서 벗어나 좀더 느슨한 통치를 할 것을 기대했다.

프리드리히 빌헬름 3세가 살아 있는 동안 프로이센의 모든 왕자들은 최고의 경외심과 질문 없는 존경심을 가지고 집안의 수장인 그에게 복종했다. 집안의 어른이 아주 먼 집안의 후손들과 가장 어린 손자들의 교육문제에서 최종적인 결정을 내리는 것이 왕가의 관습이었다. 그래서 빌헬름 왕자도 아들의 교육에 대해 결정하기 위해서 늙은 왕의 허락을 청해야 했다. 1837년 10월 17일자로 왕에게 보낸 편지에는 다음과 같은 구절이 들어 있다.

내일로 아들이 여섯 살이 됩니다. 이로써 지금까지 우리 집안의 왕자들이 보모들의 손을 벗어나 가정교사의 손으로 넘겨질 나이에

역사 읽기

빌헬름 1세(Wilhelm I, 1797~1888): 프로이센 왕 프리드리히 빌헬름 3세의 둘째아들. 아버지의 뒤를 이어 왕이 된 형 프리드리히 빌헬름 4세가 뇌졸중으로 쓰러진 다음 1858년부터 섭정, 형이 죽은 1861년 이후로 프로이센 왕, 1871년 이후로 도이치 제국 황제가 됨.

짧게 지속된 도이치 제2제정의 모든 통치자들을 이 그림에서 볼 수 있다. 첫번째 황제 빌헬름 1세의 품안에 1882년에 태어난 증손자 빌헬름이 안겨 있다. 그는 제위에 오르지도 못하고 1951년 전망 없는 제위 계승자 자격으로 헤킹겐에서 죽었다. 그 왼쪽에 프리드리히 3세, 오른쪽에 빌헬름 2세.

이르렀으므로, 그리고 아직까지는 제 아들 문제에 대해서 아무런 언급도 없었으므로 오늘 폐하께 이 말씀을 사뢰는 것이 제 의무라고 생각됩니다. …… 그리고 …… 가정교사의 …… 선택은 …… 아들이 어떤 장래를 맞게 될지를 생각한다면 한없이 어려운 문제입니다. 이 결정이 초래할 그 모든 중요한 책임을 저 혼자 감당하기란 너무나 어려운 일이므로 …… 제 계획은 나이 든 장교를 본 가정교사로 선택하고, 그 아래 젊은 장교를 고용한다는 것입니다. 보조 가정교사는 나이 든 사람의 지도를 받아서 그가 가정사나 그 밖의 어떤 사정으로 어린 왕자 곁에 있기가 어려워질 경우 그를 지도하도록 하기 위한 것입니다.

늙은 왕이 이 편지에 대한 답으로 "운루(Unruh) 대령말고 다른 젊은 장교를 가정교사로 두지 말고 시민 가정교사를 채용하는 것이 좋겠다."는 '소망'을 표현하자 왕자는 이것을 받아들인다.

물론 지당하신 분부로 받들겠습니다. …… 현재 왕자를 보살피는 보모의 아들로서 뇌샤텔에 있는 고데트 씨가 아주 적합한 인물로 보입니다. 우리는 벌써 오래 전부터 그를 알고 있습니다. 그는 이곳(베를린)에서 대학을 다녔으니까요.

어린 왕자는 가정교사인 고데트 씨에게 상당한 애정을 품게 되었다. 프리드리히 빌헬름 왕자는 주로 바벨스베르크에서 성장했다. 그것은 1834년에서 1849년 사이에 카를 프리드리히 성켈(K. F. Schinkel, 1781~1841. 19세기 전반 대표적인 도이치 건축가, 화가)이 왕자의 부모를 위해 여름 거처로 지은 별장이었다. 이곳에서는 바라기만 한다면 영국 정신의 흔적을 맛볼 수 있었다. 바벨스베르크 별장은 신고딕 양식에 대한 영국식 유행과 애착을 드러내면서 별장으로 시작해서 1849년에 신고딕 양식의 성으로 마무리되었다.

프로이센 왕가도 영국 왕가의 시민적 사고방식의 영향을 받아들였고, 그들의 편지에는 영어 표현들이 점차 많아진다. 어느 정도 시류에 굴복하기는 했지만, 그래도 단연 도이치 방식의 3권 분립 형태로 의회의 영향을 받아들이면서도 호엔촐레른 왕가 사람들은 영국 헌법을 모델로 삼겠다는 생각은 전혀 하지 못했다.

어린 시절에 왕자에게 위기의 흔적은 보이지 않는다. 오히려 아무런 갈등 없이 자라나는 왕자에게 전통적으로 주어지는 역할을 받아들였다. 왕자는 특별한 재능을 보이지는 않았지만 배우는 것을 좋아했다. 또한 병사로서의 의무도 양심적으로 수행했다. 유럽 왕가들의 관습이 흔히 그렇듯이 그는 열 살이 되면서 소위로 임관되었고, 군인의 의무를 병행했다. 그래도 합스부르크 왕가의 규칙이 정하는 것보다 늦게 군복을 입은 셈이었다. 왕자는 인기가 있었던 것으로 보인다.

어느 정도 불안정한 인상으로 보아 젊은 왕자는 처음에 자신의 정체성을 확립하지 못했던 것으로 보인다. 그때까지 아버지의 모범을 따르기로 결정하지도 않고 사춘기에 흔히 나타나는 아버지에 대한 반항의 길로 접어들지도 않았다. 아직 확정되지 않은 이 시기에 그는 알베르트 공과 알게 된다.

그러나 그보다 앞서 1848년 3월의 두려운 혁명 체험이 먼저 나타났다. 왕가 일족은 시내에 있는 성에서 분노한 군중에게 포위되었다. 프리드리히 빌헬름 왕자의 일기를 보면, 그가 '천민'에게 거부감을 느낀 것을 확인할 수 있다. 이 거부감은 왕가와 귀족들 사이에서만 지배적인 느낌이 아니고 소시민에 이르기까지 많은 사람들이 함께 가졌던 느낌이었다. 이 신비스런 '천민'은 보통 때는 보이지 않다가 기존의 질서가 위협을 받을 때면 반드시 나타난다고 표현되어 있다.

3월 18일 낮과 밤에 베를린에서는 바리케이드 위에 올라선 시민들과 군인들 사이에서 싸움이 벌어졌다. 3월 19일에 프리드리히 빌헬름 4세(프리드리히 빌헬름 왕자의 큰아버지)는 굴복하기로 결심했다. 베를린 시내 성 앞의 광장은 흥분한 군중으로 가득 찼다. 왕자는 일기장에 이렇게 기록했다.

> 동물과 같은 울부짖음과 사납게 외치는 소리들, 그리고 나는 무엇을 보았던가? 광장에는 사람들이 빽빽하게 모여들었다. 상처를 그대로 드러낸 채 잎사귀로 장식된 30구의 시체들이 들것에 실려서 차례로 발코니 위에 세워졌다. 광장으로 모여드는 세 갈래의 대로들에서 사람들이 널빤지에 시체들을 들고 달려 들어왔다 …….
> 그들은 히죽히죽 웃으면서, 또한 자기들이 들고 있는 시체를 가리켜 보이면서 왕을 위협했다. 외침소리는 그치지 않았고, 군중의 분노가 극단으로 치솟는 것을 분명히 볼 수 있었다. 그것을 더 묘사할 수가 없다. 너무 끔찍하고 역겨웠다. 나는 놀라고 거의 정신이 없는 상태로 뒤를 바라보며 안락의자에 쓰러졌다 …….

군중의 강력한 요청을 받고 왕은 죽은 사람들 앞에서 모자를 벗었다. 일시적인 승리를 거둔 혁명세력은 이것을 왕의 굴욕의 표현으로 해석했다. 그러나 죽은 사람들에게 보인 태도는 왕의 종교적 신념과도 완전히 일치하는 것이었다.

혁명세력에 대한 프리드리히 빌헬름 4세의 굴복은 오로지 강요에서 나온 것이었다. 그는 어떻게 하면 자신이 인정한 것을 다시 철회할 수 있을까 하는 것만 생각했다. 프로이센이 이 혁명을 통해서 입헌국가가 되었다는 사실만 빼면 프리드리히 빌헬름 4세는 대부분의 경우 혁명세력의 진압에 성공했다.

　3월 혁명이 진행되던 시기에 왕자들은 우선 베를린 시내에 있는 성에서 몰래 빠져나와야 했다. 처음에는 위수도시 포츠담이나 슈판다우 요새로 물러났다. 그곳에서 프리드리히 빌헬름 왕자는 "다시 병사들을 보고" "가슴이 뛰었다". 베를린의 평화와 질서가 군대에서 시민군에게 넘어갔다는 사실을 그는 모욕이라고 느꼈다. 그는 이름을 감추고 하벨 강에 있는 공작 섬으로 안내되었다. 그곳에서는 궁정 정원사의 손님으로 머물고 있던 양친이 그를 기다리고 있었다. 프리드리히 빌헬름 왕자는 아버지가 그 유명한 수염을 다듬을 수 있도록 가위를 가지고 왔다. 밤과 안개의 도움을 받아서 빌헬름 왕자는 해협을 건너 영국으로 도망쳤다.

　군사적 위협을 대단히 전략적으로 이용해서 1848년 12월 이후 프로이센 왕가의 권력이 천천히 안정을 되찾았다. 그런데도 1849년의 대부분이 혁명세력과의 갈등 속에서 흘러갔다. 프리드리히 빌헬름 4세는 프랑크푸르트 파울(바울로) 교회에서 도이치 국민의회*가 제정한 도이치 헌법의 승인을 거부했다. 그리고 국회가 그에게 제안한 도이치 황제 관을 물리쳐버렸다.

　영국에서 돌아온 빌헬름 왕자는 시민전쟁군의 선두에 서서, 이제는 바덴과 팔츠 지역에 보루를 쌓은 파울 교회 헌법의 마지막 추종자들에 맞섰다. 1849년에 그의 아들 프리드리히 빌헬름 왕자는 본(Bonn) 대학의 학생으로 공부했다. 그는 그곳에서 알아채지도 못한 채 이미 알베르트 공의 영향을 받고 있었던 것으로 추정된다.

유럽을 위한 코부르크의 꿈

알베르트 공은 1837년과 1838년에 모두 합쳐 세 학기를 1818년에 세워진 프로이센의 명문 대학에서 보냈다. 1840년에 그는 영국 여왕 빅토리아와 결혼했다. 그리고 존경하는 스승 크리스티안 프리드리히 슈토크마르(Ch. F. Stockmar)의 부탁에 따라서 '여왕의 입헌적 수호정령'이 되기 위해 노력했다. 그는 벤저민 디즈레일리(B. Disraeli)의 말을 믿어도 된다면 다음 21년 동안 영국의 진짜 통치자였고, 영국의 불문율에 따라 어떤 지위도 차지하지는 못했지만 왕국을 '일찍이 우리 왕들 가운데 누구도 보여준 적이 없는…… 지혜로움과 열정을 가지고' 통치했다.

영국 여왕 부부는 대륙에 있는 대부분의 동지들에 비해 훨씬 온건하게 1848년 혁명의 해를 넘겼다. 폭도들은 버킹엄 궁전 공원에 만들어 놓은 구주희 경기장만을 못쓰게 망가뜨렸을 뿐이다. 영국에서 혁명의 소요가 이렇듯 온건했던 것은 입헌적 통치방식과, 빅토리아 여왕이 왕

역사 읽기

1848년 혁명과 도이치 국민의회: 1815년 빈 회의를 통해 구축된 반민족적·반자유주의적 평화질서의 타도를 목표로 1848년 2월 파리에서 혁명이 시작되어 전 유럽으로 퍼져나갔다. 도이치 국가들에서는 자유주의자들과 급진적 민주주의자들이 언론과 집회의 자유를 요구했다. 그러면서 전체 도이치 차원의 국민의회를 소집하라는 '3월의 요구'를 내놓았다. 베를린에서는 3월 18일에 대규모 봉기가 발생했다.
1848년 5월 18일 585명의 대표로 구성된 도이치 국민의회가 자유헌법을 제정하고 하나의 정부를 만들기 위해 프랑크푸르트 파울 교회에 소집되었다. 여기서 '큰 도이칠란트'와 '작은 도이칠란트' 방안이 토론에 부쳐졌다. 혁명세력은 프로이센 왕에게 '작은 도이칠란트' 황제 칭호를 부여하려고 했으나 왕이 이를 거부하면서 혁명은 힘을 잃었다.

위에 오르기 전인 1832년에 이미 의회에서 제정한 선거개혁의 덕분이라고 할 수 있을 것이다.

알베르트 공이 영국 여왕의 남편이 된 일만 해도 이미 앞선 세대에서 나온 생각이 성취된 것이었다. 알베르트는 일찍이 아저씨인 레오폴트 공이 이루려고 생각했던 것을 실현시켰다. 작센 코부르크의 레오폴트 공은 그보다 앞서 조지 4세의 딸로 영국 왕위를 계승할 공주 샤를로테와 결혼했다. 그의 주치의인 슈토크마르는 소설가 장 파울의 궁정소설에 나오는 인물 유형으로서 레오폴트에게 미래를 위한 위대한 계획들을 심어주었다.

그러나 샤를로테가 왕위를 계승하기도 전에 아기를 낳다가 죽었기 때문에 아직 젊은 레오폴트는 다시 영국을 떠났다. 그리고 나서 그는 벨기에 국민에 의해서 벨기에의 첫번째 입헌군주로 선택되었고, 그러면서 조카에게 한때 자신이 품었던 소망을 넘겨주었다. 그 일을 맡아한 사람이 바로 의사 슈토크마르로서, 레오폴트는 그를 알베르트의 후견인으로 만들었다.

코부르크의 이념(입헌군주제 이념)은 알베르트 공을 거쳐서 프로이센의 프리드리히 빌헬름 왕자에게 이르렀다. 이것은 그 사이 귀족 작위를 받은 슈토크마르의 아들 에른스트를 통해 더욱 강화되었다. 에른스트는 뒷날 프로이센 황태자와 그 아내의 개인비서가 되기 때문이다.

1851년 프로이센 왕가는 혁명의 흔적을 막 넘어섰다. 대부분의 도이치 국가들에는 마비된 상태로 반동이 나타나 있었다. 이 해에 빌헬름 왕자(뒷날 빌헬름 1세) 부부는 아들(프리드리히 3세)을 데리고 런던 세계 박람회를 관람하러 영국에 갔다. 이 박람회는 알베르트 공의 활동에서 그 절정을 보여주었다. 빅토리아 여왕의 일기에 따르면 스무 살이 된 프리드리히 빌헬름을 '아주 선량하고 사랑스러운 젊은 왕자'라고 표현하고 있다. 그는 세계 박람회를 관람하러 온 이 여행에서 여왕의 열살 된 딸을 처음으로 만났다. 공주는 어머니와 마찬가지로 빅토리아라는 이름이었고 애칭으로 '푸시(아가씨)'라고 불렸다. 왕자는 도이칠란트로 돌아갈 때 그녀의 사진이 든 메달을 가져갔다. 1855년 9월에 벌써 그는 알베르트 공과 빅토리아 여왕에게 공주와의 결혼을 청했다.

그는 아마도 이런 결합으로 자기가 알베르트 공과 슈토크마르가 오래 전부터 생각해 왔던 소망을 이루어주는 것이라는 사실을 짐작도 하지 못했을 것이다. 1845년 알베르트는 도이칠란트를 여행하는 기회에 '코부르크 서클'을 만들었다. 뒷날 1848년 제국 총리가 된 라이닝겐의 영주 카를(K. von Leiningen, 빅토리아 여왕의 이복동생), 알베르트의 형이며 작센 코부르크 고타의 통치권자인 에른스트 2세 공작(H. Ernst II), 그리고 당연히 슈토크마르, 그리고 런던 주재 프로이센 대사인 분젠 남작 크리스티안 카를 요시아스(Ch. K. Josias Freiherr von Bunsen) 등이 여기 속했다.

코부르크의 이념에서 특징적인 것은 프로이센에 대해서, 그리고 도이칠란트에서 프로이센의 역할에 대해서 대단히 호의적으로 평가하고 있다는 점이다. 오스트리아와 비교해보면 프로이센은 대표적인 도이치의 두 국가 가운데 훨씬 현대적인 국가라고 생각되었다. 다만 프로이센 왕위에 있는 사람들만이 문제였다. 그들은 절대주의 질서를 옹호하는 사람들이었기 때문이다.

그러므로 프로이센의 지휘 아래 통일된 미래의 도이칠란트와 영국의 우호적 관계를 생각하면, 현재의 왕 프리드리히 빌헬름 4세와 그의 동생인 프로이센 왕세자의 권위적인 노선에서 벗어날 수도 있는 프로이센의 장래 왕위 계승자보다 코부르크 서클의 상상력을 더 강하게 붙잡을 사람이 또 어디 있겠는가? 바로 이 미래 프로이센의 왕이 영국에 나타나서 영국 공주에게 청혼을 했으니 알베르트와 슈토크마르의 계획에 이보다 더 적합한 일이 있겠는가?

이 청혼은 물론 아주 순수하게 우연만은 아니었다. 프리드리히 빌헬름 왕자는 아마도 어머니의 자극을 받아서 그렇게 움직였을 것으로 보인다. 어머니는 바이마르 공녀 아우구스타로서 카를 아우구스트 대공 치하에서 비교적 자유주의적인 바이마르 궁정에서 자랐다. 그녀는 시숙인 프로이센 왕의 노선, 곧 왕권을 강화하려는 생각에 거리를 두고 있었다. 어쩌면 그녀는 영국 공주를 며느리로 얻을 경우 동지를 얻는다고 생각했을지도 모른다. 그녀는 장남이 태어나기 이전부터 이미 프로이센 군주국이 장래 자유주의와 절대주의 가운데 어느 쪽으로 방향을 잡아야 할 것인가를 놓고 남편과 의견이 갈라져 있었다.

1858년 1월 25일에 프리드리히 빌헬름과 결혼하고 베를린으로 옮겨온 영국 공주 빅토리아에게는 시어머니 아우구스타가 든든한 지주였다. 그리고 그녀 쪽에서도 극진한 헌신과 자세로 보답했다. 1871년 1월 20일자로 어머니 빅토리아 여왕에게 보낸 편지에 그녀는 다음과 같이 적고 있다.

> 시어머니가 저와 잘 지내주셔서 얼마나 기쁜지 모릅니다. 그분의 정말 선량하고 훌륭한 성품을 저보다 더 잘 아는 사람은 없어요. 기분이 좋은 그분을 보는 것은 행복한 일이지요. …… 시어머니는 내게 많은 고통을 주시는데도 그분에 대해서 조금도 나쁜 감정이 없습니다. …… 그분이 딱하다는 생각이 들어요. 자연이 그분에게 어디에 있든지 불행하고 불만을 느끼는 특성과 성격을 부여했기 때문이지요.

새로운 시대

　결혼하고 나서 몇 년 동안 젊은 부부에게는 조용한 시대가 계속되었다. 1858년에 프로이센 왕자 빌헬름(빌헬름 1세)이 형 프리드리히 빌헬름 4세를 대신해서 섭정을 맡았다. 그와 함께 처음에는 '새로운 시대'에 대한 희망이 나타났다. 젊은 시절 혁명에 대한 두려움을 전혀 감추지 않았던 그는 많은 점에서 전임자인 아버지와 형보다 훨씬 개방된 태도를 보였다.

　섭정왕자로서 그는 장관 임명에서 프리드리히 빌헬름 4세와 뚜렷한 차이를 보였다. 프리드리히 빌헬름 4세는 자기 후임자들이 혁명세력의 압력에 굴복해서 공포된 헌법에 선서하는 것을 원하지 않았다. '하늘에 계신 우리 신과 이 나라 사이에' '문서'가 개입해서는 안 된다고 생각했기 때문이다. 그러나 섭정왕자 빌헬름은 헌법에 선서했다. 그리고 학생운동의 지도자였고 그 때문에 감옥에 간 적도 있는 역사 교수 막스 둥커(M. Duncker)가 프로이센 정부의 홍보실장으로 임명되어 베를린으로 왔다. 막스 둥커는 프리드리히 빌헬름 부부와 친구가 되었고, 코부르크 의사의 아들이며 왕자의 가장 가까운 고문관 에른스트 폰 슈토크마르와도 친구가 되었다.

　베를린에서는 벌써 코부르크의 희망이 실현되는 것처럼 보였다. 개방정책, 시민계층이 정책에 점점 더 많이 참여하게 된 일, 1848년 혁명에 참가한 자유주의자들 가운데 가장 조심스러운 사람들과의 교류 등은 영국의 예와 일치되는 일이었기 때문이다. 영국은 18세기와 19세기에 왕실과 지배적인 귀족들을 조심스럽게 방향 전환시키고, 조심스런 개혁정책을 취함으로써 혁명을 피할 수 있었다. 심지어 섭정왕자가 대중에게 행한 연설문 일부는 알베르트 공의 그것이라고 해도 될 정도였다.

프로이센은 지혜로운 입법을 통해서, 그리고 모든 도덕적 요소들을 높이고, 관세동맹이 맺은 것 같은 통합적 요소를 도입해서 도이칠란트에서 도덕적인 정복을 해야만 합니다. …… 온 세계가 프로이센이 어디서나 권리를 수호할 각오가 되어 있음을 알아야 합니다.

이에 대비되는 것으로 알베르트 공은 이렇게 말한 적이 있다.

문명을 널리 전파하고 자유를 성취하는 일에 앞장서는 것이 바로 영국의 사명이며 의무이고 관심사이다. 이런 방향으로 나아가려는 다른 국가의 모든 노력을 격려하고 보호해야 하며, 한 국가가 아무런 자발적 충동도 보이지 않는 발전을 그 어떤 국가에도 강요해서는 안 될 것이다.

빌헬름 왕자는 진지하게 권리를 수호하려는 노력을 다했다. 도이치 동맹의 도움을 받아서 그의 장관들은 반동적인 헤센 선제후국에 압력을 넣어서 이 나라가 1830년 혁명의 영향으로 반포했던 헌법을 다시 도입하도록 했다.

그러나 머지않아 새로운 섭정왕자가 천성적으로 넘어설 수 없는 한계들이 드러났다. 새로운 시대의 장관들은 장관 책임에 대한 법 초안을 작성했다. 각 주무장관이 각자의 통치행위에 대해 의회 앞에서 책임을 져야 한다는 규정은, 영국에서는 "왕은 절대로 잘못을 범하지 않는다."는 기본전제를 위해 꼭 필요한 보충조항이었다. 그러나 프로이센에서 영국과 같은 장관 책임제를 도입하기 위해서는 군주의 권한도 시간이 흐르면서 제한될 것이라는 사실을 전제로 한 것이었다. 영국에서 이것은 19세기 전반부에 실제로 일어난 일이었다. 새로운 전쟁부 장관 알프

도이치 황태자 가족 | 1875년 포츠담의 새 궁전 옆 찻집에서 찍은 사진. 첫번째 줄 왼쪽부터 소피 공주, 왕위 계승 공주 빅토리아와 마르가레테, 빅토리아, 샤를로테. 두 번째 줄 왼쪽부터 발데마르 왕자, 하인리히 왕자. 빌헬름 2세, 프리드리히 빌헬름 황태자. 1864년에 태어난 지 기스문트 왕자는 두 살 때 뇌막염으로 숨졌다.

레히트 폰 론(A. von Roon)과 섭정왕자의 군부 측근은 이 입법안을 철회하라고 섭정을 졸랐다.

완벽한 왕권의 유지를 론보다 더 걱정하는 사람은 없었다. 그러나 왕가 안에서도 장관 책임제를 생각한 사람이 있었는데, 바로 황태자 프리드리히 빌헬름의 스무 살 된 아내 빅토리아였다. 그녀는 1860년 12월에 장관 책임제의 도입을 위해서 프로이센 급진론자의 근심을 없애줄 비망록을 작성했다. 빅토리아 또는 '비키'는 그 사본 하나를 자기 아버지에게 보냈다.

알베르트는 이 맏딸을 동지로 여겼다. 그녀는 문학 · 예술 · 학문 · 정치 분야 등 모든 지적인 대상을 아버지처럼 쉽게 이해했다. 비키가 결혼하기 전에 알베르트는 그녀에게 매일 역사를 가르쳤다. 아버지는 그녀가 결혼해서 대륙으로 이주한 다음에도 상세하고 교훈을 담은 편지들을 보냈다.

갈등의 시기

빌헬름 섭정왕자의 새로운 시대가 끝났다. 자유주의적인 시작은 곧바로 다른 무엇보다도 중요한 그의 관심사, 곧 군대개혁에 가려지고 말았다. 형이 통치하는 기간 동안 빌헬름은 프로이센 왕국의 총사령관이었다. 군대는 그의 책임이었다. 그리고 빌헬름은 이 군대를 재편하고 특히 확대할 생각이었다. 이 계획이 그에게 얼마나 중요했던가 하는 것은 빌헬름이 섭정직을 맡자 군대 개혁안을 작성한 알프레히트 폰 론 사령관을 곧바로 전쟁부 장관으로 임명한 데서 나타난다. 론은 장관의 지위에서 군대의 재편을 준비했을 뿐만 아니라 왕에게 반동적인 의미에서 다양한 헌법 정책상의 영향력을 행사했다.

이른바 새로운 시대의 기간에 왕권에 대한 빌헬름의 생각은 형의 그것과 근본적으로 동일한 가운데 표피적인 수정만 이루어졌다는 사실이 1861년 1월 2일에 프리드리히 빌헬름 4세가 죽고 빌헬름이 정식으로 왕의 권리와 직위를 맡게 되면서 아주 분명하게 드러났다. 그는 1861년 10월 18일에 쾨니히스베르크에서 화려한 대관식을 거행했다. 그곳은 그의 조상이 1701년 프로이센 왕국을 세운 곳이었다. 자유주의자들은 이 대관식의 상징성을 보고 깊이 실망했다.

군부 책임자 에드빈 폰 만토이펠과 전쟁부 장관 알프레히트 폰 론은 그 사이에 빌헬름 왕의 영혼 깊은 곳에 전복에 대한 두려움을 일깨워놓았다. 빌헬름은 몇 해 전에 벌써 3년 군 복무의무가 바람직한 것이라는 견해를 밝힌 적이 있었다. 왕이 필요할 때 자국민을 향해 발포하라고 군대에 명령할 경우 꼭 필요한 전제가 되는 '맹목적인 복종'을 병사들에게 심어주기 위해서였다. 1833년에서 1856년 사이 프로이센의 군 복무기간은 2년으로 정해져 있었다.

론과 만토이펠은 논쟁의 여지가 아주 많은 3년 군 복무기간 문제를 원칙의 문제로 만들려고 노력했다. 그것도 도전적인 의도에서 그랬다. 그들은 군 개혁문제를 놓고 갈등을 만들어내려고 애썼다. 이런 갈등은 그들에게 혁명 이후 생겨난 타협안을, 필요하면 폭력을 사용해서 수정할 기회를 만들어줄 것으로 보였던 것이다. 한편으로는 귀족 반동세력과 다른 한편으로는 자유주의 세력 간의 결전이 프로이센에서 시작된 듯이 보였다. 그 동안 왕가는 왕권을 극단주의자들의 손에서 멀리하려고 애썼다.

하원의원들은 1862년에 론이 시작하려고 노력하던 갈등을 받아들였다. 하원은 하원대로 예산 심의권을 통해서 그때까지 프로이센 헌법의 바깥에 놓여 있던 군대에 대한 통제권을 얻으려 했다. 연대 숫자가 늘어난다면 지출의 확대를 불러오는 일이고, 그렇다면 하원의 승인을 얻어야 할 일이라고 의원들은 주장했다. 군부는 군대 조직 권한은 왕의 직접적인 군 통수권의 일부라고 고집했다.

 1862년 3월 새로운 시대에 임명된 대부분의 장관들은 하원의 주장에 굴복하려는 성향이었다. 그에 반해서 론은 왕에게 그렇게 되면 의회주의 통치형태로 넘어가는 길이 된다고 경고했다. 마침내 3월 17일에 빌헬름 왕은, 모든 원칙의 결정을 넘어서 있는 재정 전문가 아우구스트 폰 데어 하이트와 론을 빼고 모든 장관을 해임했다. 왕세자는 이 결정에 대해서 아주 불충분한 정보만 들었다. 1862년 3월 18일 새로운 내각이 조직되었을 때 프리드리히 빌헬름 왕세자는 저녁때야 비로소 왕의 메모를 통해서 그 소식을 들었다. 점심때만 해도 부모가 자기에게 침묵했다고 그의 일기장에 적혀 있다.

 점심때에는 이미 도시의 화제가 되어 있었을 텐데 말이다.

 하원이 조기에 해체되고 1862년 5월 6일의 선거 결과 압도적으로 많은 자유주의자들이 당선되는 기간에 왕세자는 여론에서 지금은 사라져버린 '새로운 시대'의 노선을 대표하는 인물로 여겨지게 되었다. 1862년 3월에 벌써 그는 일기에 자신이 '잘 알려진 패거리의' 비방과 음험한 공격에 노출되어 있다고 적었다. 그 자신이 이들을 가리켜 '봉건적 극단주의자'라고 부르고 있다. 국가 전체에 해를 미치면서 자기 신분의 동참을 가로막고, 특히 기사 영지에 대한 토지세 면제 폐지 법안을 상원에서 오랫동안 가로막고 있는 토지귀족(융커)과 상원의원들을 칭하는 말이었다. 왕세자는 왕권이 바뀐 직후에 이렇게 적었다.

그들이 전례가 없는 그 음모를 아버지의 순수하고 귀족적인 의도에 대해서도 이용한다면 저 불쾌한 토지귀족들은 무거운 죄를 범하는 것이다.

군대문제를 놓고 프로이센의 갈등은 점차 커져서 폭발력이 강한 헌법 위기로 치달았다. 온건한 자유주의자들이 왕세자에게 전한 것을 보면 실로 두려워할 만한 상황이었다.

정부가 그 어떤 종류의 대응책도 보이지 않은 채로 확고하고 단순한 저항만 고집한다면 1862년도 예산심의가 시작되지 않을 것이고, 그에 따라 내각은 의회 해산을 제안할 것이다. 물론 폐하는 이것을 받아들이지 않을 것이고, 그렇게 되면 의회의 해산만이 남게 될 것인데, 그것은 선거를 의미하게 되고, 상상할 수도 없이 상황이 나빠진다.

1862년 9월에는 전쟁부 장관 론조차도 하원을 향해서 2년 군 복무기간에 대해 협상할 각오가 되어 있다고 선언했다. 그러자 이번에는 왕이 거절했다. 두 번에 걸친 격렬한 내각회의를 거쳐서 9월 17일에 왕은 3년간의 군복무를 포기하지 않겠노라고 선언했다. 왕은 자신의 권한이 의회의 도전을 받은 것으로 생각하고 이제야 3년 군 복무기간이 아주 중요하게 여겨진 것으로 추측된다. 3년 복무가 되어야만 군대는 내분이 일어날 경우 왕에게 충성하게 되리라고 그는 믿었다.

이제는 왕세자까지 사건에 연루되었다. 빌헬름 왕은 내각이 자신의 의견을 따르지 않을 경우 퇴위를 고려하고 있었기 때문이다. 내각회의가 끝난 다음 왕은 전보를 쳐서 아들을 불러들였다.

1862년 9월 19일 아침에 왕세자는 바벨스베르크에서 아버지와 회동했다.

아버지는 평온했다. 산책을 하면서 우선 상황을 자세히 설명했다. 장관들이 2년 군 복무기간 법안에 굴복할 경우 퇴위를 생각하고 있기 때문에 나를 불렀다고 했다. 33년 전부터 이미 3년 이내의 복무기간에 대해서 반대를 해왔는데 이제 와서 자신과 세상에 대해서 그토록 일관되지 못한 모습을 보일 수 없다고 했다. 하느님과 양심 앞에서 이 결정은 확고한 것이다. 군대 조직을 포함, 3년 복무원칙이 신념이며, 그와 더불어 살거나 죽을 것이라는 자신의 선언에 따를 것이라고 했다.

진짜 역사적 순간이었다. 왕은 이미 예순다섯 살이었고, 사실 그는 형 프리드리히 빌헬름 4세와 더불어 이미 물이 가버린 지난 세대의 인물이 아니던가? 오스트리아에서는 1830년에 태어난 프란츠 요제프가 황제에 오른 지 벌써 14년이나 지났다. 그렇다면 1831년에 태어난 자신의 장남 프리드리히 빌헬름 왕세자도 왕위를 물려받을 시기가 된 것이 아니었던가?
자기에게 유일한 기회가 주어졌을 때 왕세자가 어떻게 반응했는지 들어보자. 그는 이 제안을 받아들이지 않고 완전히 반대로 행동했다.

나는 그런 불행한 조치가 왕권과 나라와 왕조를 위해서 얼마나 측량하기 어려운 재앙을 불러들일지 설명했다. 왕은 내각의 결정 때문에 퇴위하려고 한다, 그럼으로써 장차 불안한 시대에 대단히 위험한 선례를 남기는 것이 된다. 확고하게 원칙을 지킨다는 것은 확고하게 자리를 지키고 물러서지 않음을 뜻하는 것이 아니라, 이 경우에는 일단 양보하는 것을 뜻한다. 그렇게 해서 강력한 토대를 만들고 그로부터 하원에 저주의 파문을 던지기 위해서, 그리고 동시에 왕이 얼마나 하원의원들의 무능을 확신하고 있는가를 나라에 보여 주기 위해서 양보를 해야 한다고 말씀드렸다.

어째서 왕세자는 그렇게 행동했을까? 아버지를 그 지위에서 몰아낼 경우 얻게 될 죄책감 때문이었으리라 짐작할 수 있을 뿐이다. 그에게 있어서 양친에 대한 사랑과 충성은 언제나 확고한 것이었다. 알베르트 공의 이상적인 영향은 이 순간 격한 감정의 파도에 밀려 사라졌던 것 같다. 그러나 혁명의 위험을 겪은 다음 왕세자에게도 더욱 확고해진 군대와의 결속감 또한 중요한 역할을 했을 것으로 보인다. 나아가 일기에 뚜렷하게 드러나 있는 자신과 왕조의 서열에 대한 왕세자의 자부심 또한 호엔촐레른 가문의 사람이 의회의 압력을 통해서 퇴위를 강요당한다는 생각에 상처를 입었을 수도 있다.

자유주의적인 왕세자 프리드리히 빌헬름은 어떤 형태의 타협이 자기에게 상냥함을 강요하기 때문이 아니라, 자신이 완벽한 권력을 지닌 상태에서 국민에게 상냥한 통치자가 되기를 원했다. 이 점에서 그는 어머니와 아주 비슷하다. 그리고 호엔촐레른 가문의 왕들 가운데 여든 살까지 산 사람이 없었기 때문에 그는 지금 왕관을 물리침으로써 앞으로 26년이나 더 무기력한 세월을 보내야 하리라고는 거의 생각도 못했을 것이다.

처음에 프리드리히 빌헬름은 아버지가 퇴위하려고 하기 때문에 깜짝 놀라서 자신의 장래에 대해서는 생각하지도 않았던 것으로 보인다.

얼마나 끔찍한 상황인가! 12시에 슐라이니츠(궁내장관)에게 가 보니 그는 나더러 아버지를 만나 이 불행한 조치를 만류해달라고 청했다.

장관들 일부는 사직을 예고했고, 일부는 하원에 의해 예산안이 기각된 이후에도 '양보하지 않고 예산 없이 계속 통치할' 각오를 하고 있었다.

다음날에도 왕세자는 바벨스베르크로 가서 아버지를 방문했다. 퇴위 결심은 전날보다 더욱 굳어진 듯이 보였다. 9월 21일에 왕세자는 다시 사태의 현장에서 멀리 떨어져서 처가 쪽 아저씨 작센 코부르크 고타 공작 에른스트 2세의 처소인 라인하르츠브룬 성에 머물렀다. 에른스트 2세는 1년 전에 죽은 동생 알베르트 공과 마찬가지로 의회주의 정치체제의 신봉자였다. 그는 왕세자에게 자신의 생각을 설명했다. 빌헬름 1세는 다시 자유주의 노선으로 돌아와서 도이치 통일운동의 선봉이 되어야 한다는 생각이었다.

그러나 빌헬름 1세가 찾아낸 해결책은 전혀 다른 것이었다. 당시 파리 주재 프로이센 대사였던 오토 폰 비스마르크 쇤하우젠은 이미 얼마 전부터 자신의 다음 임무에 대한 왕의 결정을 기다리고 있었다. 그는 예산안 갈등이 절정에 도달한 시점에 베를린으로 돌아가기를 요청했다. 비스마르크는 그때까지 반동의 대표자로 여겨졌고 왕은 그가 장관으로 적당한 인물이라고 보지 않았다. 그러나 왕이 퇴위 고려를 철회할 경우 이런 과격주의자가 굽히지 않는 강인함으로 의회에 맞서 싸우는 것이 어떨까 하는 것이 고려되었다.

비스마르크를 임명한다면, 얼마 뒤에 어떤 시사 평론가가 요약한 것처럼 '신의 은총으로 반동세력의 가장 강력한 최후의 화살이 발사된'

상황이 될 것이다. 다른 한편으로는 더 잃어버릴 것도 없었다. 당시 총리는 이에 대해서 9월 21일에 직접 보고하기로 결정을 내렸다. 이쪽에서 왕에게 원칙을 고려해 끝까지 버틸 것을 권하려는 것이었다.

현재 프로이센에서도 지난 세기 이후로 계속된 군주제와 민주제 사이의 싸움이 진행되고 있다. 프로이센에서 왕이 거리의 혁명에 패배한 것은 아니라도 의회에서 민주주의와 싸우다가 옥좌를 떠나고, 신의 은총을 통해 주어진 왕관을 포기한다면 민주주의를 향한 길이 열리게 될 것이다.

왕세자는 비스마르크를 임명하는 문제를 모르지는 않았던 것으로 보인다. 비스마르크가 베를린으로 왔다는 소식을 듣자마자 왕세자는 곧바로 9월 20일 비스마르크를 불러들였다. 그는 비스마르크에게 상황을 어떻게 보고 있는지를 물었을 뿐이고, 비스마르크는 이에 대해 소극적인 답변만 했다. 9월 21일에 전쟁부 장관 론은 왕에게 비스마르크를 만날 것을 권했다. 그의 답변은 왕이 이미 어디까지 생각을 했는지를 보여주고 있다.
"그 사람도 소용이 없어. 그는 내 아들 편에 가 있네."
분명히 왕은 비스마르크가 자신의 퇴위를 전제로 이미 떠오르는 태양 편에 가 있을 것이라고 본 것이다. 그러나 비스마르크는 회고록에서 직접 왕에게서 처음으로 퇴위계획을 들었으며, 왕은 자신에게 그것을 위한 문서 초안을 보여주었다고 말하고 있다. 그러나 비스마르크가 왕에게 입각할 각오가 되어 있으며, 의회 다수파와 그 결정에 맞서 왕의 정책을 따를 각오가 되어 있다고 말하자 왕이 이렇게 말했다고 한다.

그렇다면 당신과 함께 이 싸움을 계속하는 것이 내 의무가 되겠군요. 퇴위하지 않겠소.

코부르크의 아저씨 집에 머물던 왕세자는 9월 23일에야 비로소 자신의 고문관인 막스 둥커를 통해서 그 소식을 들었다.

비스마르크 쇤하우젠이 총리가 되었습니다! 금요일 폐하의 발언이 있고 나서는 기대하지 않았던 일입니다! 이번 임명 소식을 듣고 의원들은 곧바로 반동의 냄새가 난다고 격분했으며 가련한 파파는 이 특이한 인물을 통해서 힘든 시간을 보내게 될 것입니다! …… 1858년 11월 그토록 훌륭한 전망 속에서 섭정에 취임하시고 나서 이렇게까지 되어야 하는 것일까요?

무엇보다도 왕의 주변인물 한 사람이 이런 변화에 몹시 기분이 상했을 것이라는 내용이었다.

가엾은 어머니, 이 철천지원수(비스마르크)가 임명되었으니 얼마나 괴로우실까요!

그로써 당사자들이 죽는 날까지 계속될 전선이 형성되었다. 아우구스타는 혁명의 시기 이후로 비스마르크에게 거부감을 가졌다. 당시 그가 엄격한 절대주의자로 알려진 왕의 동생 카를 왕자와 음모를 꾸몄기 때문이었다. 카를 왕자에 대해서는 왕세자도 거부감을 가졌다.

단치히 담화

단 몇 주 만에 비스마르크는 자신의 명성에 걸맞는 일을 다 해치웠던 것 같다. 그는 자주 인용되는 말, 곧 현재의 큰 문제들은 '담화문과 다수결정'이 아니라 '쇠와 철'로 결정된다고 강조했다. 1862년 12월 22일에 비스마르크는 왕세자를 방문해서 한 시간 반 동안 자신의 정책을 설명했다.

그는 왕의 명령을 따르고 그 어떤 당파에도 속하지 않은 채 왕에게 봉사하며, 자유주의 조치들을 취할 각오도 되어 있다고 말했다. 다만 자유주의 조치들은 현재로서는 별 결실을 내지 못할 것이다. 어떤 양보도 오직 정부의 굴복 가능성의 표지로 해석될 것이고, 따라서 왕권을 약화시킬 것이기 때문이다.

그럼으로써 비스마르크는 방금 자기가 한 말을 실질적으로 철회했던 것이다. 새로운 총리가 "정말 마음에 들지 않는다."고 왕세자는 적고 있다. 왕세자는 이후로, 비스마르크에게 속마음을 들키고 싶지 않아서였든, 아니면 주목을 피하기 위해서였든, 어떤 이유에서였든 의견 표현을 자제했다. 일기장에는 이렇게 기록되어 있다.

상황을 악화시키지 않기 위해서 현 상황과 다른 내 의견을 보이거나 표명하고 싶지 않다.

이런 절제는 왕세자에 대한 악의적인 해석을 만들어냈다. 어쨌든 1863년 1월 16일에 이렇게 기록되어 있다.

포츠담의 장교들이 '민주적인 왕세자'에 대한 미움에서 내게 반대하는 또 새로운 이야기를 날조해냈다. 내각평의회에서 내가 잠이 들었다는 것이다!

그리고 왕세자와 폐하 사이에 '갈등'이 있다는 이야기가 돌았다.
언론의 다수는 반대파로 돌아섰다. 1863년 3월 30일에 비스마르크는 프랑스 대사에게 이렇게 설명했다.
"국회의원들이 체면 깎일 행동을 더 한다면 왕은 곧바로 하원을 정회(停會)하거나 그 이상의 일을 할 것이다. 나아가 선거법과 다른 법, 말하자면 프랑스의 모범에 따라 언론을 위축시키기 위해서 언론법을 흠정(황제가 친히 제정함, 강제 발령)할 것이다."
그러자 왕세자는 아버지에게 적어도 한 번 더 자신의 의견을 말했다. 왕이 그를 신뢰하지 않았기 때문에 1863년 5월 31일에 왕에게 편지를 썼다.

다급하고도 간절하게, 헌법 조항의 해석에 가세하지 마시라는 편지였다. 그 어떤 흠정도 프로이센과 도이칠란트, 세계가 모두 나서서 맹세와 헌법을 파기했다고 말하는 것을 정당화시켜 줄 것이다. 장관들이 어떤 그럴싸한 이유를 들고 와도 그들의 말에 따르지 마시라고 썼다.

왕세자는 이제 아버지와 틈이 벌어지지 않을 수 없는 상황이 닥쳐오는 것을 보았다.

흠정이 나올 경우 나로서는 침묵하고 있을 수 없다. 오래 전부터 두려워해온 순간, 사랑하는 아버지의 마음을 아프게 하고, 지금까지 나의 중립적이고 소극적인 태도에서 벗어나야 할 순간이 될 것이다. 신이여, 이 일을 피하게 해주소서!

왕세자의 이런 경고는 아무런 성과도 없었다. 언론법이 발령되었고, 분노한 여론은 이를 가리켜 '언론강제령'이라고 불렀다. 프랑스에서 1830년 7월 혁명의 계기가 된 샤를 10세의 악명 높은 강제령을 상기시키기 위한 표현이었다. 왕세자가 단치히를 방문했을 때 시청에서 그를 맞아들이면서 시장은 환영행사를 베풀 수 없음을 사과했다. 언론법이 흠정된 이후로 시내의 분위기가 냉랭하다고 했다.

왕세자의 친구였던 단치히 시장 빈터는 사려 깊은 태도로 왕세자에게 자기 입장을 설명할 기회를 마련해주었다.

내가 없을 때 일어난 정부의 이런 조치에 대해서 나도 놀랐다는 말로 대답했다. 나는 이런 방향으로 진행된 회의에 참석했다면 여기 찬성하지 않았을 것이다.

왕세자는 전에도 그랬듯이 비스마르크에 대한 반대가 아버지에 대한 대립으로 바뀌는 것을 불쾌하게 여겼다.

나는 비스마르크와 재앙을 불러오는 그의 이론에 대한 반대자라는 사실을 분명히 밝히며, 또한 내가 그의 체제를 받아들이거나 승인하지 않았음을 입증했다. 나의 이런 반대가 총리를 향한 것이라는 사실을 그쪽에서 알기를 바란다. 그러나 나를 힘들게 하는 것은 폐하께서 이것을 보고 개인적으로 깊이 불쾌감을 느낄 것이라는 점이다. 그분께 이 차이를 명백하게 보여드릴 길이 없으며, 오히려 틈이 벌어질 가능성이 더욱 크다. 나를 왕에 대한 반대자로 보시거나 적어도 사람들이 그분에게 내가 왕에 대한 반대자라고 설명할 것이다. 신이 우리와 함께 하시기를!

시청에서의 발언은 신문에 나도록 준비된 것이었고 실제로 그렇게 되었다. 왕은 아들에게 편지를 써보냈다.

단치히 담화에 대해서 너를 아주 엄중히 질책한다. 거기 부당한 내용이 들어 있다면 그것을 수정하기를 바란다. 앞으로 다시는 그와 같은 발언을 하지 않기를 네게 분명히 요구한다.

왕세자가 그렇게 돌출행동을 한 것에는 아내의 지원도 작용했다. 거의 매일 어머니에게 편지를 써보내던 빅토리아는 '봉건주의자들'의 음모에 대해서 자기가 듣는 대로 상세히 런던으로 적어 보냈고, 이따금 영국의 언론에 소식을 흘리는 일은 완전히 여왕의 판단에 맡겨두고 있었다. 그녀는 '프리츠(왕세자)'의 이런 행동 뒤에 감추어진 동기를 어머니에게 설명했다.

1년 동안이나 침묵하고 자기 부정을 하면서 프리츠는 자기가 어쩔 줄 모르는 겁쟁이로 보일까 봐 가장 걱정하고 있습니다. 보수주의자들은 그가 둥커의 손안에 들어 있으며, 둥커가 그의 행동을 일일이 지시한다고 생각해요. 그에 반해 자유주의자들은 그가 완전히 자기들 편이 아니라고 확신하고 있습니다. 이들과 다르게 생각하는 극소수의 사람들은 그가 자기 의견을 공표할 용기가 없다고 생각하고 있지요……. 내가 영국에서 태어난 것이 정말 다행입니다. 그곳 사람들은 이렇듯 노예가 아니고 선량해서 자기들이나 다른 사람들이 그런 식으로 행동할 거라고 생각하지 않으니 말입니다.

아버지의 질책에 대해서 왕세자는 직접 답변했다.

이미 오래 전부터 제가 마음속 가장 깊이 그것의 진실성을 믿고 있는 의견을 공공연히 발표하는 것이 제 양심과 지위에 맞는 일이라고 생각해 왔습니다. 폐하의 내각이 조심스럽게 행동하고, 또한 제가 폐하께 반대하는 사태가 되지 않도록 일할 것이라는 희망을 품고서 내면의 목소리를 항상 자제해 왔습니다. 그런 일은 무엇보다도 제 마음을 아프게 할 것이기 때문입니다.

그러나 이제 폐하의 내각이 …… 저를 완전히 무시하고 …… 결정하는 사태가 발생했습니다. 그 결정이 만들어낼 수도 있는 끔찍한 결과가 저와 제 자식들의 미래를 위협하는 것으로 보이는 일입니다. …… 폐하께서 폐하의 신념을 위해서 행하신 것과 동일한 용기를 제가 저의 신념을 위해서 감행할 수 있다는 점을 확신해주시기를 간청합니다. 이런 이유에서 단치히에서 행한 제 발언을 철회할 수 없습니다. 그러나 이제부터는 폐하의 명령에 따라, 또한 그 명령을 받기 전부터 스스로 내린 결정에 따라 침묵을 지킬 것입니다.

왕이 그에 대해서 뭐라고 답변을 하든지 왕세자는 그것을 '성은(聖恩)'이라고 여겼다. 왕이 다음과 같이 말했는데도 마찬가지였다.

너의 왕이자 주인의 명령을 대하는 너의 태도를 통해서 흥분된 사람들을 진정시키고 왕과 국민 사이에 조화와 평화를 확고하게 만들기는커녕 너는 깃발을 들어올리는구나. 그것이 오래 나부끼면 결국 국민이 아버지와 아들 가운데 하나를 선택하도록 만드는 일을 말이다!

왕세자는 아버지와의 갈등이 생기기는 했지만, 그래도 자신의 의무를 다했다는 사실로 안도감을 느꼈던 것 같다. 그러나 1863년 9월 3일에 부자는 다시 맞붙었다. 왕세자는 아버지와 비스마르크가 의회를 거듭 해산하는 이런 체제로 앞으로도 통치를 계속할지 모른다는 의심을 표현했던 것이다.

> 폐하: '이 비열한 입헌체제'는 더 지속되어서는 안 된다. 그것은 왕의 권위를 해치고 영국처럼 총리체제 공화국을 도입하게 될 것이다. 반대파 '사기꾼들'에게 …… 누가 프로이센의 왕인지 보여주어야 한다.
> 나: 이런 조치로는 어떤 축복도 기대할 수가 없을 것이다. 그래서 반대파가 폐하에게 맞서지 않도록 총리실 회의에 참석을 중단하시라고 청했다. 그 대신 내각평의회에 참석하시라고. 폐하는 격분해서 나를 공격했다.
> 폐하: 절대로 안 돼! 바로 지금 이 순간 내 과제는 총리실 회의에 참석해서 장관들이 어떤 조치를 제안하는지 들어야 한다. 내 마음을 끌려고 하는 다른 사람들 말을 들을 수는 없다.
> 나: 그렇다면 앞으로도 반대의견을 가질 수밖에 없다.
> 폐하: 그래라, 하지만 내가 견해를 밝히거든 그때는 침묵해라.
> 나: 내가 반대한다는 사실은 그래도 알려질 것이다.

1963년 10월 말에 에른스트 폰 슈토크마르는 왕세자를 후계자 위치에서 배제하고, 저 반동주의자 카를 왕자의 아들, 왕세자의 사촌을 그 자리에 추대하려는 봉건파가 궁내에 있다는 사실을 왕세자 부부에게 보고했다. 그 밖에도 슈토크마르는 이렇게 말하고 있다.

고급 장성들이 왕이 있는 자리에서 고개를 흔들고 어깨를 움찔거리면서 왕께서 이런 마음을 가진 후계자를 두셨다는 사실에 유감의 뜻을 표했다는 이야기를 들었다. 믿을 만한 소식이다.

니콜라스 성과 베르사유

프리드리히 빌헬름 왕세자가 비스마르크에 대해 근본적으로 적대감을 품고 있다는 사실은 변하지 않았다. 그럴수록 사태가 빠르게 변하면서 늙은 왕이 양보하도록 왕세자와 총리 두 사람이 일시로 연합전선을 만들어야 하는 상황이 발생하면 두 사람에게 이런 상황의 도전이 더욱 힘들게 느껴졌다.

기억할 만한 사건이 두 가지 있다. 둘 다 통일 도이칠란트에 대한 왕세자의 신념을 특징적으로 보여주는 일이다. 프리드리히 빌헬름 왕세자는 통일 도이칠란트가 의회주의 정부 형식을 가져야 한다는 코부르크 사상의 열렬한 추종자였을 뿐만 아니라 또한 지방 분권주의에 대한 과격한 반대자였다. 그래서 지방 분권주의를 추종하는 듯이 보이는 모든 정부와 통치자 가문들, 특히 하노버와 바이에른에 대한 반대의사가 분명했다. 1863년에 남부 도이치 관세동맹을 결성하려는 바이에른의 계획을 보고 그는 다음과 같이 말했다.

"잘해봐, 언젠가는 나하고 맞서야 할 거야."

도이치 통합에 대한 이런 일관된 사상에서 그는 아버지와 의견이 달랐다. 아버지는 프로이센이 도이칠란트에서 주도적인 역할을 해야 한다는 것에 대해서는 분명한 확신을 가지고 있었지만, 통일이 오늘날 말로 '정체성'이라고 할 만한 것을 프로이센에서 없애버릴까 봐 고민하고 있었다. 그에 반해서 비스마르크는 당시 바덴의 한 장관이 말했다고 전해지는 대로 '원칙 없는 토지귀족'이라, 설사 기회주의적으로 보일지라도 도이칠란트 통일의 길을 계속 추진할 각오를 하고 있었다.

1866년 오스트리아와 붙은 전쟁에서 왕세자는 쾨니히그래츠 전투*의 승리자라는 명성을 얻었다. 이 전쟁이 놀랄 정도로 신속하고 명백하게 판가름나고 난 다음 빠른 적응력이 요청되던 시기였다. 왕세자는 당시 일기에 이렇게 기록했다.

우리는 자기 자신에 대해 잘못 판단한다. 그러나 이런 엄청난 사건과 성과가 있고 난 다음 남은 일은 무엇인가.

패배한 오스트리아가 '북부 도이칠란트에서의 패권'을 완전히 포기할 각오가 되어 있다고 선언하자 왕세자는 즉시 그것이 평화를 만들 유리한 계기임을 알아보았다. 다음은 1866년 7월 24일자 일기이다.

왕은 이 기회에 오스트리아-슐레지엔 병합을 원하지만······ 나는 도이칠란트 안에서의 패권만으로 충분하며, 우리에게 별 쓸모도

※ ※ ※
역사 읽기

쾨니히그래츠 전투(Schlacht von Königgrätz): 일명 사도바 전투. 도이칠란트 통일과정에서 일어난 프로이센·오스트리아 전쟁의 승패를 결정한 역사적으로 중요한 전투.

없는 오스트리아의 땅을 요구할 필요가 없다고 본다. 이 문제를 놓고 격론이 벌어졌다. 그 과정에서 놀라운 일이지만 오스트리아가 영토를 양도해야 한다는 왕의 요구에 맞서서 나는 비스마르크의 견해를 옹호했다. 폐하는 프로이센 사람들이, 우리가 오스트리아 영토를 잘라내고 그것을 소유함으로써 오스트리아의 버릇을 고쳐주었다고 말할 수 있어야 한다고 주장했다. 그런 문제를 위해서 이렇듯 유리한 평화를 받아들이지 않고 피 흘리는 전쟁을 계속한다는 생각에 나는 찬성할 수가 없다.

비스마르크도 전쟁을 계속해서 오스트리아를 계속 궁지에 몰아넣는 일이 아무런 이익이 없다고 보았다. 왕세자는 보헤미아의 니콜라스 성에서 아버지와 나누었던 대화에 대해서 이렇게 기록하고 있다.

이상한 대립이었다! 나는 비스마르크 편에 서야만 했다. 폐하의 견해에 맞서서 정말로 시대에 맞는 그의 의견에 무게를 실어주기 위해서였다. 현 시기는 너무나 절박해서 위대한 목표를 이루기 위해 당파나 개인적인 고려를 잊어야 할 시간이다. 전체 조국의 이익과 건강과 힘을 만들어주기 위해서 말이다.

다음 전쟁, 곧 1870~1871년 프로이센·프랑스 전쟁이 계속되는 동안 비스마르크와의 또 다른 협조의 계기가 찾아왔다. 이 전쟁은 당시의 일반적인 기대에 따라 프랑스에 맞서 함께 전투를 치르고 있는 모든 도이치 국가들의 결속과 어떤 방식으로든 장래 도이칠란트 통일의 초석을 만들기 위해 이용되지 않으면 안 될 전쟁이었다. 아직 포게젠 산맥도 건너가기 전 전쟁이 방금 시작되었을 때 왕세자가 작가인 구스타프 프라이타크(G. Freytag)에게 이런 질문을 했다.

도이칠란트는 어떻게 되어야 할까요? 전쟁이 끝나고 나면 프로이센 왕은 어떤 지위를 차지해야 하겠소?

프라이타크는 신중하려고 애쓰면서 소박하게 대답했다고 보고한다.

프로이센 왕은 권력만 새로 얻을 뿐 새로운 이름을 가질 필요는 없지요.

이어서 프라이타크는 계속 보고한다.

그러나 왕세자는 눈을 빛내면서 강한 어조로 말했다. "아니, 그는 황제가 되어야 하오." 나는 당황해서 그를 바라보았다. 그는 큰 키에 장군 외투를 마치 왕의 외투처럼 걸치고 있는데다가 보통 때는 진영에서 착용하지 않던 호엔촐레른의 황금 사슬을 목둘레에 걸치고 있었다. 그런 모습으로 마을 공동목장을 향해 뚜벅뚜벅 걸어갔다. 분명 그는 황제라는 생각이 불러일으킨 그 의미심장함에 마음이 설레 자신의 태도도 이 담화에 어울리게 만들려고 하는 것 같았다.

프라이타크의 말을 믿을 수 있다면 이 대화에서 프리드리히 빌헬름 왕세자의 군주로서의 자부심이 표현된 것을 볼 수 있다. 프로이센 왕이 황제 칭호를 얻어야 하는 이유로서 그는 호엔촐레른 가문의 군주가 서류에서 다른 통치자들보다 뒤에 나와서는 안 되며, 러시아 황제 뒤라도 안 된다고 말했다.

그것은 1870년 8월에 있었던 일이다. 12월에 프로이센 사령부가 베르사유에 자리잡게 되었을 때는 비스마르크가 이미 자기가 생각한 대로 통일작업을 추진하고 있었다. 1870년 12월 10일에 북도이치 의회는 장차 생겨날 연방국가 헌법에서 '황제'와 '제국'이라는 용어를 쓰기로 결정했다. 제국의 국가원수인 프로이센 왕은 '연방의장'이라는 소박한 칭호 대신 황제라는 칭호를 쓰게 될 것이다.

비스마르크는 원래 습관대로 아무런 망설임도 없이, 새로운 헌법과 국가원수를 인기 있게 만들기 위해서는 가능하면 많은 신비로움을 만들어내야 한다고 생각해서 이 칭호에 동의했다. 그런데 이 새로운 황제 칭호를 받아들여야 할 당사자인 빌헬름 왕이 그에 반대했다. 황제 칭호는 이미 오래 전에 결정되어서 문서로 작성되어 있었는데 그것을 공포하기 바로 전날에 빌헬름 왕은 극단적인 흥분상태에서 비스마르크와 왕세자에게 말했다.

왕은 자기가 지금 얼마나 절망적인 기분인지 이루 다 설명할 수 없다고 했다. 내일이면 옛날 프로이센, 자신이 오직 그것에만 마음 붙여왔고, 앞으로도 그렇게 할 그 옛날 프로이센과 작별을 고해야 하기 때문이라고 했다. 그러면서 흐느낌과 눈물이 그의 말을 가로막았다.

왕세자의 보고는 계속된다.

그래서 나는 아주 진지하게 우리 집안의 역사를 암시하면서 우리 집안은 성주(城主)에서 선제후가 되었고, 선제후에서 왕이 되었으니 이 또한 당연한 일이라고 말했다······. 그러나 왕은 부정할 길 없는 이 역사적 사실을 물리치고 점점 더 흥분해서 소리쳤다. "내 아들은 온 영혼을 다해서 새로운 상태를 받아들이는구나, 나는 털끝만큼도 그럴 마음이 없는데……."

비스마르크가 실용적인 이유에서 원했던 것이 왕세자에게는 마음을 자극하는 일이었다. 그렇게 해서 비스마르크가 베르사유 궁전에서 낭독한 황제 선포 문서는 왕세자의 작품이었다. 최초의 호엔촐레른 왕의 대관식 날짜와 같은 1월 18일을 선택한 것도, 베르사유 궁전 거울의 방을 장소로 선택한 것도 모두 왕세자가 내린 결정이었다.

일부 사람들은 늙은 빌헬름 왕이 차지하게 될 칭호에 별 관심이 없었다. 마음 깊은 곳으로부터 전 도이치 국민의 군주가 되는 최초의 황제는 어차피 아들 몫이 될 테니까 하고 생각했을지도 모른다. 그러나 실제로는 달랐다. 새로운 제국이 생겨난 다음 17년 동안이나 제국은 빌헬름 1세의 치하에 있었다. 그 동안 왕세자, 이제 황태자는 쓸모 없이 기다리는 가운데 시들어갔다. 수십 년 전에도 그랬듯이 그는 아직도 아버지가 내린 중요한 결정들을 신문을 보고서야 알았다. 1880년대 초 50줄에 접어들고부터는 자신의 시대는 오지 않으리라는 예감과 더불어 체념의 빛이 나타나기 시작했다.

구스타프 프라이타크는 이렇게 보고했다.

터놓고 말을 나눌 수 있는 사람들이 모인 친밀한 자리에서 그는 이따금 정부의 조치에 대해 불만을 말하기도 했다. 그러나 젊은 시절 그를 알았던 사람들은 그의 모습에 피로감이 점차 커지는 것을 고통스럽게 바라보지 않을 수 없었다. 그는 정신과 육체가 쇠약해지기 시작했다. 그리고 끔찍한 병이—1888년 그의 생명을 앗아간—

1871년 1월 18일 베르사유에서 거행된 황제 선포식, 안톤 폰 베르너 그림, 1877년. 빌헬름 1세 왼쪽에 황태자 프리드리히, 오른쪽에 바덴의 프리드리히 1세 대공이 있다. 비스마르크는 흰색 제복을 입고 있으며, 그의 오른쪽에 몰트케가 서 있다.

나타나기 오래 전에 이미 그의 생명력은 장차 자신의 국민을 위해서 황제 직위를 감당할 사람의 것이라고 할 수 없을 정도로 쇠약해졌다.

프리드리히 빌헬름 황태자가 몹시 우울한 기분에 고통받을 때면 그는 제위가 바뀔 경우 자신은 그것을 포기하고 아들인 빌헬름 1세의 손자에게 직접 정권을 넘길 것이라고 말하기도 했다. 그렇게 되면 호엔촐레른 집안의 서열에서 한 세대가 완전히 빠지는 셈이 된다.

장애 왕자

이 자리에는 자기 국민의 운명과 황태자의 개인적인 비감이 뒤섞여 있다. 지금 이토록 빨리 통치권에 접근하게 되는 황제의 손자이며, 황태자와 빅토리아 사이에서 태어난 장남 빌헬름, 뒷날의 빌헬름 2세 황제는 자유주의적인 생각을 가진 모든 사람들에게 심각한 걱정이 되는 성격적 특성과 마음가짐을 이미 드러내고 있었기 때문이다. 그러나 이것은 시대정신과 일치하는 특성이기도 했다. 시대정신은 수십 년 동안이나 비스마르크의 통치를 거치면서 1848년 혁명가들의 의도를 잊어버렸고 권위주의적이고 공격적인 양상을 보이기 시작했다.

프리드리히 빌헬름 왕세자와 세자빈 빅토리아는 영국에서 배운 가족생활을 계속하기 위해 항상 노력했다. 그들은 여왕과 알베르트 공의 생활, 밸모럴과 오즈번의 궁전에서 보낸 쾌적한 시골생활과 시민적인 소박함을 기억하고 있었다. 빅토리아가 아이들과 교육에 대해서 정성을 다 쏟았음은 의심의 여지가 없다. 그러나 처음부터 이런 목가적 기대에 그림자가 드리워졌다.

난산 끝에 태어난 빌헬름은 왼팔이 마비되어 쓸 수가 없었으며, 자라면서 점차 오른팔에 비해 성장도 뒤떨어졌다. 장남에게서 자신의 사랑하는 아버지와 우상처럼 떠받드는 남편의 특성들이 함께 나타나기를 빌었던 빅토리아는 그것을 보고 몹시 고통을 받았다. 그녀는 빅토리아 여왕에게 빌헬름 왕자에 대해서 이렇게 써보냈다.

지난 3년 동안 내게 근심이 된 유일한 일은 빌헬름의 팔이에요. 그 일로 아직도 괴롭습니다.

이 팔은 그녀가 빌헬름을 보고 느껴야 할 모든 기쁨과 자부심을 망쳤다.

그애가 이리저리 뛰어다니면 그 팔이 정말 눈에 띄어요. 내 근심이 얼마나 큰지 어머니께 다 말할 수가 없습니다······. 장남이 장애를 지니고 있다는 생각(물론 이것이 신체적 장애이고 정신적 장애가 아니어서 얼마나 다행인지요)은 정말 견디기가 어렵고, 그래서 큰 고통을 느낍니다.

빅토리아가 아들을 사랑할수록 왕녀로서의 자부심은 손상되었다. 프리드리히 빌헬름 왕세자도 다정한 아버지였다. 어린 빌헬름에 대해서 그는 이렇게 적었다.

아기는 아주 사랑스럽고 자주 자기 식으로 내게 말을 걸어온다. 내 코끝을 입에 넣고 빤다. 나는 아기가 이것을 전혀 다른 것으로 여긴다는 생각에 그만 부끄러울 정도이다!

부모는 아들의 장애에 대한 근심을 이겨낼 수도 있었을 것이다. 특히 네 살이 되자 어린 왕자는 망아지를 탈 수 있게 되었고 한 팔만 이용해서 말 타는 법을 제대로 익혔다. 그러나 시간이 흐르면서 프리드리히 빌헬름 왕세자와 빅토리아는 어린 빌헬름이 자기들의 다른 꿈에도 적합하지 않다는 것을 고백하지 않을 수 없었다. "그에 대한 보충으로 갖게 된 다른 꿈들마저 아이가 정신적으로 평범하고 집중력이 떨어지고 억지가 심하고 산만한 탓으로 또다시 실망으로 바뀌었다."고 빌헬름의 전기작가 존 룔(J. C. G. Röhl)은 말하고 있다.

그렇게 해서 부모는 아들에 대해서 아무런 근심 없는 사랑이 아니라 복합적인 감정을 갖게 되었다. 특히 빅토리아는 질책을 아끼지 않았다. 그녀는 아이가 열다섯 살이 되었을 때 민주적인 감정을 일깨울 목적으로 카셀에서 일반 고전어 김나지움에 다니고 있던 아들에게 다음과 같이 써보냈다.

네가 수학 성적이 그렇게 나쁘고 다른 아이들보다 그렇게 뒤지고 있으니 정말 마음이 아프구나. 네가 현실적으로 보여주는 것보다 많은 점에서 더 나은 아이가 될 수 있다고 나는 생각한다. 그리고 눈앞에 목표로 삼아야 할 것에 비해서 네가 현재 얼마나 조금밖에 배우지 못했는지를 이 경험을 통해 배워야 할 것 같다. 잃어버린 시간을 따라잡기 위해 노력을 아끼지 말고, 분명히 부족한 지식을 얻기 위해서 힘껏 공부해야겠구나! 너 자신의 노력과 너 자신의 열정만이 이런 어려움을 극복하는 데 도움이 될 수 있다. 다른 사람은 너를 위해 아무것도 하지 못해. 네가 이 점에서 우리를 실망시키지 않기를 바란다.
그리고 언제나 겸손한 것이 아주 중요한 일이라는 점을 생각해라. 세상에서 가장 훌륭하게 앞서 나간 사람들은 언제나 자기 자신과 자신의 성과에 대해서 겸손한 마음을 가졌고, 지치지 않고 모든 학문 분야에서 언제나 더 나아지고 더 배우려고 애썼던 사람들이다……. 너는 놀라울 정도로 재능이 있고, 또한 훌륭한 필체와 문체로 글을 쓰고 있으며, 말도 잘 타고, 매너도 좋고, 그림도 잘 그리지. 네가 이 모든 분야에서 이룩할 수 있는 것에 아직 도달하지 못했다고 우리는 믿고 있지만 말이다.

이 편지의 마지막 구절은 분명히 이런 엄청난 질책으로 마음이 상한 왕자를 위로하고 격려하기 위한 것이었지만 별 도움이 되지는 못했다. 빅토리아는 또 이렇게 써보냈다.

나는 아직도 네가 나이 들고 영리해지면, 그리고 너의 모든 작은 단점들을 극복한다면, 언젠가는 자부심으로 내 마음을 가득 채워주리라 희망하고 있단다. 그렇지 않겠니, 사랑스런 아들아?

그런 날은 오지 않았다. 그 대신 부모가 빌헬름 왕자에게서 오만의 표지를 보았다고 믿을 일들만 자꾸 생겼다. 그들은 자기들끼리의 편지 교환에서 그의 지나치게 강한 면모, 이기주의, 차가운 심성 등에 대해 탄식했다. 외할아버지 알베르트와 아버지 프리드리히 빌헬름이 그랬던 것처럼 빌헬름 왕자도 본 대학에서 공부했지만 아무것도 변한 것은 없었다. 그냥 유쾌한 친구들과의 교제를 즐겼을 뿐이었다.

빅토리아는 그가 본 대학에서 공부할 때 '훌륭한 학생'이었던 아버지보다 훨씬 뒤진다고 아들을 질책했다.

할아버지와 손자 사이에 낀 황태자

그 사이에 젊은 왕자 빌헬름은 자기 아버지가 현재 무기력한 상태에 있다는 것을 알아채게 되었다. 1878년에 어떤 암살자가 늙은 황제에게 총을 쏘아 상처를 입힌 다음 황태자는 몇 주 동안 임시로 황제의 임무를 떠맡게 되었다. 그러나 비스마르크는 통치의 고삐를 내놓지 않았고 황제는 병실에서 손수 일을 계속했다. 황태자와 비스마르크 사이에 대립이 나타났다. 총리가 후계자에게 섭정권을 인정하지 않고 오직 임시

대리임무만 인정했기 때문이다. 나중에 황태자는 이렇게 회고했다.

나는 그에게 여기서 누가 명령권자냐고 물었다. 당신이냐, 아니면 나냐? …… 그는 울었다. 굵은 악어 눈물이었다……. 그는 분해서 울었다.

비스마르크는 그 자신의 표현대로 황제의 신하로서 자기가 마땅히 해야 할 의전상의 복종을 했을 뿐이다. 비스마르크와 황제가 하나의 끈으로 연결되어 있는 한, 황태자가 아무런 힘도 없다는 것만은 의심의 여지가 없었다. 이런 무력함이 집안일에서도 나타났다. 그것은 빌헬름 1세가 아직 왕세자 시절에 아버지인 프리드리히 빌헬름 3세의 의견을 물어야 했던 1837년과 현재 1879년 사이에 아무런 변화도 없이 그대로 유지된 호엔촐레른 왕가의 방식이었다. 1879년에 황태자는 아들을 위해서 이탈리아 여행을 할 필요가 있다는 의사의 진단서를 황제에게 제출해야만 했다. 이 사실에 대해서 빅토리아는 이렇게 쓰고 있다.

이렇게 행동이 자유롭지 못하다는 것은 우리에게도 아이들에게도 견디기가 정말 힘든 일이에요. 마흔 살과 쉰 살이 된 어떤 부모도 가정사는 자기들이 알아서 결정하는 법이니까요.

빅토리아 자신이 슈타이어마르크와 북부 이탈리아에서 요양을 계획했을 때도 이런 제한규정이 나타났다. 이때도 빅토리아는 시아버지에게 의사의 진단서를 제출해야 했다.
그렇게 프리드리히 빌헬름 황태자와 빅토리아 황태자빈은 자기 나이의 보통 시민들보다도 훨씬 더 자유가 없었다. 자기들이 30년 이상을 살아온 포츠담의 새 궁전에 대해서도 자기들 마음대로 무엇이든 할 수가 없었다. 궁전은 황제의 소유물로 되어 있었기 때문에 여기서도 무엇이든 고치려면 황제의 재가가 필요했다.

빌헬름 왕자가 스무 살이 되었을 때 그는 부모에게서 멀어지기 시작했다. 어머니는 그가 다른 사람에 대한 배려가 없고 심성이 차갑다고 여겼다. 아버지는 그가 어머니를 소홀히 여긴다고 야단쳤다. 빌헬름의 누이 샤를로테는 1882년에 황태자와 오빠 빌헬름 사이에 '끔찍한 광경'이 연출되었다고 말하고 있다.

"아빠가 분노로 정말 병이 난 것 같은 모습이어서 나는 제정신이 아니었다!"

그 이듬해 황태자는 아들이 예의가 없다고 아들을 다시 질책했다. 아들에게 그렇게 버릇없는 행동을 어떻게 변명하겠느냐고 물었다. 빌헬름의 대꾸를 황태자는 이렇게 전했다.

"자기는 이 집에서 그리 반가운 존재가 아닌 것 같다. 특히 오래 전부터 내가 자기를 참기 힘들어한다는 것을 온 세상에 알렸기 때문에 더 그렇다고 했다. 물론 이렇게 뻔뻔스런 말은 정말 나를 화나게 했고, 그래서 나는 증거를 요구했다. 그는 아무런 증거도 내놓지 못했다."

이어지는 발언에서 황태자는 무엇보다도 빌헬름이 언제나 부모를 살짝 따돌리고 직접 할아버지를 향하는 것을 탄식하고 있다. 왕자는 부모 쪽에서 자기에게 항상 날카로운 질책만 해대니 부모에게 알릴 수가 없노라고 말하고 있다. 빅토리아도 빌헬름에게서 자신의 생각과 다른 정치적 견해를 확인할 때마다 격분했을 것이다.

원칙적인 입장의 천명을 위한 길은 열려 있었다. 황태자는 빅토리아에게 이렇게 써보냈다.

뒷날의 빌헬름 2세 황제가 열여덟 살이 되던 1877년 카셀에서 고등학교 졸업시험에 합격하고 얼마 뒤에 이 사진이 나왔다. 왕자는 이미 왼쪽 팔을 못 쓴다는 것을 눈에 띄지 않게 감추는 기술을 완벽하게 터득하고 있었다.

나는 그에게 내 자신의 교육기간을 상세히 설명해주었어요. 아버지가 자유주의적으로 생각하던 섭정 시절, 그리고 비스마르크가 들어서면서 내가 복종할 수 없는 변화가 일어난 일 등을 말이오.

황태자는 고통스러운 일이지만 이런 결론에 도달하고 있다.

아버지와 아들 사이에 달갑지 않은 갈등이 만들어졌어요. 우리도 그것을 받아들여야 할 것이오.

이것은 원래 오래 된 문제였다. 1730년에 프리드리히 빌헬름 1세와 뒷날 프리드리히 2세가 되는 그 아들이 대립했을 때는 서로 다른 생활방식과 계몽사상에 대한 서로 다른 태도가 맞붙었다면, 1883년에는 황태자 부부의 자유주의와 아들의 신절대주의가 서로 맞붙은 것이다. 옛날 호엔촐레른 왕들 사이의 갈등은 죽음의 희생을 치렀다. 프리드리히 2세의 친구 카테 중위는 왕자의 도주계획을 도왔다는 이유로 참수형을 당했다. 지금 이 가족 간의 갈등이 얼마나 많은 희생을 요구할지는 미래가 보여줄 것이다.

빌헬름은 모든 경우에 일이 쉬웠다. 그는 할아버지와 가까웠고 할아버지의 반자유주의 노선에 붙어 있는 한 부모를 거부할 수 있었다. 당시 장군이었던 발더제 백작은 사태를 이렇게 관찰했다.

그는 할아버지를 많이 닮은 것 같다. 그의 부모가 국회 다수파의 우선권에 복종하는 입헌군주제의 왕을 키우려는 목표를 가졌다면 성공하지 못한 것이다. 완전히 정반대의 아들이 나온 것으로 보인다.

부모는 빌헬름이 깊이와 정신성이 부족하고 그 때문에 '표피적인 것, 진부한 것, 제1위수연대의 하찮은 판단들에' 따른다고 생각했다. 그가 '모든 낯선 것을 경멸하거나 못 알아보고, 언제나 떠벌리는 고약한 쇼비니스트 잡동사니'를 잔뜩 지닌 '완전 포츠담 중위'가 될 것이라고 여겼다.

제1차 세계대전 직전에 나온 풍자잡지 〈단순 씨〉에서 비꼰 것처럼, 군인들은 그토록 허풍을 불어대니 풍선기구로 쓰면 좋을 것이라는 의미의 젊은 포츠담 장교를 뜻하는 말이었다.

오스트리아 황태자 루돌프는 1883년에 '빌헬름 왕자는 젊은 나이에도 불구하고 아주 완고한 토지귀족에 반동'이 되어서 의회가 '더러운 노점'이라는 표현밖에 할 줄 모른다고 말하고 있다. 할아버지와 친해지면서 비스마르크에 대한 경탄도 나타나는데, 그가 모든 점에서 자기 부모에게 진딧물 같은 존재라고 했다. 빅토리아는 언젠가 남편에게 보낸 편지에 비스마르크가 유럽에서 가장 무섭고 가장 예측할 수 없는 정치가라고 적었다.

유럽에서 아무도 감히 그를 넘어가지 못하며, 그는 아무리 대담하거나 위험하거나 해로운 계획도 성취할 거예요! 가장 영리한 자들보다 더 영리한 간계와 술책으로. 그렇게 그는 거기 서 있지요. 그러나 그것이 '정의와 빛의 나라' 도이칠란트인가요. 그렇지 않기를 희망합니다. 그랬다가는 모두들 완전히, 그리고 영원히 이민을 가야 할 테니까요!

부모에게 저항하는 빌헬름의 태도를 비스마르크의 아들 헤르베르트는 더욱 부추겼다. 1887년에 외무부 차관이 된 헤르베르트는 왕자에게 거침없이 아첨했으며, 늙은 총리는 아들의 그런 태도를 그대로 내버려 두었다.

파국

이제 얼마 남지 않은 것으로 보이는 빌헬름 1세의 죽음 이후 권력다툼이 나타날 수도 있을 것으로 보였다. 황태자 부부가 한편이고 다른 편에는 비스마르크와 손을 잡은 아들이 벌이는 싸움이었다. 이런 싸움의 목표는 부모에게서 나온 모든 자유주의적 성향을 완전히 제거하고 프리드리히 빌헬름과 빅토리아 세대의 영향력을 역사에서 지워버리는 것이라고 표현할 수 있을 것이다. 그를 위한 이상적인 도구는 바로 빌헬름 왕자였다. 외무부 비밀고문관 폰 홀슈타인 말에 의하면 그는 이미 '정열적인 군인, 민주주의와 영국인의 적'이었다. "그는 모든 점에서 황제의 편이었고 총리를 열렬히 숭배했다."

프리드리히 빌헬름 황태자는 1887년 2월 이후로 목이 쉬고 왼쪽 성대에 종양이 나서 의사의 치료를 받았다. 5월 16일에 베를린의 외과의사이며 비밀고문관인 에른스트 폰 베르크만 교수가 후두암이라는 진단을 표명했다. 황태자와 황제의 주치의들을 포함하는 의사 협의회 또한 이런 진단을 내놓았지만 수술을 확정하기 전에 영국의 인기 있는 후두 전문의 모렐 매킨지 박사가 와야만 했다. 그는 서둘러 베를린으로 와서 환자를 진찰한 다음 암 진단에 대해 의심을 표하고 생체조직 검사를 요구했다. 그것도 즉시, 그리고 여러 번이나.

세포병리학의 창설자이며 도이치 의사들 가운데 최고 의사인 비밀고문관 루돌프 비르코브 박사, 정치적으로는 황태자와 같은 편에 있던 그가 검사를 맡았다. 그러나 비르코브도 확실하게 진단할 수가 없었다.

그는 자기가 행한 조직검사를 통해 암세포라는 결론을 내릴 수도 없었지만, 그렇다고 병든 기관의 다른 부위가 암 형태로 변형되었다는 사실을 배제할 수도 없었다. 이런 양상—분명한 증거는 없지만 암이라는 사실을 완전히 배제할 수도 없다는 것—은 비르코브가 소견서를 불확실하게 작성해준 덕분에 슬쩍 은폐될 수 있었다.

빅토리아는 이제 매킨지 박사와 그의 약속에 매달렸다. 그는 황태자가 그때까지의 의학이 아직 별반 경험이 없었던 수술의 위험과 고통을 면제받도록 노력하겠다고 약속했다. 그녀의 생각 속에서 부드럽고 세련된 영국인의 모습과 거칠고 둔한 도이치 사람들의 이미지가 대립했다. 도이치 의사들은 황제의 아들이며 전쟁의 승리자이고 프로이센 사령관을 지낸 남편이 이제 목숨이 위험한 수술을 받아야 한다고 생각했다. 비겁하게 침대에 누워서 죽음을 기다리는 것보다는 죽음에 맞서는 편이 더 낫다고 여겼기 때문이다.

그렇다면 아들 빌헬름 왕자는 의사들에 대해 뭐라고 말했을까?

"아버지가 뵈르트에서 전사했더라면—그러니까 프로이센·프랑스 전쟁이 시작된 전투를 말한다—아버지에게 더 좋았을 텐데."

뵈르트 전투가 끝나고 이미 17년이나 지났으므로 어머니는 이렇게 대꾸했다.

"하지만 빌헬름, 아빠가 그 동안 누렸던 행복은 그렇게 별 것 아니란 말이니? 내 행복과 우리 모두의 행복이 그렇게 아무것도 아니란 말이니?"

"그건 아니에요, 그렇지만 그래도 그게 더 좋았을 거야."

매킨지는 황태자빈에게 약속했다.

"여기서 더 낫게 할 수는 없지만 많은 일을 막을 수는 있지요. 우리가 운이 좋다면 환자는 큰 문제 없이 5년은 더 살 수 있을 겁니다. 그것만 해도 엄청난 이익으로 보이는데요."

그는 의사로서 자신의 권위를 동원해서 황태자 부부를 보호하겠다고 약속했다. 빅토리아의 마음속에서 반동 패거리와 아들이 힘을 합쳐서 남편을 베를린에 묶어두고 그를 '이곳에서 얼른 죽게 만들' 것이라는 의심이 들기 시작했기 때문이다.

이어서 프리드리히 빌헬름 황태자와 빅토리아는 오랜 시간의 도주 여행을 떠나게 된다. 잉글랜드와 스코틀랜드를 거쳐서 티롤과 베네치아, 그리고 마지막으로는 산레모의 임대 별장에 이르렀다. 그곳에서 1887년 11월 9일에 도이치 의사 협의회를 통해서, 그러나 매킨지의 목소리로 암진단이 새로 확인되었으며, 오직 후두를 완전히 제거하는 경우에만 치유의 가능성이 있다는 결과를 통보받았다. 그러나 이 수술은 행해지지 않았다. 순수한 포도주를 마신 황태자가 서면으로 후두절개를 포기했기 때문이다.

그 사이에 황태자는 자신을 둘러싼 사태가 어떻게 진행되는지 관찰했던 것이 분명하다. 늙은 황제는 그 사이 쇠약한 증세를 보여서 베를린에서는 아버지와 아들 가운데 누가 먼저 죽게 될까 하는 추측이 시작되었다. 황제가 통치를 할 수 없는 상황이 발생할 때를 위한 예비조치가 필요했다. 황태자는 이탈리아에 있었다. 비스마르크는 황제가 통치할 수 없는 상황이 닥칠 경우 손자인 빌헬름 왕자가 대리인 노릇을 해야 한다는 결정을 내리는 수밖에 별 도리가 없었다.

비스마르크와 황제가 서명한 이 내각 명령서는 사전에 황태자의 의견을 물어보지도 않고서 군인들을 통해서 산레모로 전해졌다. 황태자는 격분했다. 그는 자기를 이미 죽은 사람 취급한다고 '분노와 흥분의 끔찍한 발작' 상태에 빠졌다.

1888년 2월 9일에 산레모의 극히 원시적인 상황에서 — 적절한 안

황제와 아들, 그 권력관계의 이면 227

전조치를 거부했기 때문에—황태자에게 후두 절개 수술이 시행되었다. 후두가 부어올라 호흡이 곤란했기 때문이었다. 이후로 그는 목소리를 잃었다.

3월 4일에 비르코브를 대신해서 발다이어 교수가 산레모에 나타나서 환자의 객담에서 의심의 여지가 없는 암세포를 확인했다. 그와 함께 리비에라로 달려온 빌헬름 왕자에게 발다이어가 채취한 암세포를 현미경을 통해서 보여주는 도리밖에 없었다. 3월 7일에 그는 베를린으로 돌아가서 할아버지에게 보고했다. 할아버지 자신도 이미 삶의 시계가 끝나가고 있었다. 혼수상태가 점점 더 자주 나타났다. 1888년 3월 9일에 빌헬름 1세는 생을 마감했다. 마지막 말은 전날 비스마르크에게 미리 해두었다. 비스마르크를 손자 빌헬름과 착각하고 그에게 이렇게 말했다.

"난 언제나 너에게 만족했다. 넌 항상 모든 일을 잘했다."

빌헬름 왕자가 할아버지의 임종을 지켰다. 굵은 눈물줄기가 그의 얼굴을 타고 흘러내렸다.

99일 동안의 황제

프리드리히 빌헬름 황태자는 이미 오래 전부터 황제가 되면 그냥 프리드리히라는 이름만 쓰리라고 결심하고 있었다. 비스마르크는 신성로마 황제의 전통을 따라 프리드리히 4세라고 헤아리는 일은 도이치 연방 영주에게 수치가 된다고 선언했다. 그래서 그는 호엔촐레른 가문의 왕들만 따져서 프리드리히 3세가 되었다. 3월 11일에 황제 일행은 산레모를 출발해서 베를린으로 돌아갔다.

1885년에 이미 프리드리히는 제위가 바뀔 경우 우선 비스마르크를 책임 있는 장관으로 유임시킬 것이라고 선언했다. 병이 든 지금 그것은 더욱 확실한 일이 되었다. 프리드리히 3세의 정부가 결국 과도정부가 될 것이라는 인상은 그로써 더욱 확실해졌다. 상황은 거의 뒤집혀 있었다. 1887년 이후로 한때 비스마르크의 숭배자였던 빌헬름 왕자와 그 사이 일흔세 살의 나이를 눈앞에 둔 비스마르크의 사이가 냉랭해져 있었기 때문이다.

프리드리히가 아내 빅토리아와 함께 그토록 오랜 세월 품어왔던 꿈을 실현시킬 기회가 있을까? 그는 알베르트 공의 이념인 강력하고 중앙집권적이고 의회주의에 근거한 도이칠란트를 이룩해서 초강력 국가인 러시아에 대항한 영국의 엄호벽으로 만들 수 있을 것인가?

일찍이 자유주의를 신봉했다가 마음을 바꾼 역사가이자 시사 평론가 하인리히 폰 트라이치케는 그것을 믿지 않았다.

그는 당시 이렇게 썼다.

> 길고 영광스런 통치에 이어 짧고도 슬픈 통치가 뒤따를 전망이다. 이 불건강한 상태가 2~4달 정도만 지속되고 가엾게도 병든 새 황제가 현재의 체제를 — 상황으로 보아 우리가 바랄 수 있는 최선의 체제 — 변화시킬 힘이 없기를 나는 희망한다. 그러나 그가 이렇듯 병든 몸 안에 얼마나 많은 의지력을 가지고 있는지, 그가 완전히 저 영국 여인의 손아귀에 들어 있는 것이 아닌지 그 누가 알겠는가.

프리드리히의 가장 중요한 통치행위는 반동적인 프로이센 내무부 장관 폰 푸트카머(비스마르크 아내의 결혼 전 성이 푸트카머였다 — 옮긴이)를 해임한 것이었다. 그러나 새로운 황제는 아무것도 만들어낼 수 없었다. 오히려 반대였다. 그는 비스마르크의 사회주의 법안(반사회주의법)의 연장 요청에 서명을 해주어야 했다. 발더제 백작은 프리드리히가 자신의 허약함을 완전히 의식하고 있다고 생각했다. 다만 빅토리아가 나서서 새로 황태자가 된 아들 빌헬름이 황제를 대신하는 것을 가로막고 있었다. 그녀의 오빠 웨일스 왕자(영국 왕세자)도 그녀의 마음을 돌릴 수는 없었다.

"황태자는 모범적으로 처신하고 있다. 그는 아무런 소망도 표현하지 않고 조용히 기다리고 있다."

빌헬름 왕자와 어머니 사이에 대립의 골이 아주 깊다는 것은 의심의 여지가 없었다. 1887년 11월 9일 빌헬름 왕자가 처음으로 산레모에 있는 부모를 만나러 갔을 때 빅토리아는 아들을 만나려고 하지 않았다. 그리고 이렇게 비난했다.

"너는 아버지를 베를린으로 데려갈 생각이지. 너의 의사들이 수술을 통해서 아버지의 목숨을 뺏고 그러면 네가 빨리 황제가 되려고 말야!"

그러나 아버지와 아들이 마침내 만났을 때 그들이 서로 상당히 가까워졌다는, 빌헬름에게 유리한 보고도 있다.

따라서 프리드리히 황제의 정치적 희망이 아니라 그 아내의 희망이 현재 문제가 되고 있다는 주장이 여러 각도에서 제기되었다. 프리드리히가 정말로 호엔촐레른 집안의 수장으로서 그녀에게 유리한 유언을 해줄 기회를 갖지 못했다면 빅토리아는 과부가 된 다음 넉넉한 재산지분조차 확보하지 못했을 것이다.

1888년 4월에 벌써 빌헬름 황태자가 종말을 생각하고 있다는 사실이 분명해졌다. 그는 당시 새 황제 부부가 거처하고 있던 샤를로텐부르크 성의 지휘관에게 이렇게 명령했기 때문이다.

"황제가 죽었다는 소식을 접수하는 순간 성 전체를 장악하고 어떤 사람이 되었든 아무도 안에 들여보내지 마시오."

프리드리히가 이미 죽음의 문턱에서 자기가 항상 좋아하던 포츠담의 새 궁전으로 옮기고 난 다음에도 황태자는 자신의 위수연대를 불러서 비밀리에 건물을 둘러쌌다. 어머니가 문서들을 집안에서 몰래 빼돌렸다가 뒷날 자신의 통치를 어렵게 만들지 모른다는 두려움이 있었던 것이다. 그러나 빅토리아는 이 모든 통제를 벗어날 만큼 충분히 영리한 사람이었다. 그녀는 이미 편지와 일기가 든 상자들을 영국의 윈저 성으로 옮겨서 안전하게 어머니의 보호 아래 두었다.

1888년 6월 15일 오전 11시 프리드리히 3세가 잠든 상태에서 죽었다. 그보다 전에 마지막으로 그는 빅토리아와 비스마르크의 손을 포개 놓았다. 손수건을 흔드는 신호를 보고 보병대대가 구보로 접근해서 성을 둘러싸고 의사를 포함, 황제 일가를 포위했다. 빅토리아의 항의를 무릅쓰고 빌헬름은 부검을 명령했고, 비르코브와 발다이어가 부검을 실시한 결과 한 번 더 암진단이 확인되었다.

1888년 6월 25일 빌헬름 2세 황제는 의회에 출두해서 연설했다.

존경하는 신사 여러분. 황제이며 왕으로서 나는 돌아가신 할아버지가 맹방의 신뢰와 도이치 국민의 사랑과 외국의 호의적인 인정을 얻었던 것과 동일한 방식을 채택하기로 결심했음을 여러분 앞에서 도이치 국민에게 천명하기 위해 이 자리에 여러분을 소집한 것입니다.

빅토리아는 여왕에게 이렇게 써보냈다.

현 정부는 프리츠의 통치를 중요하지 않은 막간극으로 여겨서 그의 모든 흔적을 지워버리고 그의 정신을 인정받지 못한 것으로 만들기를 원하고 있습니다. 빌헬름 1세를 뒤이어 빌헬름 2세가 온 것이지요. 그렇게 해서 현재의 체제와 목표와 전통이 아무런 틈도 없이 이어지게 되었습니다.

프리드리히와 같은 연배로 그와 함께 잊혀진 세대라고 느끼는 많은 도이치 사람들의 의식 속에, 그래도 이 99일간의 황제는 살아남았다.

뒷이야기

개인적인 상처, 갈망들, 미움과 복수의 감정들이 세계관의 이론이나 정치적 이론의 허울을 뒤집어쓰면 세계사적인 의미를 얻을 수도 있다. 세 사람의 호엔촐레른 황제들에게서 드러났던 것은 단순히 자유주의 통치방식과 권위주의 통치방식의 대립만은 아니었다. 빅토리아가 아들 (빌헬름 2세)에게 보낸 편지들이 증언해주고 있는 바, 영국식 미덕의 쇼비니즘, 영국과 그 함대의 위대성에 대한 찬양 등을 통해서 빅토리아는 아들의 마음속에, 영국과 똑같이 위대해지겠다는, 아니 가능하면 영국을 능가해보겠다는 소망을 일깨워놓았다. 그래서 빌헬름 2세도 함대를 만들었고, 자신을 뱃사람 황제라고 자랑했고, 영국에 도전했다.

그러나 바로 이 부분이야말로 통치방식의 차이가 확연히 드러나는 부분이다. 재앙으로 가득 찬 빌헬름 2세 시대의 처음 3년이 지난 다음 영국 총리 솔즈베리 경은 앞으로 영국의 외교정책은 왕가의 싸움과는 별도로 추진될 것이며, 따라서 빅토리아 여왕과 웨일스 왕자(왕세자)는 빌헬름 2세와 비스마르크에 대한 원한을 잊어야 할 것이라고 선언했다. 그러나 도이칠란트에는 국가정책과 통치자 집안의 사적인 감정문제를 이렇게 분리시킬 방도가 없었다. 비스마르크가 만든 제국헌법에는 그런 것이 없었다. 그리고 비스마르크를 해임한 다음에 빌헬름 2세가 '직접통치'라고 부를 만한 일을 시도했을 때도 그것을 가로막을 방도가 없었다.

빌헬름 2세는 18세기의 절대주의 왕처럼 손수 통치하려고 들었다. 그러면서 제국 총리, 국무장관과 나머지 장관들을 자신의 보조자로만 여겼다. 이 '직접통치' 기간에 영국의 왕가뿐만 아니라 영국 국민 전체를 화나게 만드는 수많은 일들이 일어났다. 1908년 〈데일리 텔레그라프〉지와 행한 빌헬름 황제의 어리석은 인터뷰 사건에서 이 '직접통치' 시대는 절정에 도달했다.

이번에는 도이치 여론이 분노의 태풍에 휘말렸다. 도이치 여론은 아무런 통제도 반대파도 없는 이런 통치방식이 국민의 안전에 얼마만한 위험을 가져올 수 있는지 처음으로 분명히 깨달았던 것이다. 황제는 두 번 다시 그런 독단적인 행동을 감행하지 못했다. 그러나 세계대전을 향한 길은 이미 오래 전부터 만들어지고 있었다. 솔즈베리 경은 베를린 주재 영국 대사에게 이렇게 적어보낸 적이 있다.

> 유럽의 계산에서 주요 인자 하나가 그토록 과장적으로 인간적이라는 사실은 참으로 개탄할 일이다.

여기서 '주요 인자'라는 말로 솔즈베리 경은 빌헬름 2세 개인을 가리킨 것이었다. 그의 이 말을 군주통치 방식 자체라고 바꾸어본다면 아마 그 말이 맞을 것이다. 군주통치 방식이란 언제나 거듭 국민을 통치자의 감정적 상처, 허영심, 두려움, 가족사의 희생물로 삼아서 위험한 처지로 몰고 갔기 때문이다.

 평생을 강한 아버지 아래서

―비스마르크와 아들―

에버하르트 콜프

헤르베르트 폰 비스마르크와 아버지, 1880년대.

순종

도이치 제국 총리(재상) 오토 폰 비스마르크는 겉으로 보기에는 가장 성공적으로 장남 헤르베르트를 자신의 후계자 및 보조자로 만들었다. 아들은 외무부 차관으로서 총리 겸 외무부 장관인 아버지의 정치활동을 완벽하게 보조했다. 정치적 견해뿐 아니라 모든 공적 활동에서 정확하게 아버지를 이해하고, 그 이해를 바탕으로 아버지의 노선을 그대로 밟았던 아들.

아버지 입장에서 볼 때 대단히 성공적인 이 관계는, 아들 입장에서 보면 다른 측면을 가진다. 비록 아들이 일평생 아버지의 정치적 노선을 진심으로 따랐다 해도 아들은 자신의 사생활을 희생시켜야 했다. 정략적 고려에서 그야말로 목숨 걸고 반대하는 아버지로 인해 아들은 사랑하는 여성과 결혼하지 못하고 그녀의 삶을 파국으로 이끌었다. 이런 좌절은 단순히 결혼 문제 하나에만 국한되지 않는다.

비스마르크는 행복한 가정생활을 누렸고, 어린 자녀들에게는 자상하고 따뜻한 아버지였다. 그래서 자녀들은 비교적 훌륭하게 자랐다. 통일 이후 그가 도이치 제국에서 차지했던 막강한 위치로 보아 비밀을 엄수하고 절대적으로 충성하는 보조자를 필요로 했다는 사실은 충분히 이해할 수 있다. 그러나 그런 이유에서 아들의 삶에서 사적인 결정을 허용하지 않았고, 아들의 삶 전체를 자신의 보조적 위치에 고정시켰을 때, 그는 스스로 원하지는 않았을지라도 아들의 생명 일부를 파괴했다.

사랑의 이름이라 하더라도, 또는 국가 대사라는 이유를 내세운다 하더라도, 사랑하는 사람의 삶을 자기 의지로 조종하는 일은 원하거나 원치 않거나 결국은 그 사람의 생명 일부를 파괴하는 일이라는 사실을 겉으로 원만하게 보인 비스마르크 부자의 관계에서 뚜렷하게 볼 수 있다.

하느님께서 내 아버지를 한결같은 체력으로 가능한 한 오래 살게 해주시는 것보다 내가 이 세상에서 더 바라는 소망은 없네. 우리 나라를 위해서뿐만 아니라 순수하게 내 개인적인 의미에서도 그래. 내 존재의 모든 실이 아버지에게 달라붙어 자라났기에 내 마지막 힘까지 아버지를 위해 살고 활동하는 것만이 내 유일한 기쁨이야. 그분이 없는 생활이란 상상할 수도 없어. 우리 북유럽 설화에 나오는 이야기처럼 그분이 물러난다면 늑대 펜리스가 태양을 집어삼킨 것과 같은 상태가 될 것일세. 온 세상이 차가운 밤과 혼란과 두려움으로 뒤덮이게 되는 거지.

이것은 당시 제국 총리이던 오토 폰 비스마르크(Otto von Bismarck)의 맏아들이며 가장 믿을 수 있는 동료였던 헤르베르트(Herbert)가 절친한 친구 플레센(Plessen) 백작에게 1887년 9월 25일에 보낸 편지 문구의 일부이다. 총리의 아들이며 외무부 차관으로서 당시 서른여덟 살이던 그는 개인적인 감정을 알리기를 수줍어하면서, 그래도 아버지가 자기에게 어떤 존재인지, 자기 자신의 존재가 아버지의 존재와 얼마나 깊이 결합되어 있는지를 표현하고 있다.

오토와 헤르베르트, 그들의 관계는 정말 아주 드문 부자관계였다. 19세기와 20세기 도이칠란트의 '정치가 집안'에서 이런 형태는 다시 찾아보기 어렵다. 아들 입장에서 아버지의 권위에 대한 반발이 전혀 없었고, 세대 간의 갈등도 없었으며, 부모의 가치와 정치사상에서 벗어난 방향도 전혀 나타나지 않았고, 독립적인 생활방식을 이루려는 멋대로의 의지도 드러나지 않았다. 아버지의 작업을 위해 극히 헌신적으로 봉사하는 것으로 아들의 삶은 완성되었으며, 동시에 한계였다.

시골귀족에서 제국의 총리로

1849년 12월 28일 베를린에서 헤르베르트 비스마르크가 태어났을 때 그의 아버지는 프로이센 의회에서 베스트하벨란트 차우케 선거구를 대표하는 의원이었다. 당시 가장 대담한 사람이라도 바쁘게 활동하고, 재치가 넘치며, 확고한 반동 진영에 속해 있던 이 시골귀족이 장차 도이칠란트를 이끌어가는 정치가로 부상하게 되리라고 예상하기는 어려웠다. 비스마르크 부부는 1848년 8월 21일에 딸 마리(Marie)를, 1852년 8월 1일에는 차남 빌헬름(Wilhelm)을 얻었다. 이 일가는 헤르베르트가 태어날 무렵 쇤하우젠과 크니포프의 영지에서 나오는 수입으로 대단한 부자는 아니라도 넉넉한 생활을 하고 있었다.

오토 폰 비스마르크와 그의 아내 요한나(Johanna) — 라인펠트(포메른 내륙) 출신으로 결혼 전 성 푸트카머(Puttkamer) — 는 평생 조화로

역사 읽기

도이칠란트 통일(1871): 비스마르크는 흔히 '철혈재상'으로 알려져 있지만 그는 무엇보다 탁월한 외교관이었다. 군사적으로 덴마크 문제(1863~1865), 프로이센·오스트리아 전쟁(1866), 프로이센·프랑스 전쟁(1870~1871) 등에서 승리하면서 도이칠란트의 통일을 이루었다. 통일의 배경에는 국제정세를 정확하게 읽고 전략적인 동맹과 배신을 적절하게 구사한 그의 외교관으로서의 판단력과 활동이 대단히 큰 몫을 차지한다.

1848년 혁명 시기에 파울 교회에 모인 국민의회 대표자들 사이에서 통일 도이칠란트와 관련해 '큰 도이칠란트'와 '작은 도이칠란트' 방안이 논의되었다. 큰 도이칠란트란 합스부르크 황제를 수장으로 삼고 오스트리아를 포함하는 도이치 통일국가를 뜻한다. 작은 도이칠란트란 오스트리아를 배제하고 프로이센의 왕을 수장으로 삼는 방안이었다. 이것은 오스트리아와 프로이센의 패권 다툼과 무관하지 않았다. 결국 프로이센 주도로 통일이 이루어지면서 거대 제국 오스트리아는 도이치 제국 밖으로 밀려나고 말았다.

운 동반자 관계를 유지했다. 이 부부가 이토록 좋은 관계를 유지한 것은 그들이 똑같이 시골귀족 출신으로서 서로 완전히 일치하는 인생관·가치관·관습 등을 가졌다는 사실이 상당한 이유였다. 오토와 요한나를 결합시키고 48년 동안의 행복한 결혼생활 내내 지속된 깊은 애정에 대해서는 그들이 주고받은 수많은 편지들이 넉넉한 증언을 해준다. 비스마르크는 정치가로서는 드물게 아내를 사랑했다. 그리고 요한나는 남편 오토를 신처럼 존경했고, 언제나 그의 '좋은' 면들만 보았으며, 언제나 그를 위해 대기상태에 있다가 그에게 일이 생기면 즉시 자신의 일로 삼았다. 아들 헤르베르트는 이렇게 말한 적이 있다.

"어머니가 없었다면 아버지는 그 힘든 삶을 견디지 못했을 것이다. 어머니의 충실한 마음, 지치지 않는 배려, 그리고 어머니 곁에서 얻는 깊은 휴식이 없었다면 말이다."

비스마르크가 최고의 관직을 지니고 있을 때에도 가족은 그에게 피난처이며 안식처였다. 비스마르크의 가정적인 성격은 엘베 강 동부 지역의 지주 가정의 특성을 지닌 것이다. 고급귀족 가문 출신 사람들은 비스마르크의 집에 '장식이 결핍'된 것을 이따금 비웃었다. 오일렌부르크(Eulenburg) 백작은 비스마르크 거실에서 '작은 영지를 소유한 시골 지주의 분위기'가 사라진 적이 없다고 말했다. 하지만 곧 이어 이렇게 덧붙였다.

"그 때문에 가족 전체가 진짜라는 인상을 준다. 이 가족에게서 어떤 취향을 찾아내든 못 하든, 그들의 관계가 진짜고 꾸며낸 것이 아니라는 사실에 대해서만은 아무도 반박할 수 없을 것이다."

비스마르크는 세 아이들에 대해서 세심하고 이해심 있는 아버지였다. 그들의 어린 시절과 청소년기에 그들에게 많은 자유를 허용했지만 공부만큼은 가정교사를 통해 부족하지 않게 뒷바라지해주었다. 1851년에서 1859년까지 가족은 마인 강변의 프랑크푸르트에서 살았다.

1851년에 비스마르크의 이력에 결정적인 도약이 이루어졌다. 겨우 서른여덟 살 된 그를 프로이센 왕 프리드리히 빌헬름 4세가 당시 새로 문을 연 도이치 연방의회의 프로이센 대표로 임명한 것이다. 분명 통상적인 범주를 벗어난 이번 임명은 프로이센의 가장 중요한 외교관 자리 하나를 관리나 외교관 경력을 갖지 않은 사람에게 맡긴 결단이었다. 그때까지 그는 고작해야 프로이센 의원으로 두드러진 활동을 했고, 저돌적이고 보수적인 정치가로서 어느 정도 자신을 드러낸 정도였다. 프로이센 왕의 이런 선택에 사람들이 놀랐다 해도 이상한 일이 아니었다. 게다가 이것이 정말 다행스러운 선택이었음이 앞으로 드러날 참이었다. 프로이센의 연방의원으로서 비스마르크는 정치적·외교적 분야에서 발판을 얻었고, 결국 그에게 프랑크푸르트는 가파른 상승곡선을 위한 첫번째 정거장이 되었다.

동시에 프랑크푸르트 시절은 비스마르크 일가에게 힘들지 않은 가정생활의 시기이기도 했다. 비스마르크 집안에는 단순함, 느긋함, 평범함 등이 한데 어우러져 있었다. 비스마르크의 대학친구로서 당시 영국 외교관이었던 존 모틀리는 프랑크푸르트를 방문한 인상을 이렇게 묘사한다.

"모두가 제 하고 싶은 일을 하는 그런 집의 하나이다. 이곳에는 온갖 것이 모여 있다. 젊은 사람, 늙은 사람, 조부모, 아이들, 개도 있다. 누군가는 앉아 있고, 마시고, 아니면 담배를 피우고, 또는 피아노를 치고 (정원에서는) 사격 연습을 한다. 이 모든 것이 동시에 이루어진다. 지상에서 먹거나 마실 수 있는 것은 무엇이든지 다 내놓는 살림살이다."

그리고 요한나는 어린 시절 친구 한 사람에게 이렇게 말했다.

"비스마르크는 늘 기분이 좋아. 나도 그럴 거야. 그럴 이유가 충분하거든. 세 아이들의 빛나는 얼굴을 보면 더욱 그래."

그러므로 1859년에 비스마르크 일가가 프랑크푸르트를 떠나야 했을 때 몹시 아쉬워했다는 것이 당연히 이해된다. 1859년 말 빌헬름 왕자(뒷날 빌헬름 1세)가 자식도 없고 정신적으로 병든 형 프리드리히 빌헬름 4세를 대신해 섭정직을 맡았다. 그는 '새로운 시대'를 시도했고, 이런 맥락에서 인사이동을 단행했다. 이 인사이동에서 비스마르크는 상트페테르부르크로 전직되었다. 그 자신은 이 조치를 절반쯤 귀양살이라고 여겼다.

새로운 자리로 옮겨가는 것은 처음으로 비교적 긴 기간 동안 가족이 떨어져 지내는 것을 뜻했다. 아내와 아이들은 1860년 초에야 가장을 뒤따라 차르 제국(러시아)의 수도로 이주해왔기 때문이다. 당시 헤르베르트는 열 살, 가족 사이에서 '빌'로 통하는 둘째아들 빌헬름은 만 여덟 살이 채 못 되었다. 원래의 기대나 두려움과는 달리 비스마르크 일가는 상트페테르부르크에서 아주 잘 지냈다. 그곳에는 사교적인 교류와 화려한 축제들이 많았다. 아이들 교육은 가정교사와 프랑스인 가정교사가 맡았다. 아이들은 1861~1862년에 자주 아팠고, 끔찍한 추위로 인해서 몇 주씩이나 집을 벗어나지 못했다.

1862년 초에 상트페테르부르크 생활이 끝났다. 비스마르크가 파리 주재 프로이센 대사로 임명되면서 요한나와 아이들과는 다시 떨어져 지내야 했다. 아버지가 파리에서 대사로 활동하는 동안 그들은 얼마나 오래 떨어져 지내야 하는지도 모르는 채로 여러 달을 라인펠트에 있는 외가에서 보냈다.

프로이센에서 헌법문제를 둘러싼 갈등으로 정부의 위기가 끈질기게 계속되는 동안, 비스마르크는 빌헬름 1세(1861년 1월 2일에 형이 죽은 다음 그는 프로이센 왕위를 계승했다)가 위기에서 자기를 보조자로 불러들임으로써 자연스럽게 승진이 이루어지기를 바라고 있었다. 그러나 그보다 앞서 광범위한 여행이 계획되었다. 여름철 파리에서는 업무가 일시 중단되기 때문이다. 비스마르크는 런던에서 열리는 세계 박람회에 참석하고 비스케이 만에 위치한 해수욕장 비아리츠에서 몇 주를 보냈다. 브뤼셀 주재 러시아 대사 니콜라이 오를로프와 그의 젊고 아름다운 아내 카타리나와 함께였다. 비스마르크는 그녀에게 몽상적으로 마음이 끌렸다. 그것은 진짜 애정이라기보다는 일시적인 로맨스였다.

그러다가 마침내 때가 되었다. 9월에 비스마르크는 베를린으로 오라는 명령을 받았다. 9월 22일 빌헬름 1세와의 결정적인 대면에서 그는 자기가 가진 변론술을 모두 다 동원해서, 왕에게 헌법논쟁에서 군대개혁을 관철시킬 것을 설득하고 자신은 전쟁을 수행할 각오가 되어 있다고 다짐했다. 며칠 뒤 그는 프로이센의 국무총리 겸 외무장관으로 임명되었다. 가족의 사정은 다시 안정되었지만 처음에는 비스마르크가 이 총리직을 얼마나 오래 유지할지는 전혀 미지수였다. 새로운 임무는 특공대 작전 비슷했다. 프로이센 수도의 정치권에서는 분별없고 폭력적인 주장을 펼치는 융커(토지귀족) 출신 국무총리란 일시적인 막간극일 따름이라는 의견이 지배적이었다. 비스마르크가 이 직위를 거의 30년씩이나 유지하리라고는 당시 아무도 생각하지 않았다.

비스마르크가 국가의 위기를 어떻게 극복했는지, 그가 어떻게 프로이센 정책을 결국은 연속적인 성공으로 이끌었는지는 여기서 논할 문제가 아닐 것 같다. 여기서는 점차 자라나는 아이들에게 눈길을 돌리는 것이 마땅할 것이다. 아버지가 총리직을 맡았을 때 마리는 열네 살, 헤르베르트는 열세 살, 빌은 열 살이었다. 총리 공관인 빌헬름 거리 76번지에 아이들을 위한 교실이 만들어졌다. 헤르베르트와 빌은 '예비 성직자'인 가정교사에게서 수업을 받았고, 딸 마리는 프랑스인 여자 가정교사의 수업을 받았다.

이 기간 동안 헤르베르트와 동생은 가장 가까운 동무였다. 둘 사이에는 확고한 형제애가 맺어졌고, 이것은 일생 동안 한 번도 흐려지지 않았다. 두 형제는 1866년 부활절에 나란히 프리드리히 베르더 김나지움의 7학년에 편입했다(아버지 비스마르크는 고등학교 마지막 학년인 1832~1833년 동안 바로 이 학교의 교장 집에 묵었다). 형제는 1869년 3월에 고등학교 졸업시험인 아비투어 시험에 나란히 합격했다(이 시험에서 헤르베르트는 역사 과목에서 최고 점수를 받았다). 그리고 1869년 1학기에 본 대학교에 등록했다. 그 해 여름 몇 달 동안 그들은 함께 잉글랜드 · 스코틀랜드 · 파리 · 브뤼셀 등지로 긴 여행을 했다. 그리고 10월에는 본의 경기병 부대에 함께 1년 예정으로 지원 입대했다.

그러나 헤르베르트는 11월 말에 결투에서 부상을 입으면서 군대 근무를 중단했다. 상처를 잘못 치료하면서 패혈증이 되었고, 이것은 의약품이 부족하던 당시에는 목숨이 위태로운 병이었다. 이렇게 위급한 상황이 닥치자 부모가 자식들을 얼마나 깊은 애정으로 염려하는지 분명하게 드러났다. 어머니는 곧장 본으로 달려와서 환자를 간호했다. 아버지는 매일 아들의 상태를 알아보았다. 그러다가 마지막에는 업무로 바쁜 총리가 직접 본으로 와서 함께 크리스마스를 보냈다. 헤르베르트가 여행할 상태가 되지 못했기 때문이었다.

아내를 안심시키기 위해서, 그리고 아들들을 근처에 두기 위해서 비스마르크는 그들을 본의 경기병 부대에서 베를린의 근위대 경기병 연대로 전속시켰다. 이 연대 소속으로 두 형제는 1870년에 프랑스 전투에 참가했다. 헤르베르트는 기수(旗手)였고, 빌은 상병이었다. 비스마르크는 전투 초기에 아들에게 이렇게 적어보냈는데, 그것은 이 일가의 가족관계를 잘 보여주는 것이다.

너희 둘 중 하나가 부상을 입으면 총사령부에 있는 내게 가능하면 빨리 전보를 보내라. 어머니에게 먼저 알리지 말고.

겨우 며칠이 지나서 벌써 그런 일이 벌어졌다. 8월 16일 마르라투르 전투에서 헤르베르트가 기병 공격 도중에 부상을 입었다. 유탄의 파편이 그의 허벅지에 박히고, 아버지가 그에게 선물한 시계가 부서졌다. 게다가 빌의 말이 치명상을 입고 쓰러지면서 기수도 함께 쓰러졌다. 그것을 본 사람들은 빌이 죽은 것으로 생각했지만, 곧 그가 멀쩡하다는 사실이 밝혀졌다.

비스마르크는 아들들을 찾아서 밤중에 절망적으로 전장을 이리저리 헤매다녔다. 그러다가 마침내 초만원을 이룬 야전병원에서 헤르베르트를 찾아내고서 그의 부상이 생명을 위협할 정도는 아니라는 것을 확인했다. 헤르베르트는 온천지 나우하임으로 후송되었고, 그곳에서 어머니가 그를 정성껏 간호했다. 헤르베르트에게 전투는 끝이 났지만, 진투 중에 겪은 죽을 고비와 두려움은 잊을 수 없었다.

1871년 1월이 되어서야 그는 회복되어서—그 사이에 장교로 임명되었다—다시 프랑스에 있는 자신의 연대로 복귀했다. 그가 도착했을 때 전투는 이미 끝나 있었다. 그러나 비스마르크는 2월 초에 아내에게 헤르베르트가 2급 철십자 훈장을 받게 되었다고 자랑스럽게 알려왔다. 이것은 총리에게 중요한 일이었다. 총리가 아는 사람들을 통해 은밀히 일이 그렇게 되도록 만들었다.

전쟁이 끝난 뒤에도 헤르베르트는 연대에 남았다. 그는 당시 군대 경력을 계속할 뜻을 가졌던 것으로 보인다. 그러나 점차 소위로서 위수지 근무가 지루하고 단조롭게 여겨졌다. 그는 행정학을 공부하고 마침내—아직 장교 신분으로—1874년에 외무부에 들어갔다. 스물네 살이

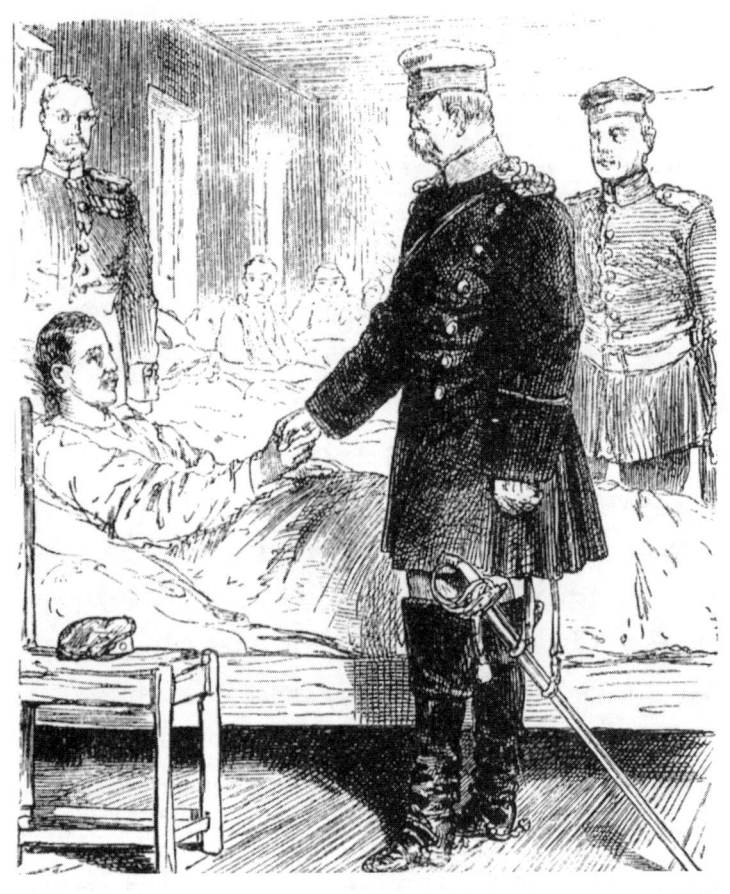

제1근위 기병연대 소속 기수였던 헤르베르트 폰 비스마르크는 1870년 8월 16일 마르라투르 전투에서 중상을 입었다. 근처 총사령부에 머물고 있던 제국 총리 비스마르크 백작은 아들을 초만원을 이룬 야전병원 침상에서 찾아냈다.

된 그는 이제 인생의 갈림길에서 결정을 내려야 할 순간에 도달했다.

위대한 아버지의 후계자가 되다

비스마르크가 장남에게 군대 경력을 포기하고 외무부에서 경력을 쌓으라고 권고했는지 우리는 알지 못한다. 정치영역에서 실질적인 후원자를 얻고, 가능하면 그를 자신의 후계자로 '육성'하려는 속마음을 품고서 말이다. 그리고 발설한, 또는 발설하지 않은 아버지의 소망을 헤르베르트가 읽고서, 1874년 당시 자신의 결정이 앞으로 어떤 무게를 가지게 될지 충분히 의식하지 못한 채 아들로서의 복종심에서 아버지의 뜻을 따르려고 한 것인지도 또한 알지 못한다.

그는 외무부로 들어감으로써 빠른 승진을 기대할 수 있었지만, 동시에 남달리 의지력이 강한 아버지의 지배 아래로 들어간 것이다. 그는 아버지를 사랑하고 아버지에게 경탄했으며 또한 아버지의 세계관을 공유했으며 모든 본질적인 문제를 놓고 아버지와 의견이 같았으므로 그것을 굴종이라고 느끼지는 않았을 것이다. 그래도 이런 상황에서는 독자성을 주장하고 자신의 원래 소질을 자유롭게 발전시키고 스스로 결정한 길을 간다는 것이 쉽게 가능하지 않은 법이다.

위대한 아버지들의 아들 노릇을 하기란 어려운 일이다. 특히 아버지가 자신의 상관일 뿐만 아니라 논란의 여지 없이 대가의 솜씨를 보이고 있는 분야로 들어간 아들의 경우는 더욱 그렇다. 비스마르크 집안과 가까웠던 베를린 주재 바이에른 대사 레르헨펠트 쾨퍼링(Lerchenfeld-Koefering) 백작은 헤르베르트 비스마르크를 염두에 두고 회고록에 이렇게 기록했다.

세상에서 위대한 사람의 아들로 태어나는 일은 언제나 의문스러운 운명이다. 아들은 한편으로는 항상 아버지와 비교를 당해야 하고, 그러면서도 다른 한편으로는 아버지의 위치를 배려한 사람들로부터 지나치게 너그러운 대접을 받는다.

헤르베르트 비스마르크는 이런 경험을 실컷 했다. 그는 1874년 군인에서 외교관으로 경력을 바꾸었을 때 이런 문제에 대해서 곰곰이 따져보았을까? 그 장점과 단점을 주의 깊게 생각해본 다음 자신의 결정을 내린 것일까? 이 질문에 대답을 해줄 어떤 증언도 없다. 어쨌든 헤르베르트 비스마르크의 생애와 공적의 문제점은 거의 본질적으로 1874년의 이 결정에 뿌리를 두고 있다는 것만은 의문의 여지가 없다.

비스마르크는 1870년대에 정치활동과 영향력과 명성의 절정에 있었는데도 불구하고, 자신의 지위를 위협하고 정책을 가로막는 것만을 목적으로 삼는 적들에 둘러싸여 있다고 믿었다. 이 시기에 그는 언제나 거듭 자신의 고독함을 탄식하고 있다. 예를 들면 1870년 12월에 베르사유에서 아내에게 이렇게 적어보냈다.

너무 오래 장관직을 역임하고, 그러면서 신의 섭리에 따라 성공을 거두게 되면 시기와 증오의 차가운 늪 속에 거의 심장 높이까지 빠져든 것을 뚜렷하게 느끼게 된다오. 새 친구는 얻지 못하고, 옛 친구는 죽거나 속으로 불편해하면서 겸손한 태도로 물러나 버리니······.

그리고 1873년 전쟁부 장관 론이 물러날 때 그에게 보낸 편지에도 비슷한 구절이 나온다.

이 직위에 앉아 있자니 주변이 고독해집니다. 오래 될수록 더욱 그래요. 옛 친구들은 죽거나 아니면 적이 되고 새 친구는 얻을 수 없으니 말입니다.

정치인과 궁정사회 대부분에 대해서 깊은 불신을 지닌 상황에서 장남이 자신에게 완전히 복종하는 유능한 동료가 되는 것을 지켜볼 수 있다면 총리에게는 더할 나위 없이 기쁜 일이었을 것이다. 아들의 충성과 비밀 엄수를 절대적으로 신뢰할 수 있을 것이기 때문이다. 그런 '종속적인 복종'이 사랑하는 아들의 삶에도 행복하고 바람직한 것일까 하는 질문은 총리의 사색에서 별 역할을 하지 못했던 것 같다.

둘째인 빌이 맏이인 헤르베르트보다 아버지에게서 덜 유혹받았다는 점을 강조해야겠다. 형제는 상당히 친밀한 관계였지만, 그래도 성품에서 분명히 차이가 났다. 빌은 헤르베르트보다 더 분방하고 삶을 즐겼으며 덜 진지했다. 그리고 헤르베르트가 완전히 일에 빠지는 유형이라면 동생은 편한 것을 좋아했다. 빌은 여러 해 동안이나 아버지의 비서직을 맡았는데, 그것이 너무 힘들어서 형에게 자주 이렇게 고백하곤 했다.

"내 말 들어봐 형, 아버지와 함께 생활하고 책임이 있는 관계를 지속적으로 가지는 것은 아버지를 사랑하고, 불쾌한 일이 아버지에게 닥치지 않도록 하려는 사람에겐 엄청 힘든 일이야. 아버진 어마어마한 신경 소모를 요구하시거든. 하지만 형은 나와는 비할 수 없이 아버지와 잘 지내니까 이런 신경전을 피할 수 있겠지."

빌은 일찌감치 도망쳐서 초강력 아버지의 직접적인 관할영역 바깥에 있는 내무부에서 활동 부서를 찾았다. 그러나 이 두 아들을 이렇듯 대비시키려고 하면, 형이 아버지 곁에 머물면서 친밀한 협조자 노릇을 완벽하게 해냈기 때문에 빌이 속박받지 않고 지낼 수 있었다는 사실을 잊어서는 안 될 것이다.

비스마르크는 아들 헤르베르트에게 그보다 더 포괄적일 수 없을 정도의 외교관 수업을 시켰다. 헤르베르트는 1874년 초에 외무부로 들어가서 처음에는 드레스덴과 뮌헨의 대사들에게 파견되었다. 그것은 외교업무를 처음으로 배우는 과정이었다. 책임을 질 필요는 없었고, 엄격한 출근 의무도 없었다. 그래서 그는 언제라도 아버지의 비서로 불려갈 수 있었고 비스마르크는 바로 그 점을 원했다. 1874년 여름에 헤르베르트는 총리가 7주 동안 키싱겐 온천지에서 머물 때 비서직을 수행했다. 이듬해에도 5월에서 10월까지 같은 일을 했다.

1876년 5월에 외교관 시험을 통과하고 공사관 서기관직에 임명된 다음 헤르베르트는 명목상 베른, 나중에는 드레스덴 대사관에 소속되어 있었지만 실질적으로는 아버지 옆에 머물면서 비서 노릇을 했다. 총리가 어디 머물든, 베를린·바르친·프리드리히스루, 또는 휴양지에 머물 경우도 마찬가지였다. 1877년 비스마르크가 키싱겐 요양지에 머물 때 헤르베르트는 그 유명한 '키싱겐 문서'■를 받아 적었다. 이 문서에서 비스마르크는—발칸 지역에서의 갈등의 전개를 보면서—자신

역사 읽기

키싱겐 문서: 비스마르크가 1877년 6월에 공표한 키싱겐 선언의 토대가 된 문서. 이후로 도이치 제국 외교정책의 기본원칙이 되었다. 첫째, 프랑스를 제외한 모든 유럽 열강은 도이치 제국과 협력관계를 맺을 수 있다. 둘째, 제국을 겨냥한 유럽 국가의 동맹관계를 막는다. 바로 이 '동맹의 악몽'을 막기 위해서 그의 표현을 빌자면 도이치 제국은 다른 열강들 사이에서 '정직한 중개자' 역할을 한다는 것이다. 예를 들면 1878년에 개최된 베를린 회의는 바로 이 외교정책이 성공한 대표적 경우이다. 여기서 총리는 유럽의 정치상황을 안정시켰고 이를 통해 발칸 반도를 차지하기 위한 유럽 열강들의 전쟁을 미연에 방지할 수 있었다.

의 정치적 기본사상을 아주 명료하고 인상적으로 요약하고 있다. 여기서 그는 유럽 국가들의 이상적인 상태에 대한 자신의 생각을 펼치고 있는데, 그를 항구적으로 불안스럽게 하는 '동맹의 악몽(cauchemar des coalitions)'을 없애지는 못하더라도 줄이기 위한 방도였다. 도이칠란트의 장관이라면 누구나 '동맹의 악몽'을 느낄 것이다.

그것은 앞으로도 오랫동안, 아마도 항구적으로 대단히 타당한 것으로 남을 것이다. 우리(도이칠란트)에게 맞선 동맹은 서방국가들을 기반으로 오스트리아가 가담함으로써 가능해진다. 러시아-오스트리아-프랑스가 연합하면 아마도 더욱 위험해질 것이다. 이 3국 가운데 두 나라 사이에 아주 친밀한 관계가 생겨나면 남겨진 한 나라는 그들 사이에서 언제라도 우리 도이칠란트에 대한 압력의 수단이 될 것이다.

그의 생각에 따르면 도이칠란트의 이익에 알맞은 연합의 모습은 다음과 같다.

어떤 나라들을 끌어들이는 것이 아니라, 전체적인 정치상황이 프랑스를 제외한 모든 국가가 우리 도이칠란트를 필요로 하도록 전개되는 것이다. 그리고 그들 상호간의 관계를 통해서 도이칠란트에 맞서는 동맹을 가능한 한 막는 일이다.

키싱겐 문서에 요약된 생각은 힘의 정책에서 비스마르크가 추구하는 노선의 개념적 전제를 위한 자기 확인이 되어주었다. 그것은 물론 발표하기 위한 것이 아니었으며, 외무부 내부용 문서도 아니었다. 아직 서른 살도 되지 않은 총리의 아들은 아버지의 비서로 활동하면서 젊은 나이에 일찍이 비스마르크 정책의 비밀을 정확하게 알고, 비스마르크의 정치적 사상과 행동의 양식에 친숙해질 수 있었다. 그것은 실질적인 외교정책 교육일 뿐만이 아니었다. 헤르베르트는 그를 통해서 같은 나이의—심지어는 더 나이가 많은—도이치 외교관들에 비해서 엄청난 이점을 얻었다. 헤르베르트 비스마르크는 직위를 그만두고 오랜 시간이 지난 다음 역사가 에리히 마르크스(E. Marcks)에게 아버지는 언젠가 한 번 자기에게 다음과 같이 말했다고 전했다.

그는 자기가 실현시키고자 하는 가장 중요한 계획과 방식들에 대해서는 누구와도 이야기할 수 없었다. 비밀누설이나 이기적인 이용 등을 통해 사정을 복잡하게 만들지 않기 위해서였다.

이런 제한은 비스마르크가 무조건적인 신뢰를 보냈던 아들에게는 해당하지 않았다. 그래서 헤르베르트는 1870년대에 아버지의 가장 깊은 생각들을 받아들이고 어느 정도 내면화한 다음 1880년대에—이러한 토대에서 생각하면서—그 실현에 동참할 수 있었다.

이 시기에 비스마르크 일가는 어디에 머물든지 넉넉한 집을 가졌다. 베를린에서도 그렇지만 바르친과 프리드리히스루의 영지에서도 마찬가지였다. 포메른의 영지 바르친은 빌헬름 왕이 1866년 전쟁이 끝난 다음 비스마르크의 공적의 대가로 하사한 것이었다(당시 비스마르크는 백작 직위도 받았다). 프리드리히스루는 왕실 소유지인 슈바르첸베크(공작령 라우엔부르크)의 '작센 숲' 속에 있었다. 그것은 1870년 전쟁을 끝내고 난 후, 빌헬름 황제가 비스마르크에게 내린 선물이었다. 황제는 몇 달 뒤에 그에게 공작 칭호를 내려서 이것을 확인해주었다. 대략

2만 5000모르겐(대략 5만 에이커) 정도의 실로 광대한 영지였는데, 주변지역을 사들여서 더욱 커졌다.

1870년대에 프리드리히스루는 비스마르크 일가가 좋아하는 거처였다. 그곳에서 그들은 1년의 대부분을 보냈고 많은 손님을 맞아들였다. 총리가 프리드리히스루에 머물 때면 헤르베르트는 그의 옆에 있으면서 외무부 및 총리실과의 업무 중개를 맡았다.

프리드리히스루에 머무는 손님들 가운데는 헤르베르트의 친구들도 있었다. 그와 함께 외무부에서 경력을 시작한 필리프 오일렌베르크 백작은 헤르베르트보다 정확하게 두 살 위였고, 뒷날 빌헬름 2세의 측근이 되었다. 헤르베르트와 나이가 같은 베른하르트 폰 뷜로는 뒷날 제국 총리가 된 사람으로, 비스마르크가 높이 평가한 외무차관(1879년에 죽음)의 아들이었다. 당시 그의 친구 그룹에는 프리드리히 폰 홀슈타인도 포함되어 있었는데, 그는 헤르베르트보다 열한 살 위로서 그의 스승 노릇을 했지만 뒤에는 비스마르크와 원수가 되었다.

1878년 마리와 결혼한 사위 쿠노 폰 란차우(K. von Rantzau)도 가까운 가족의 일원이었다. 마리는 상당히 게으르고 정신적으로 무심해서 부모가 근심할 정도로 늦게까지 결혼하지 않았다. 그러다가 '생애의 남자'를 만났다. 헤르베르트의 친구인 필리프 오일렌부르크의 사촌인 벤트 폰 오일렌부르크 백작이었다. 그러나 약혼한 지 몇 주 만에 벤트는 신경열로 죽었다. 2년 뒤에 마리는 외교부에서 잠시 비스마르크의 개인비서로 일했던 란차우 백작과 결혼했다.

라치빌 저택(Palais Radziwill)이 1878년 초 이후로 비스마르크 일가의 베를린 저택이 되었다. 제국의회가 해산된 다음 비스마르크와 국민자유당 좌파의 관계가 결렬된 것이 확실해졌으므로 처음에는 작센 마이닝겐 지역구의 라스커에 맞설 상대로 헤르베르트를 존넨베르크 잘펠트 지역구 의원 후보로 내보내는 것이 어떨까 하고 고려되었지만 그렇게 되지는 않았다. 헤르베르트는 고향인 라우엔부르크 공작령의 후보로 나섰다. 그리고 1차 선거에서 이미 국민자유당 후보에게 패했다. 그의 후보연설에 대한 보도를 보면 그가 사람들의 마음을 사로잡는 연설가와는 거리가 멀다는 것을 알 수가 있다. 대중연설이 그의 장기가 아닌 것은 분명했다.

외교관으로서의 경력은 그보다 성공적이었다. 1880년 3월에 헤르베르트는 공사관 참사관이 되었다. 제국 총리는 황제에게 보내는 과장된 편지에서 자신을 '행복하게 해준 이 총애'에 대해서 감사를 드리고 있다. 이런 행복감으로 인해서 '육체적인 고통 속에서도 가장 고귀한 임무의 즐거움'을 얻었다고 했다.

제 아들은 그렇지 않아도 폐하를 향한 충성스런 애정을 제게서 물려받았지만, 그가 현 시점에서 받은 이 특별한 명예는 그에게 박차가 되어줄 것입니다. 같은 계급의 동료들 사이에서 단순히 충성심을 느낌으로 간직할 뿐만 아니라 가장 고귀한 업무에서 근면한 활동을 통해 드러내 보이도록 말입니다.

총리가 장남의 승진을 자기 자신의 문제로 여기고 있음을 극히 분명하게 보여주는 표현이다.

이어서 1881년에 헤르베르트가 외무부 정책 부서로 옮기면서 도이치 외교정책의 중심부에서 핵심적인 지위를 얻었을 때 행복한 미래가 보장된 듯이 보였다. 그러나 얼마 지나지 않아 사정은 전혀 딴판으로 변했다. 헤르베르트는 생애 가장 깊은 위기에 빠졌으며, 그것은 동시에 아버지와의 관계에서도 가장 힘든 위기였다.

최초의, 그리고 최후의 갈등

헤르베르트는 이제 서른 살이 되었다. 키가 크고 날씬하며 외모가 준수한 남자로서 겉모습과 인상만 보면 젊은 날의 아버지와 비슷했다. 당시 그의 친구였던 필리프 오일렌부르크는 헤르베르트에 대해서 이렇게 적었다.

> 즐겁고, 영리하고 젊은 자의식으로 사람들을 매혹했고, 나 또한 그에게 끌렸다.

제국 총리의 장남에게는 빛나는 미래가 보장된 듯이 보였다. 장차 어느 날인가 그는 광대한 비스마르크 영지와 공작 작위를 물려받을 것이다. 뿐만 아니라 아마도 아버지의 정치적 후계자가 될 것이다. 헤르베르트가 인기 많은 청년으로 수많은 여성 숭배자들을 두었다는 것이 전혀 놀랍지 않다. 1870년대 중간쯤에 그는 아름답고 우아하고 사교적인 귀족 여성 엘리자베트 카롤라트 보이텐(E. Carolath-Beuthen)에게 홀딱 반했다. 그녀는 남편과 '극히 불행한 결혼생활'을 하고 있었다. 이혼을 생각하고 있었고 마침내 1881년 4월에 분명 헤르베르트와의 결혼을 기대하면서 그녀는 정말로 이혼했다. 헤르베르트는 그녀와의 결혼 결심을 굳히고 있었다. 그러나 부모는 이 결혼을 포기하도록 강요했고, 그 과정에서 아버지와 아들 사이에 연극보다 더 격한 장면들이 벌어졌다.

헤르베르트 비스마르크의 생애에 등장한 이 '비극'에 대해서는 1923년 이후에야 비로소 알려졌다. 그보다 이전의 비스마르크 문헌에는 그에 대해 단 한 마디도 언급되지 않는다. 이 사건에 대해서 알려진 것은 오일렌부르크의 출판물을 통해서였다. 그 자신이 열여덟 살 때—당시 아직 결혼하기 전이던—엘리자베트 여백작에게 반해서 그녀를 사랑한 적이 있었다. 헤르베르트는 생애 위기의 순간에 오일렌부르크에게 보낸 편지들에서 영혼의 괴로움과 깊은 절망감을 토로했다. 헤르베르트는 나중에 그에게 이 편지들을 없애달라고 간청했다. 그러나 오일렌부르크는 그의 뜻을 따르지 않았다(헤르베르트와 엘리자베트 사이의 편지는 전혀 남지 않은 것 같다).

1890년 이후로 비스마르크 일가와 오일렌부르크 사이에 심각한 적대감이 생겨났다. 비스마르크가 관직을 떠난 다음 오일렌부르크가 빌헬름 2세 편에 붙어서 '개인적 인맥'을 형성하고 황제 측근 인사들의 대표가 되었기 때문이다. 그러다가 그는 오일렌부르크 재판(이른바 동성애를 이유로)이 있은 다음 황제의 총애를 잃고 사회적으로 매장되었다가 1921년에 죽었다. 그는 사후에 간행된 회고록에 헤르베르트와의 편지들을 끼워넣음으로써 한때 비스마르크 일가와 얼마나 가까운 관계였던가를 밝혔다. 부자 사이의 갈등에서 그는 헤르베르트의 편을 들어 친구이며 조언자 노릇을 했다. 그렇게 해서 그때까지는 '두 귀족 가문 사람들에 의해서 감춰져 있던' 비밀이 밝혀졌다.

총리는 어째서 모든 힘을 다해서, 그리고 엄청난 위협과 압력 수단을 다 동원해서 아들이 엘리자베트와 결혼하는 것을 막았을까? 엘리자베트는 기벽스러운 가톨릭 집안 하츠펠트 트라헨베르크(Hatzfeldt-Trachenberg) 가문 태생이었다. 그 밖에도 그녀는 헤르베르트보다 열 살이나 연상이었고 자식이 없었다. 그러므로 그녀가 앞으로도 자식을 얻을 수 있을지 분명히 의심스러운 일이었다. 그리고 역시 중요한 일이지만 그녀는 이혼녀였다. 당시 가톨릭 귀족가문인 하츠펠트 집안에서 이혼은 보통 있는 일이었다. 엘리자베트의 아버지와 고모인 소피(페르디난트 라살레의 악명 높은 여자친구), 그리고 사촌인 하츠펠트 백작도 이혼했다. 이것들만 해도 헤르베르트가 선택한 여자를 부모가 의심스럽게 여기기에 충분했다.

그러나 그보다 더 힘든 문제가 있었다. 하츠펠트 트라헨베르크 집안은 반 비스마르크 진영과 아주 가까운 관계에 있었다. 엘리자베트의 언니 프란치스카는 육군 원수 발터 프라이헤어 폰 로에(W. F. von Loe)의 부인이었다. 그의 사촌 펠릭스는 중앙당의 공동 발기인으로서 문화투쟁에서 비스마르크의 가장 고약한 적이었다. 엘리자베트의 사촌 가운데 하나는 비스마르크 집안의 철천지원수에 속하는 궁내대신 알렉산더 폰 슐라이니츠의 부인이었다. 그는 비스마르크를 항상 위험한 적이라고 여겼던 황후 아우구스타의 측근이었다.

오늘날 우리 눈에는 이런 가족 간의 연결관계가 당시 혼사에서 그토록 중대한 의미를 갖는 것이 이상하고 낯설게 보인다. 그러나 당시 궁정 및 귀족 세계에서 그것은 정말로 무시할 수 없는 중요성을 가졌다. 그리고 고급귀족들 사이에서 사랑에 의한 결혼이란 아주 자명한 일이 아니었다. 물론 오토 폰 비스마르크는 사랑하는 여자와 결혼했다. 그러나 그가 요한나를 알고 그녀에게 반해서 결혼했을 때 그는 하찮은 시골귀족이었고 요한나는 귀족 신분인 지주 딸에 지나지 않았다. 그러나 지금 비스마르크는 제국의 제1인자였다. 장차 그의 후계자가 될 장남의 결혼은 철저히 정치적 차원의 사건이었다.

비스마르크는 헤르베르트가 엘리자베트와 결혼하면서 부모에게서 멀어지게 될까 봐 거의 공포에 사로잡혔다. 비스마르크 사람들이 치를 떨며 반대할 만한 사정이었다. 어쩌면 헤르베르트는 비스마르크 진영의 영향 안에 머물지도 모른다. 그러나 그때까지 부자간에 있었던 무제한의 신뢰는 손상을 입을 것이다. 지난 여러 해 동안 형성되었고, 비스마르크에게는 그토록 중요한 관계, 제한 없이 믿을 수 있는 조력자인 아들과 아버지의 완전한 조화가 앞으로는 가능하지 않을 것이다.

아들의 결혼계획에 대해서 비스마르크가 극단적으로 반대한 이유는 아마 그런 동기에서 나왔을 것이다. 아들이 자기에게서 독립하고 진짜 자율성을 얻는 것을 받아들일 수 없었던 '아버지의 무제한의 질투' 때문은 아니었을 것 같다. 그렇다 쳐도 1881년 초 비스마르크의 태도에는 놀라운 점이 있었다. 그의 건강은 심각하게 악화되었고, 의사들은 비스마르크가 겨우 몇 주밖에 살지 못할 것이라고 믿었다. 요한나도 건강이 심하게 나빴다는 사정, 이것은 많은 것을 설명해주기는 하지만 모든 것을 설명해주지는 못한다.

헤르베르트가 오일렌부르크에게 보낸 편지를 토대로 해서 엘리자베트가 이혼한 다음 절정에 도달한 이 갈등의 전개상황을 따라가 보자. 자신의 감정을 밝히는 일을 중히 여기지 않았던 헤르베르트는 정말로 존재의 위기상황에서만 친구에게 이런 방식으로 자기 심정을 토로했다. 엘리자베트는 이혼이 성립되었을 때 베네치아에 머물고 있었다. 그러니까 헤르베르트가 일 때문에 붙잡혀 있던 베를린에서 아주 멀리 떨어진 곳이었다. 그녀는 흥분으로 인해서 생명이 위독할 정도로 심각하게 아팠다. 4월 20일에 헤르베르트는 당시 파리 주재 도이치 대사관에 근무하고 있던 오일렌부르크에게 이혼 날짜가 4월 23일로 확정되었다고 알리고 있다.

나는 5월 초에 베네치아로 가서 그녀와 나를 위해 견딜 만한 어떤 삶의 방식을 만들어낼 수 있을지 함께 모색해보려 합니다. 많은 희망이 남아 있지는 않지만, 그래도 내게 남은 마지막 순간까지 그녀를 포기하지 않을 겁니다. 여행을 할 수 있다면 둘이서 함께 모든 것을 생각해본 다음 돌아와서 한 번 더 아버지를 설득해볼 생각입니다. 지금 벌써 그것이 생사의 문제라는 느낌이 듭니다. 그 다음 일이 어떻게 될지는 아무도 모릅니다!

4월 28일자로 오일렌베르크에게 보낸 헤르베르트의 편지는 이렇다.

　　당신은 내가 지금 부모님 뜻을 거슬러 결혼하더라도 나중에 부모님과 화해할 수 있다는 점을 생각해보라고 써보냈지요. 이런 질문 자체가 가능하기라도 한 상황이라면 내 처지가 이토록 절망적이지는 않을 겁니다! 아니, 전혀 그렇게 될 수가 없어요! 아버지는 눈물을 흘리고 흐느끼면서 만일 이 결혼이 성립된다면 더는 살지 않기로 확고하게 결심했다고 하시더군요. 살 만큼 살았고, 오직 나에 대한 희망으로만 그 모든 싸움에서 아직도 위안을 얻으며, 그것마저 뺏겨버린다면 끝장이라고 말입니다…….

결혼이 불가능한 이유가 또 있었다.

　　사직이 거부되어 있다는 것, 그리고 관리는 허가받지 않고는 결혼할 수 없다는 점입니다! 당신은 내 사정을 이해하기가 어렵겠지요—어쩌면 보이는 것처럼 그렇게 어려운 것이 아닐지도 모르겠군요—내가 어느 쪽을 향하든지 죽음과 파멸이 있습니다. 내가 세상을 버린다면 나는 여백작의 처지를 더욱 어렵게 만들고 나를 사랑하는 모든 사람들에게 가장 무거운 근심을 만들어낼 것입니다!

오일렌부르크에게 보낸 4월 30일자 편지는 이렇다.

지난번에 알려드린 사정은 그 이후로 유감스럽게도 더욱 나빠만 졌습니다. 나는 살아서는 도망칠 길이 없는 불가능한 상황에 빠져 있어요. 지상에 나를 위한 공간이 없군요! 결혼이 성립되면 부모님의 생명이 위독해진다는 것은 생각만 해도 끔찍한 일입니다. 그러나 여백작은 결혼을 못 하게 되면 더 이상 살고 싶지 않다고 써보냈으니 그 또한 못지않게 내 가슴을 압박합니다…….

관직에서 물러나는 일도 거부되어 있습니다. 그러니까 동의가 없이는 결혼할 수가 없어요(10개월이 지나기 전에는 법적으로 불가능합니다). 그리고 내가 가진 것이 아무것도 없다는 점도 생각해야 합니다. 방금 황제의 허락을 받아 변경된 영지 상속자의 지위에 따르면, 상속자가 이혼한 여자와 결혼할 경우 상속권을 박탈당하게 되어 있습니다.

나의 아버님은 두 개의 세습 영지말고는 아무것도 가진 것이 없기 때문에 나 또한 아무것도 얻을 것이 없습니다. 세습 영지의 경우 유보되는 지역이 없습니다. 결혼을 하더라도 어차피 내가 오래 살 수 없다면 그야 어쨌든 상관도 없는 일이겠지요. 부모님과의 관계 단절과 그분들의 파멸은 나를 죽음으로 데려갈 것이니까요……. 모든 출구가 막혀 있습니다. 아버님이 이제 하시는 말은, 여백작이 우리 성(姓)을 얻는 일은 아버님을 자살하게 만들 테니까 내가 돈을 물려받게 될 거라고 하십니다!

5월 초에 엘리자베트 카롤라트는 헤르베르트에게 베네치아로 자신을 방문해달라고 최후통첩을 해왔다. 헤르베르트는 오일렌부르크에게 보낸 5월 6일자 편지에 이렇게 적었다.

그녀는 나의 아버님이 이 결혼을 방해하신다면 아주 냉혹한 분으로 무섭게 부당한 일을 행하시는 것이라고 말합니다. 성서에 이미 남자는 자기가 사랑하는 여자를 위해서 아버지와 어머니를 떠나야 한다고 적혀 있기 때문이지요. 나는 출구를 얻기 위해서 싸우고 투쟁하지만 찾을 길이 없군요……. 내가 꼭 베네치아로 가려고 한다면 아버님도 함께 가겠다고 하십니다. 결혼을 방해하는 것과 나의 일이 제국 전체와 아버님의 일과 생애의 나머지보다도 더 중요하기 때문이라고요…….

이 문장이 진품의 문서에 적혀 있지 않았다면 여기 기록된 말이 가능한 말이라고 믿을 수 없었을 것이다! 격한 감정적 격류의 폭발과 아버지의 위협적인 행동의 무게가 그보다 더할 수 없었다.

헤르베르트는 아버지의 절망의 표현이 진짜이고, 연극이 아니라는 사실을 잘 알고 있었다. 그는 또한 이 시기에 아버지의 희망 없는 건강상태와 침울한 기분상태에 대해서도 알고 있었다. 그는 마침내 마음먹었던 베네치아 여행을 포기하고 엘리자베트 카롤라트와의 결혼을 체념했다. 5월 20일자 편지에서 친구 오일렌부르크에게 체념한 말투로 이렇게 고백한다.

나는 시간이 흐르면 어느 날엔가 치유될 수 있는 중환자 같은 기분이 아니라 척추가 부러져서 선량한 의사들조차 아무 일도 할 수 없다는 느낌으로 오로지 유감의 뜻을 품고 바라보기만 하는 환자가 된 기분이 듭니다. 나는 그저 여백작을 한 번 더 보기만을 소망할 뿐입니다…….

그런 기회는 오지 않았다. 헤르베르트가 자기를 위해서 부모와 결별하고 결혼을 감행하리라고 굳게 믿었던 엘리자베트 카롤라트는 그 오만한 자신감에 심각한 손상을 입었다. 그녀는 헤르베르트의 소식을 더 이상 알려고도 하지 않았다. 오일렌부르크는 이렇게 말하고 있다.

"이 남자에게는 한 마디 말도, 편지도, 인사조차도 하지 않았다."

그녀는 베네치아에서 고독하게 남은 생애를 보내고 1918년 1월에 그곳에서 죽었다.

헤르베르트 비스마르크가 의도한 결혼을 놓고 벌어진 극적인 대립이 알려진 이후로 그가 자신의 의지를 관철시키지 못하고 아버지의 명령에 따랐기 때문에 시련의 순간에 실패했다는 비난이 간혹 그에게 쏟아졌다. 자기 때문에 이혼한 여자에게 정직하게 행동하지 못했다는 것이다. 그런 판단을 내리는 사람은 헤르베르트의 개인적인 비극의 크기를 잘못 본 것이다.

비극의 본질이 출구 없는 상황이라고 한다면 이것이야말로 비극이라고 부를 만하다. 헤르베르트는 어떤 결정을 내려도 파국에 이를 수밖에 없는 상황에 있었다. 그가 마지막에 아버지의 완강함에 굴복했다 해도 물질적인 관점이 결정적인 이유는 아니었다. 정치적·인간적 필연성에 대한 통찰이 결정적인 작용을 했다.

도이치 제국 총리의 활동력―그와 아울러 그의 관점으로는 제국의 운명―을 위태롭게 할 수는 없었다. 그는 사적인 삶의 행복을 포기하는 대가로 높은 의무감을 따른 것이다. 카롤라트 여백작은 놀랍게도 부모에 대한 헤르베르트의 깊은 결속감을 이해하지 못했다. 그러므로 에른스트 엥겔베르크가 올바르게 지적했듯이, 이 여성이 헤르베르트에게 정말로 "원하는 행복을 가져다 줄 수 있었을까." 하는 질문이 가능하다.

부자간의 갈등이 진행되고 결말에 이르는 과정에서 헤르베르트에게 삶에 대한 염증, 내면의 불만, 운명에 대한 치명적인 순종 등의 태도가 생겨났다. 그는 서른두 살이 된 1881년 6월 24일에 친구 슈툼에게 이렇게 써보냈다.

나는 아무것도 될 수 없습니다. 내 짧은 생에서 나는 다른 사람이 70 평생 겪는 것보다 열 배나 많은 괴로움을 겪었어요. 당신이 짐작하는 것보다 이루 말할 수 없이 힘든 일을 겪었습니다. 나는 지치고 늙은 기분이며 그런데도 생명이 지속되는 한 고통을 받겠지요. 그것은 내가 마침내 몸을 맡겨야 할 내 숙명처럼 보입니다. 그것이 앞으로 오래 계속되지는 않을지라도, 나는 미래가 지겹습니다. 정치적인 의미에서나 개인적이고 인간적인 의미에서 그래요…….

아버지의 강요로 결혼을 포기할 수밖에 없었던 이 불행한 사랑은 의심의 여지 없이 헤르베르트의 개성의 발전에 중단을 가져왔다. 1880년대 들어서 다른 사람들, 특히 아랫사람들에 대해 무뚝뚝하고 냉혹한 태도가 점점 분명하게 드러난다. 때로는 인간에 대한 경멸도 밖으로 터져 나왔다. 그리고 점점 더 술이 그에게 위안이 되어주었다. 헤르베르트의 '비극'에 대해서 아무것도 모르는 동시대 사람들은 여러 번이나 깜짝 놀라서 이런 특성을 유전적인 것이라고 여겼다.

분명 비스마르크의 아들들은 어린 시절부터 이미 지위가 높은 사람들도 강한 아버지 앞에서 아첨하는 것을 보았고, 또한 많은 사람이 너그럽게 대해주었다는 것이 그들의 성격에 이롭게 작용했을 리는 없다. 그러나 헤르베르트의 성격과 태도에 대해서 1870년대 말에 나온 여러 보고에는 아주 호감이 가고, 사람들과 잘 사귀고, 삶을 즐기는 남자의 모습이 주로 나타난다. 그러므로 빈정거림, 인간에 대한 경멸, 무뚝뚝함, 잔인함 등과 같은 성격적 특성들은—어느 정도까지는 이미 그의 내면에 잠재되어 있었다 하더라도—1881년 위기의 결과로 그의 성격에서 지배적인 특성이 되었다는 사실을 보여주는 것이다.

특이한 일이지만—우리가 아는 한에는—부모와 헤르베르트의 관계는 이렇게 강제로 결혼을 말린 일을 통해서 전혀 손상을 입지 않았다. 헤르베르트의 좌절감이 부모를 향했다고 생각할 증거는 전혀 없다. 그는 부모를 비난하거나 1881년의 일로 아버지를 원망하는 태도를 보였다는 증거가 없다. 오직 애정과 염려, 그리고 부모, 특히 아버지의 건강과 일을 가능한 한 도우려는 끊임없는 노력만이 드러난다. 비스마르크 집안에서 가족적인 유대감의 강도에 대한 중요한 증거이며, 극적인 갈등이 부자관계의 결속을 흔들어놓았다고 생각하기 어렵게 만드는 부분이다.

친구와 적들

1881년 초에 벌어진 부자 갈등이 만들어낸 상처는 느리기는 하지만—도대체 그것이 가능한 일이라면—그래도 아물었다. 헤르베르트의 삶은 계속되어야 했다. 그리고 정말로 계속되었다. 정확하게 계산된 아버지의 계획에 따라서 헤르베르트는 외교관으로서의 수업을 계속했다. 총리 곁에서 비서 노릇을 하고 뒤이어 유럽의 여러 수도에 있는 외교 본부에서 활동하는 시기로 접어들었다.

책임한계도 점차 커졌다. 가장 두드러진 것은 그가 런던에 오래 머물렀다는 점이다. 간혹 중단을 겪었지만(특히 빈에서의 의무로 인해서) 헤르베르트는 만 2년이나 런던에 머물렀다. 1881년 런던 주재 도이치 대사관에서 2등 서기관으로 임명되었다가 1883년 초 대사관 참사관으로 승진했다. 뒷날에도 그는 언제나 특별 임무를 띠고 며칠씩 또는 몇 주씩 영국으로 가곤 했다.

그런 일은 특히 그에게 잘 맞았다. 그는 런던 대사관에서 근무하던 시절 영국의 중요한 정치가들 사이에서 상당한 정치적 신뢰와 개인적인 명망을 쌓았기 때문이다. 물론 헤르베르트 비스마르크가 1881년 영국 수도의 정치권에서 친절한 접대를 받은 것은 무엇보다도 그가 제국 총리의 아들이라는 사실 덕분이었다. 장남에 대한 총리의 애정은 널리 알려져 있었다. 그러나 헤르베르트는 또한 상냥하고 자유스런 태도를 통해서 개인적인 호감을 얻고 많은 친분을 쌓을 수 있었다.

그는 당시 영국을 이끌던 두 개의 정당인 자유당과 노동당의 지도적인 인사들에게서 시골 별장으로 초대를 받았고, 영국 사회와 정치권에서 이름이 있는 많은 사람들과 가깝게 지냈다. 나이가 비슷한 로즈베리 경은 당시 외무부 차관보였고 뒷날 외무장관이 되었다가 1894~1895년에 영국 총리가 되었는데, 그들은 깊은 우정을 맺었고 그것은 일평생 지속되었다. 헤르베르트는 수많은 보고와 개인 서신을 통해서 아버지에게 자신이 받은 인상과 대영제국의 상황에 대한 평가, 그리고 도이치 제국과 세계적인 대영제국 사이의 관계 형성에 대한 자신의 견해 등을 적어보냈다.

1884년 전반부 몇 달 동안 헤르베르트는 상트페테르부르크 대사관으로 파견되었다. 이 전보 발령은 두 궁정 사이에 좋은 관계를 만들어내려는 비스마르크의 관심을 증언해준다. 상트페테르부르크에서도 총리 아들은 대단한 환영을 받았다. 그는 이곳에서 자신의 지평을 확대하고 가치 있는 개인적인 접촉을 만들었다. 1884년 7월에 헤르베르트 비스마르크는 헤이그 대사로 임명되었다. 비스마르크에게는 그런 직급 자체가 중요했다. 헤르베르트는 이 직책을 명목상으로만 지닌 채 헤이 그에는 거의 머물지도 않았고 대개는 총리 곁에서 일했다. 이것은 중앙에서 특별한 지위에 발탁할 신호였다. 1884년 10월 제국의회 선거에서 헤르베르트는 라우엔부르크 지역구 의석을 차지했다(이어서 차관으로 임명된 다음 그는 의원직에서 물러났다).

몇 주 지나지 않아서 베를린으로 옮겨갈 기회가 찾아왔다. 홀슈타인에게 보낸 편지에서 헤르베르트는 이렇게 말하고 있다.

> 베를린으로 가는 것이 크게 기쁘다기보다는 아버님께서 원하시기 때문에 간다는 것을 잘 아시겠지요. 그곳의 생활은 내게는 호감이 가지도 않고 잘 맞지도 않아요……. 사교계, 의회, 널리 뻗은 인맥으로 알게 된 포프레(faux frais, 거짓으로 친절한 사람)들을 생각만 해도 벌써 마음이 괴롭습니다……. 대체 어디서 활력을 얻어야 할까요?

1885년 5월에 그는 외무부 차관보로 임명되었다. 차관인 파울 폰 하츠펠트가 일 처리를 느리게 했기 때문에(외무부에서는 '게으른 파울'이라는 별명으로 불렸다) 그는 이 순간부터 실질적으로 차관의 기능을 떠맡았다. 1년 뒤에 헤츠펠트는 런던 대사관으로 발령이 나고 이어서 헤르베르트는 공식적으로 차관으로 임명되었다. 그럼으로써 서른다섯 살의 그가 외무부를 이끌게 되었다. 도이치 외교정책의 전체적인 책임은 제국 총리의 손에 들어 있었다.

당연한 일이지만 총리 아들의 비정상적으로 빠른 승진은 사람들의 주목을 끌었다. 당시 많은 사람들, 특히 정계 사람들은 헤르베르트의 승진을 친척 등용이라고 여겼을 뿐만 아니라 총리가 이런 방식으로 아들을 체계적으로 자신의 후계자로 만들어나간다고 확신했다. 왕세자

측근에서 '궁내성 장관 통치'라는 말까지 등장했다. 총리가 권력욕에 사로잡혀서 군주를 순수한 장식용으로 밀어붙이고 '비스마르크 왕가'를 세우려 한다는 비방이었다.

비스마르크가 아들을 외무부의 정상으로 승진시킨 것은 (당시 사람들 생각에 바로 코앞으로 다가와 있는) 제위가 바뀔 경우 자기가 완전히 믿을 수 있는 사람의 손에 외무부를 맡겨놓기 위한 것이라는 점은 의문의 여지가 없었다. 그리고 헤르베르트 비스마르크가 총리의 아들이기 때문에 이렇게 승진했다는 사실도 의문의 여지가 없었다.

그러나 헤르베르트 비스마르크가 임무를 수행할 성향이나 능력에 대한 판단도 없이 오직 총리의 아들이라는 이유만으로 젊은 나이에 그렇게 높은 지위에 오른 것인가 하는 질문이 더욱 중요하다. 이 질문은 아마 임시로만 답변될 수 있을 것이다. 헤르베르트는 고삐 풀린 명예욕에서 외교 업무 경력을 쌓아나간 것이 아니라 사랑하고 존경하는 아버지에 의해서 이 일을 의무로 받아들였다. 그는 차관직을 수행하기에 적합한 준비가 되어 있었고, 그 모든 업무를 여유 있게 수행했다. 그리고 아버지의 총리직 말년에 — 젊은 시절보다 더욱더 — 그에게 꼭 필요한 보조자가 되었다.

한결같은 업무 수행 능력과 실천으로 그는 병으로 고통받고 늙어가는, 그리고 자주 장기간 베를린을 비우는 총리의 짐을 덜어주었다. 그렇게 해서 비스마르크는 제국의 운명을 계속 이끌어갈 수 있었다. 프로이센 왕국 및 도이칠란트 제국의 정치적·사교적 선별주의 전통으로 인해서 외교 분야에서 재능이 있는 사람의 층은 극도로 얇았다. 이 시대 젊거나 나이 든 도이치 외교관들을 면밀히 살펴보면 헤르베르트 비스마르크보다 더 재능이 있고 총리의 보조를 더 잘 맞출 만한 인물이 눈에 띄지 않는다.

그는 대략 5년 동안 외무부의 지휘자로서 막강한 영향력을 행사했고, 도이치 외교정책을 공동으로 형성한 책임이 있었다. 그러나 노출된 위치에 있었기에 특별히 시기와 미움을 샀다. 그는 아버지에게서 적들을 '물려받았고', 게다가 자신의 적도 만들어냈다. 직접 총리를 향하기 어려운 비판이 그에게 집중되었다. 정치권과 궁정 사회는 눈에 불을 켜고 그의 일거수일투족을 감시했다. 진짜로 또는 짐작으로 갖다 붙인 온갖 실수를 기억하고, 게다가 반 비스마르크 전선에서는 헤르베르트가 요령이 없고 술을 좋아한다고—아버지와 아들을 깎아내리는 데 쓸모 있는—온갖 소문을 퍼뜨리고 다녔다.

그의 활동과 태도에 얼마나 엄격한 척도가 적용되었는가 하는 것은 그의 전임자인 파울 폰 하츠펠트에 대한 평가를 한 번만 살펴보면 아주 분명해진다. 이 사람은 차관으로 임명되기 전에 잘못 투자를 한데다가 아내가 낭비벽이 있어서 엄청난 빚을 졌다. 그는 엄청난 투자를 했다가 빌헬름 황제가 개입해서 겨우 '정리'했고 차관직을 얻기 위해서 아내와 이혼해야만 했다. 상당히 태만한 태도로 업무를 수행했으며 언제나 재정적인 곤란상태에 빠져 있었다.

하츠펠트 백작은 정말이지 여러 모로 공격받을 만했다. 그러나 그는 공격의 표적이 되지 않았다. 오히려 헤르베르트 비스마르크를 아버지의 보호 때문에 출세한 사람이라고 깎아내리는 사람들에 의해서 건실한 성품과 재능 있는 외교관이라는 칭찬을 들었다. 헤르베르트가 총리 아들로서 일찌감치 영향력과 권력을 얻었다면, 어쨌든 다양한 비방과 적대감을 대가로 지불했다.

총리 아들이 1880년대에 함께 처리한 도이치 외교정책의 문제점을 여기서 논하는 것은 맞지 않다. 그래도 부자의 협동방식과 차관으로서 헤르베르트의 활동의 면모를 잠깐만 살펴보기로 하자. 측근들은 헤르베르트가 특히 동료나 부하들을 다룰 때 거칠었으며, 품위 없고 난폭한 언사를 때로 사용했고, 술을 몹시 좋아했다는 점에 대해서 대체로 일치하는 판단을 보인다. 그러나 또한 그가 업무에 희생적으로 헌신했다는 것도 일치된 판단이다. 이 판단들은 믿을 만한 것으로 보인다.

그에 반해서 차관으로서 헤르베르트의 정치적 업적에 대한 평가는 대단히 엇갈린다. 정반대가 되는 두 가지 해석들이 나타난다. 일부 동료와 관찰자들은 아들이 아버지를 도구로 삼았으며, 아버지가 승인하지 않은 외교노선을 따랐고, 특히 아버지와는 달리 확고하게 친 러시아, 반 오스트리아 노선을 따랐다고 한다(홀슈타인, 1886. "아들이 노인을 휘둘렀다. 다시 이 아들을 휘두른 것은 허영심과 러시아 대사였다"). 그러니까 헤르베르트가 독재자이고 비스마르크의 '악령'이었다는 말이다. 이 견해와 정면으로 대립되는 일이지만 다른 사람들은 헤르베르트가 전혀 의지도 없고, 독립심도 없이 아버지의 도구로서 단순한 수행기관에 지나지 않았다고 생각했다. 그러니까 헤르베르트는 단순히 '아버지의 메아리'(오일렌부르크)에 지나지 않았다는 말이다.

당시 사람들이 회고록, 편지, 일기 등에 적어놓은 이 두 가지 입장은 거의 검토되지도 않은 채 그대로 후대의 탐구에 인용되었다. 그러나 동시대 사람들의 판단근거가 항상 의심범위를 벗어나는 것만은 아니다. 그들은 서류를 보지 못한 채 인상이나 단순히 소문으로 들어서만 판단하기 때문이다. 특히 회고록에 나오는 발언들에 대해서는 극히 세심한 주의를 해야 한다. 대부분의 회고록 집필자들은 개인적인 원한에서 완전히 자유롭지 못하기 때문이다. 그들은 1890년대에 빌헬름 2세 편에 섰던 사람들이고, 그 때문에 비스마르크 일가를 멀리할 동기가 있었다. 그럴 경우 헤르베르트는 총리보다 더욱 편한 공격지점이 되었다.

서류들을 세심하게 평가하고 근본적으로 다시 탐구해서 얻는 결론은, 외무부 차관으로서 헤르베르트 비스마르크의 활동에 대한 엇갈리는 평가들이 두 가지 다 그다지 믿음직하지 못하다는 것이다. 헤르베르트 비스마르크는 혼자서 외교정책을 추진한 적이 없었지만, 그렇다고 아무런 의지도 없이 단순히 아버지의 도구 노릇만 한 것은 아니었다. 모든 중요한 외교문제에서 그는 총리의 생각과 일치하는 정책이라는 사실을 확신하고 행동했으며, 총리는 철저히 그의 말에 귀를 기울이고 그의 제안을 받아들였다.

식민지 정책과 발칸 문제가 그렇고, 유럽 국가 간의 위상에 대한 기본적인 판단도 그랬으며, 각국의 계산을 고려한 비스마르크의 동맹정책도 그랬다. 1871년 이후에, 그리고 1880년대에 비스마르크 외교정책의 목표였던 유럽의 평화 유지 정책은 적절하게 강조되었듯이 실로 '시시포스의 작업'이었지만, 그것은 헤르베르트의 중심적인 생각이기도 했다. 그래서 그도 아버지처럼 군의 선제공격 계획에 철저히 반대했다. 러시아와의 배후 안전조약을—동시대의 많은 주장과는 반대로—그도 비스마르크 자신처럼 극히 필요한 일이라고 평가했다. 동맹국인 오스트리아-헝가리*에 대한 유보적 태도를 총리보다 더욱 자주 노골적으로 표현하기는 했지만, 원칙적으로 헤르베르트는 이 점에서도 아버지의 노선을 따랐다.

외교분야에서 헤르베르트의 전략적인 행동은 뉘앙스 면에서만 총리와 차이가 났다. 정치적인 압력수단을 더욱 냉혹하게 사용하려는 헤르베르트의 성향이 아버지와 아들 사이에 존재하는 유일한 차이점이었다.

그 이유는 물론 헤르베르트의 성향, 냉혹한 반응을 좋아하는 데서 나온 것이기도 하지만, 나이 차이에서 오는 것이기도 하다. 아들에 비해서 늙은 총리가 더 완곡했던 것이다.

— 슈탐

전체적으로 보면 차관으로서 헤르베르트 비스마르크의 업적에 대한 긍정적인 평가가 옳을 것 같다. 평화 유지를 목표로 한 비스마르크 외교정책에서 그가 담당한 몫은 적지 않은 것이었으며 나아가 다음과 같이 말할 수 있다.

헤르베르트의 협조가 없었다면 총리의 힘은 더욱 일찍 마비되었을 것이고, 그는 자기 의지에 반한 목표가 설정되는 시점보다 더 일찍 채찍을 손에서 떨어뜨렸을 것이다.

— 빈델반트

역사 읽기

오스트리아-헝가리 이중왕국: 오스트리아 단독의 역사는 신성 로마 제국이 붕괴된 1806년을 기원으로 삼는다. 그러나 오스트리아 역사는 도이칠란트 역사와 함께 생각하지 않을 수 없다. 도이칠란트와 달리 19세기 오스트리아는 약 20여 종족들이 뒤섞여서 이루어진 다민족 국가였다. 오늘날의 헝가리, 체크, 유고 지역이 대부분 오스트리아 제국에 속해 있었다. 도이치 종족이 지배계층을 이루고 있으나, 수많은 문제점을 노출하는 가운데 합스부르크 왕가는 19세기 후반 다른 민족들을 달래기 위해 '타협' 노선을 선택했다. 그 대표적인 것이 1867년 성립된 오스트리아 - 헝가리 이중왕국. 오스트리아 황제가 이중왕국의 공통 수장이 되고, 10년마다 양국의 대의원단이 모여 관세동맹을 갱신하는 것을 골자로 하는, 실질적으로는 별개의 국가를 외형상으로만 하나로 얽어놓은 형태였다. 그러나 이런 타협안은 대등한 대우를 받지 못한 수많은 다른 종족들을 자극해 국가의 결속력을 더욱 위태롭게만 만들었다. 제1차 세계대전 이후 붕괴됨.

헌신적인 아들의 한계

헤르베르트 비스마르크의 경력은 1890년 초 비스마르크 공작이 빌헬름 2세에 의해서 해임되었을 때 갑작스럽게 끝났다. 이 해임을 둘러싼 위기에 대해서는 지금까지 자주 서술되었다. 1889년 이후 날카로워진 늙은 총리와 젊은 황제 사이의 갈등에서 헤르베르트가 어떤 역할을 했는지에 대해서는 의견들이 대립된다.

헤르베르트는 1884년 상트페테르부르크에 머무는 동안 당시 스물다섯 살이던 빌헬름 왕자와 잘 알게 되었다. 왕자는 러시아 황태자의 성년식에 검은 독수리 훈장을 수여하기 위해서 차르 궁정으로 파견되었다. 그 이후로 총리 아들은 빌헬름 왕자와 가까운 접촉을 하면서 그의 비위를 맞추고 아첨을 하기까지 했다. 반면 왕자는 10년 연상인 헤르베르트를 영리한 조언자라고 여겼다.

빌헬름 왕자와 부모 사이가 대단히 안 좋았으므로 이런 접촉은 비스마르크 일가가 미심쩍게 여기고 있던 황태자 부처(빌헬름 왕자의 부모)의 장래 통치에 맞서서, 어쩌면 머지않아 제위를 물려받게 될 빌헬름 왕자를 동지로 얻기 위한 것이기도 했다. 1888년에 마침내 황태자가 아버지의 뒤를 이어 황제가 되었을 때, 그는 이미 죽을병에 걸려 있었고 그에게 미래는 없었다. 그래서 99일간의 황제 통치는 아무 결과도 없는 막간극이 되고 말았다.

그러나 빌헬름 2세가 황제가 되기도 전에 비스마르크 일가와의 관계는 벌어지고 말았다. 총리 일가는 왕자가 대단히 표피적이고 미숙하며 쾌락을 좋아하고 허영심이 강하고 전쟁과 내전의 취향을 가지고 있는 데다가 숨막힐 정도로 차가운 사람이라는 사실을 천천히 알게 되었다. 그러므로 젊은 황제와의 갈등은 이미 예정된 일이었다.

1889~1890년에 특히 국내정책 분야에서 접합점을 찾을 수 없을 정도로 의견차가 나타났다. 그러나 개인적인 측면이 더욱 강했다. 자신을 부각시키려는 통제할 길 없는 욕망에 사로잡힌 빌헬름 2세는 국가의 조종간을 손수 장악하려 했다. 비스마르크가 새로운 상황에 적응하기 위해서는 엄청난 굴종이 필요했는데 늙은 총리는 그럴 각오가 되어 있지 않았다. 그는 또한—헤르베르트보다도 심하게—권력의 상황을 잘못 판단했고 자신의 영향력이 급속히 줄어들었다는 사실을 인정하려 하지 않았다. 헤르베르트는 총리와 황제 사이를 중개하려고 했으나 실패했다. 실패하지 않을 수 없는 일이었다. 선입견 없이 관찰해보면 황제와 총리와의 공공연한 대립이 피할 수 없는 일이었다는 결론에 도달하지 않을 수 없다.

이런 갈등이 어떻게 끝났는지는 잘 알려져 있다. 1890년 3월에 비스마르크는 사표를 내라는 요구를 받았고, 총리와 함께 헤르베르트 비스마르크도 관직에서 물러났다. 그것은 빌헬름 2세의 뜻이 아니었다. 그는 헤르베르트가 얼마 동안만이라도 새 총리인 카프리비(Caprivi) 아래서 외교정책을 계속 맡고, 그럼으로써 총리 퇴임의 외부충격을 완화시켜주기를 바랐다. 그러나 헤르베르트에게는 아버지의 퇴임과 더불어 자기도 물러나는 것은 당연한 일이었다. 그의 눈으로 보면 자기가 물러나는 것은 아버지를 위한 자신의 희생이 아니었다. 외무부의 정상에서 계속 활동한다는 것이 그에게는 전혀 의미가 없게 된 것이다. 총리가 물러났기 때문이 아니라 물러날 때의 그 굴욕적인 상황 때문이었다.

헤르베르트가 관직에서 물러난 일이 항구적인 일이 될 것인지 처음에는 미지수였다. 아버지와 아들은 처음에는 도이칠란트의 정치상황이 대단히 빨리 파국으로 치닫게 되고, 그러면 비스마르크 부자, 또는 적어도 헤르베르트만이라도 다시 부름을 받을 것이라는 낙관적인 견해를 가졌다. 그러나 이런 부름은 오지 않았다. 총리 아들이 정계에 복귀할 것이라는 소문은 계속 나돌았다. 그래서 비스마르크의 적들 — 특히 프리드리히 폰 홀슈타인 — 은 여러 해 동안이나 불안한 순간을 보냈다.

차관직을 물러난 다음부터 죽을 때까지의 14년 동안은 일종의 에필로그가 된다. 헤르베르트는 이렇게 일찍 물러난 것을 아버지보다 더 잘 견뎠다. 1890년 5월에 그는 꽤 오랫동안 영국을 여행했다. 돌아온 다음 그는 아버지에게 회고록을 쓰라고 권하고 퇴임시의 위기상황 부분은 자신이 직접 집필했다. 1893년에 그는 제국의회 의원으로 선출되었고 죽을 때까지 예리코 1구와 2구를 대표하는 의원 노릇을 했다. 그는 보수파 진영에 속했지만 어떤 정당에도 가입하지 않았고 따라서 고립된 위치에 있었다. 어차피 그는 훌륭한 연설가도 아니었다. 어쩌다 연설을 해야 할 경우에는 아버지의 정책을 옹호하고 아버지가 죽은 다음에는 그에 대한 추억을 지켰다.

헤르베르트는 마침내 늦은 결혼을 해서 가족을 이루었다. 1892년에 마흔세 살의 나이로 스물한 살 된 마르게리테 호요스(M. Hoyos)와 결혼했다. 그는 마르게리테의 언니와 결혼한 친구 루트비히 폰 플레센의 집에서, 헝가리 백작과 영국인 아내 사이에서 태어난 이 아가씨를 알게 되었다. 결혼식은 빈에서 거행되었는데 이것은 정치적 사건이 되었다. 제국 총리 카프리비는 빈 주재 도이치 대사에게 이른바 '우리야의 편지'를 보내서 결혼식에 참석하지 말라고 지시했다. 빌헬름 2세는 오스트리아 황제 프란츠 요제프에게 친필 편지를 써서 옛날 제국 총리를 알현하지 말라고 부탁했다. 비스마르크는 여행 중에 머물렀던 뮌헨·키싱겐·예나 등지에서 엄청난 환대를 받았기에 빌헬름 2세와 카프리비가 벌인 하찮은 술수에 비해 넉넉한 보상을 받았다. 헤르베르트는 마르게리테 호요스와 결혼해서 오랫동안 갈구하던 안정을 얻었다. 이 결혼에서 딸 둘과 아들 셋이 태어났다. 그러나 행복한 시간이 길지는 않았고, 1904년 9월 18일 그는 간암으로 세상을 떠났다. 겨우 쉰다섯 살의 나이로 아버지보다 6년을 더 살았을 뿐이다.

헤르베르트 비스마르크는 아버지, 그의 인품과 업적을 위해 자기의 생애를 전부 바쳤다. 그러나 그런 헌신에도 한계가 있었다. 헤르베르트는 어른이 되고 난 다음에도 '아들'이었을 뿐이다. 그는—얼마나 적합한 표현인가—"거대한 개성의 그늘 아래로 들어갔다. 그것은 그 자신의 개성을 흡수해버렸다." 오랫동안 비스마르크 집안과 가까이 지냈던 슈피쳄베르크 여백작은 1901년 일기에 헤르베르트 비스마르크에 대해

프리드리히스루에서 가족에 둘러싸인 비스마르크. 그의 왼쪽에 아내 요한나. 에른스트 슈바이닝거(선 사람), 딸 란차우 백작부인 마리(앉은 사람), 빌 비스마르크(선 사람), 막달레나 폰 렌바흐(앉은 사람), 헤르베르트 비스마르크(식탁 왼쪽에 앉은 사람), 그의 뒤에 란차우 백작. 맨 오른쪽에 선 사람은 프란츠 폰 렌바흐. 1893년 촬영.

서 이렇게 적었다.

아버지와 그토록 닮았으면서도 얼마나 다른가.

헤르베르트 비스마르크의 인품과 업적을 미화하는 것은 중요한 일이 아니다. 독자적인 정치적 형성력에 한계가 있다는 점과 문제가 있는 성격적 측면들이 분명히 드러난다. 그것을 타고난 소질 탓으로 돌리든, 아니면 교육이나 1881년 생애의 위기 탓으로 돌리든, 어쨌든 그것은 분명하다. 그러나 막시밀리안 하르덴이 조사(弔辭)에서 말한 것도 맞는 말이다. 헤르베르트 비스마르크보다 더 부당하게 취급된 사람은 드물다는 것이다.

태어난 상황에 맞게 평가되어야 한다. 공공연히 드러난 그의 생애의 고뇌는, 그가 자기 존재의 한계를 조금 더 늘려야 한다는, 거듭된 요구에 뿌리박은 것이었다.

평생 동안 헤르베르트 비스마르크의 존재의 중심점에는 그가 사랑하고 존경한 아버지가 있었다. 아버지가 죽을 때까지(1898년 7월 30일) 그가 얼마나 한결같은 충성과 애착으로 아버지와 결속되어 있었는가 하는 것은 그가 어머니 요한나가 세상을 떠난(1894년 11월 27일) 이후로 완전히 고독해진 늙은 아버지에게 1896년 7월 23일자로 써보낸 편지의 구절에 아주 분명하게 드러나 있다. 이것은 부자관계의 총결산을 보여준다.

삶의 즐거움을 어둡게 만드는 우울한 기분과 피로감을 조금이라도 덜어드릴 수만 있다면 무슨 일이라도 하고 싶습니다. 오늘 아침에도 말씀드렸다시피 당신께서는 오늘날 비열해진 도이칠란트에서 제게는 유일하게 밝은 빛입니다. 지금까지 둘도 없이 훌륭하고 위대한 삶을 살아오신 다음 이제 당신께서 그토록 무심하고 우울한 기분으로 지내시니 제 가슴이 미어질 지경입니다……. 당신이 안 계신다면 사방이 어두워질 것입니다. 제 모든 생각과 삶의 모든 실을 다하여 저는 당신과 결합되어 있습니다. 아주 어릴 적부터 정신과 심정의 모든 움직임을 다 동원하여 다른 누구보다도 당신과 결속되어 있습니다. 그에 비하면 다른 것은 모두 뒤로 물러나고 맙니다…….

 # 스스로 빛을 발하는 태양

―빌헬름 리프크네히트와 카를 리프크네히트―

헬무트 트로트노브

빌헬름과 나탈리에 리프크네히트와 그들의 다섯 아들. 빌헬름, 오토, 카를(왼쪽에서 네 번째), 테오도어, 쿠어트. 1890년경.

독립

군국주의와 초강경 보수주의를 모토로 한 프로이센-도이치 현실에 맞서 휴머니즘 정치이념을 위해 일평생과 생명을 바친 정치가 아버지와 아들의 이야기.

사회민주당 창설자 빌헬름 리프크네히트의 삶은 노동운동가의 고달픈 생애를 전형적으로 보여준다. 사회주의자들의 활동 자체를 억압하는 반사회주의법이 발효된 가운데 리프크네히트는 투철한 신념만으로 사회민주당을 만들었다. 그러나 이론적·실질적 후원자였던 카를 마르크스가 죽은 이후부터는 당에서 실질적인 권한을 잃어버렸다.

아버지와 내적인 동질성을 지닌 둘째아들 카를은 아버지의 죽음을 애도하는 거대한 인파를 보면서 정계에 투신하고 아버지와 똑같이 투철한 신념을 위해 모든 억압에 저항했다. 불평등한 선거법과 제1차 세계대전을 향해 치닫는 빌헬름 2세 치하 도이치 군국주의에 맞서 노동자 운동과 동시에 철저한 반전운동을 펼쳤다. 그러나 아버지가 창설한 당의 지도부는 아버지를 말년에 배제했듯이 아들의 올바른 신념도 받아들이지 않았다.

카를은 사회민주당의 과격 좌파 평화주의자 로자 룩셈부르크와 함께 스파르타쿠스 동맹을 만들었고, 이것은 후에 도이칠란트 공산당으로 발전한다. 두 사람은 전후 혼란 속에서 군인들 손에 살해당했다.

리프크네히트 부자는 자신들의 정치활동을 통해 인류의 발전에 기여하고자 했다. 당대 현실에서 승리하거나 현실적인 권력을 얻지는 못했지만, 아버지의 이념은 가장 훌륭하게 아들에 의해 계승되었다. 아들을 이끈 것은 아버지의 위대한 이상이었다. 아버지가 평생을 바쳐 지켰던 신념을 위해 아들은 목숨을 바쳤다.

빌 헬름 리프크네히트 가족의 친구들은 일찍부터 도이칠란트 사회민주당(SPD)의 공동 창설자인 빌헬름과 그의 아들 카를 사이에서 본질적인 유사성을 보았다. 1889년 고등학교 졸업시험을 끝낸 카를이 여름방학에 뮌헨에 머물고 있을 때 사회민주당의 바이에른 지역 지도자인 이그나츠 아우어 일가를 방문했다. 아우어는 카를의 부모에게 이렇게 써보냈다.

그는 아주 뛰어난 젊은이여서 모두에게 많은 기쁨을 선사했습니다. 다만 그가 당신들 가운데 누구와 비슷한가를 놓고는 의견이 아주 엇갈렸지요. 나는 모습은 엄마지만 본질은 아빠라고 주장했고, 아내는 "완전히 아빠!"라고 단호하게 말하더군요.

아버지도 둘째아들이 자기와 "많은 점에서 비슷하다."고 생각했던 것 같다. 어쨌든 빌헬름은 1878년에서 1890년 반사회주의법(비스마르크 시대 사회주의자들의 정치활동을 강력하게 제한한 법) 시대에 가장 가까운 친구이자 정치적 동지의 한 사람이었던 율리우스 모텔러에게 이렇게 말했다. 빌헬름 리프크네히트가 죽었을 때 모텔러는 아들에게 아버지의 유언을 전했다.
"카를이 내 뒤를 이어야지, 분명한 일이야. 나는 확신해요."
특이한 일이지만 그 당시 사람들도 뒷날의 역사 탐구도 이 부자의 친밀한 관계가 그들의 정치적 행동과 사고에 어느 정도까지 영향을 미쳤는가 하는 질문을 한 번도 하지 않았다. 이 질문이 의미가 있다는 것은 명백하다. 아버지 빌헬름은 19세기 후반부의 도이칠란트에서 정치적 노동자 운동의 선구자 가운데 한 사람이었다. 아우구스트 베벨(A. Bebel, 1840~1913. 사회민주당 공동 창설자)과 함께 그는 사회민주당 창설을 위한 정신적·조직적 토대를 만들었다.

그의 아들 카를은 제1차 세계대전 이전까지 활동적인 사회민주당원으로 정치경력을 쌓았다. 반군국주의자이며 철저한 반전주의자였던 그는 1916년 아버지가 공동 창설한 정당이 분열될 때 직접 연루되었다. 2년 뒤에 아들은 로자 룩셈부르크(R. Luxemburg, 1871~1919. 도이치 공산당 공동 창설자)와 함께 11월 혁명에 바로 뒤이어 도이칠란트 공산당(KDP)에 첫 생명을 불어넣었다. 그러니 아버지 리프크네히트와 아들 리프크네히트 사이에 어떻게 정신적인 공통점이 없을 수 있겠는가? 그러나 그런 것이 있었다면 대체 어떤 것들이었을까?

이런 물음이 아예 나타나지도 않은 이유 또한 명백하다. 사회민주당원들은 아들을 보고 '유명한 아버지의 품격을 갖지 못한 후계자'라고 여겼고, 그래서 어떤 공통점을 찾는 것이 꼭 필요한 일이라고 생각하지 않았다. 도이칠란트 공산당 창설자의 추종자들은 자기들 공산당의 전통을 만들어내는 일에만 몰두했다. 리프크네히트와 룩셈부르크가 일찍 죽은 다음 아직 역사가 짧은 공산당은 처음부터 곧바로 레닌의 영도 아래 1917년 10월 혁명에서 러시아 차르 제국의 혁명을 성공적으로 이끌었던 볼셰비키의 영향에 휩쓸려 들어갔다. 그들에게는 공산당 운동의

역사 읽기

빌헬름 리프크네히트(Wilhelm Liebknecht, 1826~1900): 사회주의자. 카를 마르크스의 친구이며 뒷날 도이칠란트 사회민주당 공동 창설자.

카를 리프크네히트(Karl Liebknecht, 1871~1919): 도이칠란트 사회민주당원. 도이치 공산당 공동 창설자. 제1차 세계대전 중 사회민주당 내 급진파인 로자 룩셈부르크 및 다른 급진당원들과 함께 스파르타쿠스 연맹 결성. 이 연맹은 뒷날 도이치 공산당으로 발전한다. 1919년 1월 스파르타쿠스 반란사건으로 로자 룩셈부르크와 함께 암살당함.

지도자라는 역할이 그대로 주어졌다.

도이치 노동자 운동과 국제 노동자 운동의 역사에서는 마르크스-레닌주의와 이어서 스탈린주의가 지배적인 노선이었다. 제2차 세계대전 이후 1949년에 승리한 소련이 도이칠란트 공산당과 더불어 도이치 땅에 최초의 노동자-농민 국가(동독)를 세웠을 때 역사에 대한 종합적 관찰이 '냉전시대' 이데올로기 대립의 한 요소가 되었다.

도이치 민주공화국(동독)에서 국가가 후원한 역사 집필은 상당수의 역사서들을 양산했지만 실제로 역사 인식은 크게 늘어나지 않았다. '공산당 역사 쓰기'라는 과제는 리프크네히트 부자의 정치활동과 사고에 들어 있는 마르크스-레닌주의 양상들을 밝혀내는 일에 집중되었다. 많은 탐구 결과들이 세부적으로 긍정적인 성과를 냈다 하더라도 동독의 역사 서술은 리프크네히트 부자 어느 쪽에 대해서도 학술적으로 수용할 수 있는 전기 서술을 만들어내지 못했다.

제2차 세계대전 이후 서독의 역사 연구는 주로 사회민주당 노동운동에 집중되었다. 제2차 세계대전의 혼란 중에 사회민주당 문서고에서 상당 분량의 문서가 넘어갔던 암스테르담 국제 사회사 연구소와 공동으로 중요한 원전 편집본들이 간행되었다. 이 간행물은 사회민주당 건설에서 빌헬름 리프크네히트의 활동에 대한 조망을 가능하게 해주었다. 그런데도 전기적 연구는 활발하지 못했다.

게다가 카를 리프크네히트의 경우에는 원전 문서의 보존상태가 극히 복잡하다는 문제까지 덧붙여졌다. 서방에는 그의 유산이 없었다. 그냥 이곳저곳 문서고에서 작은 파편들이 발견될 뿐이다. 문서의 대부분은 모스크바에, 그리고 뒷날에는 동베를린에 있는 공산당 문서고에 들어 있었다. 그러나 이곳은 특권을 받은 공산당 역사가들만 이용할 수 있는 곳이었다. 정치적 반대편의 연구활동이 활발한 만큼 서방의 관심은 더욱 위축되었다는 인상을 지울 수 없다. 그리고 서방에서 나온 학술적으로 수용할 수 있는 몇 가지 전기들은 도이칠란트가 아니라 영어권에서 출간된 것들이었다.

앞으로의 연구도 한 가지 점에서는 계속 장애를 가질 수밖에 없다. 가족 유품 대부분이 남아 있지 않다는 것이다. 문서들이 보관되어 있던 두 개의 건물이 제2차 세계대전 중에 파괴되었고, 주로 카를 리프크네히트와 관련된 자료 일부만이 그의 두 번째 아내 덕분에 보존되었다. 돈 강변 로스토프 출신 유대계 러시아인인 소피 리스(S. Ryss)는 남편이 죽은 다음에도 베를린에 머물러 있었다. 1933년 국가사회주의(나치)가 집권하자 그녀의 안전이 불확실해졌다. 그녀는 도이칠란트를 떠나 소련으로 가면서 남편의 유품 일부를 은밀히 소련 대사관에 넘겼으며, 대사관은 이것을 모스크바로 보냈다. 전쟁이 끝난 다음 소련은 이 문서 사본들을 동독에 되돌려 주었다. 동독은 이것을 동베를린에 있는 마르크스-레닌주의 연구소에 보관했다. 그곳에 들어 있는, 자녀들에게 보낸 카를 리프크네히트의 편지들이 전에 이곳 연구소에서 일하던 두 여성에 의해서 최근에 책으로 간행되었다.

혁명의 물결 속으로

빌헬름 리프크네히트는 1826년 3월 29일, 뒷날 노동운동가라는 역할에는 전혀 맞지 않는 환경에서 태어났다. 그의 아버지는 그가 탄생한 도시 기센에서 헤센 대공을 위한 고위관리로 일하고 있었다. 조상들은 16세기까지 거슬러 올라가 보아도 전부 상류 시민계층 출신이다. 가계 탐구가 밝혀낸 바에 따르면 어머니 쪽의 조상들 가운데는 종교개혁가인 마르틴 루터도 들어 있다.

빌헬름 리프크네히트는 뒷날 수없이 거처를 옮기면서 극히 불안정한 생활을 했지만, 그의 가족사 일부가 유품 중에 남아 있다는 사실을 아버지가 죽은 다음 아들이 확인했다. 이 노동자 지도자는 증조 할아버지 요한 게오르크 리프크네히트(1679~1749)에 대해서 특별히 자부심을 가졌던 듯하다. 이 할아버지는 유명한 철학자 라이프니츠의 소개로 기센 대학에서 수학 교수직을 맡았다. 죽을 때까지 그의 서재에는 이 조상의 동판 초상화가 걸려 있었다.

처음에는 젊은 빌헬름도 조상들의 발자취를 좇아 가족의 학술 전통을 이어갈 것으로 보였다. 그는 열여섯 살의 나이로 벌써 김나지움을 마치고 이어서 기센, 베를린, 마르부르크 등지의 대학에서 고전 문헌학, 철학, 신학 등을 공부했다. 그러나 도이칠란트의 정치적 전개 상황이 그가 공부를 성공적으로 마치는 것을 방해했다. 젊은 리프크네히트는, 1830년 파리의 7월 혁명 이후 차츰 도이치 나라들로 넘어와서는 1848년 프랑크푸르트의 국회 소집으로 절정에 이른 혁명적 사건들의 희생자가 되었다.

리프크네히트가 1842년에 대학공부를 시작했을 때의 상황은 정치적 의견 표명이 엄격하게 억압되는 상황이었다. 억압은 특히 대학을 겨냥했다. 오스트리아의 메테르니히 공은 1819년에 이미 프로이센을 포함해 도이칠란트에 있던 38개 국가들을 카를스바트 결의*로 결속시켰다. 그에 따라 자유, 평등, 박애라는 프랑스 혁명의 이상에 따른 어떤 활동도 금지되었고, 광범위하게 가지를 뻗은 첩자 조직을 이용해서 그런 활동을 감시했다.

리프크네히트는 국가권위와 갈등에 빠지기 이전에 이미 부당하고 비인간적인 나라의 상황을 직접 가까이서 목격했다. 예를 들면 그의 작은할아버지인 목사 바이디히(Weidig)는 1835년 이른바 혁명적인 소요

죄로 붙잡혀서 재판도 받지 못하고 마르부르크 감옥에서 목숨을 잃었다. 1839년 비슷한 이유로 마르부르크 성의 지하감옥에 갇혀 있던 실베스터 요르단 교수도 비슷한 경우를 당했다. 리프크네히트는 그쪽으로 갈 때마다 그를 자주 만나곤 했다. "도이칠란트를 지배하고 있는 상황에 대한 원한이 점점 더 깊어졌다."고 그는 뒷날 회고했다.

기센 대학 학생들의 정당한 항의의 대표로 나섰다는 이유로 리프크네히트는 감옥에 갇혔다. 기센 대학에서 제적당하고 마르부르크 대학도 그가 학업을 계속하는 것을 거절했으므로, 그는 학업을 중단했다. 그가 뚜렷한 의식을 가지고 이런 결정을 내렸던 것이 분명하다. 친척들이 여러 연줄을 동원해서 그가 학업을 마칠 수 있도록 도움을 줄 수 있었을 것이기 때문이다. 그는 뒷날 '연줄이란 정치적으로나 종교적으로 대단한 정통파'라고 약간 비꼬는 어조로 설명했다.

어쨌든 부모에게서 받은 상속으로 경제적 독립을 이루었고, 따라서 '자유롭게' 결정을 내릴 수 있었기 때문에 이런 결정은 분명 상대적으로 무리가 적었다. 그 밖에도 대학시절 철저히 당시 관습을 따랐다는 사실은 그가 당시 대부분의 학생들이 그랬듯 학우회에 가입했다는 사

역사 읽기

1819년 카를스바트 결의: 1815년 메테르니히 체제가 출범하면서 중서부 유럽에 반동의 시대가 시작되었다. 도이치 대학생들은 1817년에 바르트부르크 성에 모여 시국집회를 개최했다. 그들은 자유롭고 통일된 도이칠란트를 요구했다. 그러면서 반동적·반민족적 작가들의 책을 불살랐다. 2년 뒤 카를 산트라는 대학생이 민족주의 이상을 조롱했다는 이유로 인기작가 아우구스트 폰 코체부에를 살해했다. 이 사건을 계기로 도이치 각국의 재상들이 카를스바트에 모여 자유와 혁명을 주장하는 운동에 대해 강경 진압 정책을 펴기로 합의했다. 이런 억압정책의 결과 민족주의·자유주의 운동은 탄압을 받고 지하로 숨어들었다. 그와 함께 반혁명 전선은 일시적인 안정을 찾았다. 그러나 항구적인 평화는 아니었다.

실에서 알 수 있다. 당시 '신입회원'들과의 유대관계는 학창시절 이후에도 계속되었다. 예를 들면 그의 아들 카를은 파더본에서 예비교사 과정을 마쳤을 때 아버지 동창생 아들의 가족에게서 환대를 받았다. 아버지는 이렇게 감사의 편지를 써보냈다.

당신은 낯선 도시를 그의 고향으로 만들어주셨군요.

공부를 중단한 다음 빌헬름 리프크네히트는 미국으로 이민을 가려고 했다. 헤센 대공국에서 이런 의도를 가진 사람은 그 혼자만이 아니었다. 그의 전기를 쓴 도미니크(Dominick)가 밝혀낸 바에 따르면 이 당시 적어도 1만 6500명의 사람들이 고향인 헤센 주를 떠났다. 수출항으로 가던 도중 그는 함께 여행하던 사람의 말을 듣고 생각을 바꾸어서 스위스로 갔다. 그곳에서 저 유명한 교육학자 프리드리히 프뢰벨(F. Fröbel)의 친척인 카를 프뢰벨의 개혁학교에서 교사로 활동을 시작했다. 학교에서의 일은 루소와 페스탈로치의 교육이념에 근거한 것이었고, '어린이를 인간으로 교육하는' 것을 목표로 삼았다. 그는 교사로서 고전어와 인문교양 부분을 맡았다. 뒷날 노동자 지도자로 활동하면서 그는 언제나 이곳의 경험을 되돌아보고 거듭 자신을 노동자 운동의 '학교 선생'이라고 부르곤 했다.

교사활동과 나란히 그는 중립적인 스위스의 보호 아래 결성된 도이치 노동자연맹에서 정치활동을 했다. 1848년 9월에 바덴 주에서 처음으로 공화주의 방향을 지닌 소동이 발생하자 그는 학교를 떠나서 군주제에 맞선 공화주의 의용군의 싸움에 동참했다.* 그러다가 체포되어서 프라이부르크 감옥에서 첫번째 부인을 만났다. 간수의 딸인 에르네스티네 란돌트(E. Landolt)는 당시 죄수들을 보살폈다.

리프크네히트는 감옥에서 도망쳤지만 얼마 뒤에 바덴으로 돌아와서 제국헌법 투쟁에 동참했다. 이 소요는 결국은 프로이센 군대가 동원되어서 유혈사태로 끝을 맺었다. 리프크네히트는 또다시 감옥에 갇혔다가 처형당하기 전에 도망쳤다. 다시 스위스로 도망친 것은 잠시 숨돌릴 틈을 얻은 것에 지나지 않았다. 프로이센이 도망자를 추적하고 있었기 때문이다.

이제는 영국의 대도시 런던밖에 남지 않았다. 당시 유럽 대륙의 수많은 자유투사들은 혁명이 실패하고 난 다음 런던으로 도망쳤다. 여기서 1850년 이후로 리프크네히트는 생애 처음으로 진짜 비참과 개인적인 곤궁을 맛보았다. 그는 가정교사를 하고 이런저런 기고문을 써서 겨우 연명했다. 그래도 당시 형편이 그다지 좋지 못하던 카를 마르크스 집에서 친절한 토대를 얻었다. 나아가 거의 12년이나 그 집에 함께 사는 동안 그는 정치적·이론적 관점에서 당시 대표적인 사회주의 이론가에게서 엄청나게 많은 것을 배울 수 있었다. 그러나 리프크네히트에게는 마르크스와의 관계에서 인간적인 요소들이 훨씬 더 중요했다. 1860년대에 도이칠란트로 돌아온 다음 격렬한 싸움이 일어났을 때 그는 아버지 같은 친구이자 후원자인 마르크스에게 이렇게 써보냈다.

역사 읽기

공화주의 투쟁: 1848년 3월 혁명이 나타나기 전부터 이미 도이치 지역에서는 사회혁명가와 사회주의자들의 집회가 벌어지고 있었다. 이들은 다양한 목소리로 불만과 현실비판을 표현했다. 1848년 혁명과 더불어 가열된 '큰 도이칠란트'와 '작은 도이칠란트' 논의 이외에 혁명가들은 도이칠란트를 민주공화국으로 만들어야 한다는 기치 아래 격렬한 투쟁을 전개했다. 그러나 이들은 연방이 파견한 군대에 의해 무참하게 진압되었다. 빌헬름 리프크네히트는 이 투쟁에 동참했다가 잡혀서 투옥되었고, 도망쳐서 프로이센 군대를 피해 런던으로 망명했다.

당에 대한 고려보다 인간적인 존경심이 훨씬 더 많이 나를 당신과 결속시켜줍니다. 당신은 내게 깊은 인상을 준 유일한 분입니다 ……. 나는 자주 당신에게 화를 냈고 당신을 욕했지만, 그래도 언제나 온 마음으로 당신을 사랑했습니다.

런던에 망명해 있는 동안 리프크네히트의 수입이 극히 적었는데도 1854년 그는 여자친구 에르네스티네를 런던으로 불러서 그녀와 결혼했다. 그래서 그의 경제적 형편은 더 나빠졌다. 그의 아내는 가난한 집안 출신이었기 때문이다. 깜짝 놀란 마르크스가 이렇게 욕을 퍼부었다.

"누가 대체 이 바보에게 결혼하라고, 그것도 하필 이럴 때 결혼하라고 강요했단 말인가."

그러나 리프크네히트는 장래의 아내를 6년 동안이나 보지 못하고 지내던 터였다. 열여섯 살 소녀는 스물두 살 어른이 되어 있었다. 작은 도시 프라이부르크에서 세계적인 대도시 런던으로 옮긴 일과, 그곳 비참한 사람들의 구역인 소호에서의 인상이 그녀에게는 분명 대단한 것이었을 것이다. 처음의 어려움에도 불구하고 인간적으로 행복한 결혼생활이 된 것은 리프크네히트의 능숙함과 그의 '낙천적 성격'을 말해주는 부분이다. 여기서 두 딸 알리스(1857)와 게르트루트(1863)가 태어났다. 그는 한 번은 감옥에서 아내에게 보낸 편지에서 처음 만남을 회상하며 약간 아이러니컬하게 적어보냈다.

사랑스런 별은 지금도 내게 친절하게 감옥의 밤을 채우고 있어요. 지금은 그때처럼 사랑스런 그대를 끌어안을 수는 없지만 말이오……. 그러나 몸을 가로막는 것도 생각을 가로막지는 못하지요……. 이 별은 철창을 통해 온갖 경계 너머로 나를 데려간다오.

그러나 에르네스티네는 가족의 경제적 곤궁을 오래 견디지 못했다. 그녀는 결핵을 앓다가 1867년 겨우 서른네 살에 죽었다.

아내의 죽음은 그보다 더 불리할 수 없는 순간에 찾아왔다. 1862년에 그는 빌헬름 1세가 프로이센 왕위에 오른 1주년을 기념해 발령한 사면에 근거해서 도이칠란트로 돌아왔다. 그러나 베를린에서는 자리를 잡을 수가 없었다. 프란츠 메링이 1877년 쓴 사회민주당 역사에서 상세히 알려주고 있는 것처럼 '낯섬의 저주'가 그에게 달라붙어 있었다. 1865년에 다시 베를린과 프로이센에서 추방되자 그는 라이프치히로 옮겨가서 아우구스트 베벨을 만나 그곳의 노동자 교육연맹에서 활동하게 되었다.

1년 뒤에 두 노동자 지도자는 작센 민중당을 창당했다. 리프크네히트는 1867년에서 1871년까지 북도이치 제국의회에서 이 정당을 대표했다. 사회민주당의 창당을 위한 다음 조치들은 1869년 아이제나흐에서 사회민주주의 노동자당을 창설한 일, 그리고 1875년 고타에서 범도이치 노동자연맹과 합쳐서 도이칠란트 사회주의 노동자당을 만든 것이었다. 그것은 1890년 이후로 사회민주당이라고 칭해지게 된다.

빌헬름 리프크네히트가 1868년 두 번째 부인이며 아들 카를의 어머니를 알게 되었을 때는 정치가 이들의 관계에 깊이 관여했다. 아우구스트 베벨의 말에 따르면 그와 리프크네히트는 다름슈타트에서 도이치 관세의회를 위한 선거운동을 하고 이어서 루트비히 뷔히너(L. Büchner, 1824~1899. 19세기의 물리학자, 철학자. 과학적 유물론을 널리 전파한 인물)의 초대를 받았다. 뷔히너와 리프크네히트는 대학시절에 함께 공부를 한 관계로 서로 알고 있었다.

나탈리에 레(N. Reh)는 리프크네히트와 마찬가지로 헤센의 오랜 집안 출신으로 이미 서른두 살의 여성이었다. 그녀는 뷔히너 부인의 친구였고, 그래서 역시 식사에 초대를 받았다. 북도이치 제국의회 의원이던 리프크네히트는 당시 이미 여론의 각광을 받고 있었다. 그의 교양 있고 정열적인 태도는 나탈리에에게 깊은 인상을 심어주었다. 그 자신은 그녀에 대한 호감을 깨닫기까지 시간이 좀 걸렸던 것 같다. 뒷날 보낸 '구혼 편지'에서 그는 이렇게 고백하고 있다.

집에 돌아가는 길에 비로소 눈에서 비늘이 떨어지고 갑자기 번개에 맞은 것처럼 내가 삶의 전환점에 서 있다는 것을 분명히 깨달았습니다.

리프크네히트가 이렇듯 '정신이 없는 것'은 이해가 가는 일이었다. 그는 방금 첫번째 아내를 잃고 네 살과 열 살의 어린 자식들을 보살펴야 했다. 나탈리에는 처음에 그의 구혼에 대해서 신중하게 반응하고 우선 원칙적인 질문들, 특히 경제적인 문제들에 대한 질문에 답해달라고 청했다. 집안의 반대를 생각해보면 이런 조심성이 이해된다. 아버지 테오도어 레는 궁정판사였고 헤센 주의회 의원이었다. 1848년 혁명 때 그는 프랑크푸르트 국민의회 의원이었고, 심지어는 프로이센 왕에게 도이칠란트 입헌군주제의 황제관을 제안했던 대표단의 한 사람이었다. 딸의 결혼 의도를 듣고 그는 반대했던 것 같다. 정치적인 이유에서였는지 다른 이유가 있었는지 지금은 알 수가 없다. 그러나 그의 방해는 소용이 없었다. 1868년 3월 31일에 죽었기 때문이다. 이어서 위에 말한 '구혼 편지'가 왔고, 다시 짧지만 깊이 있는 의견 교환이 이루어졌다.

리프크네히트는 처음 편지에서 지금까지 자기 삶의 가장 중요한 부분들을 상세히 적어보냈다. 첫 부인에 대한 사랑, 그녀의 비극적인 종말, 아이들에 대해서, 그리고 물론 자신의 정치적 참여에 대해서 아주 솔직하게 적었다. 그리고 마지막에 이렇게 적었다.

당신의 선량한 심정을 믿고 여기 털어놓은 이 생각과 감정들을 검토해보십시오.

리프크네히트의 구혼은 성공했다. 그리고 의견 교환 끝에 서신으로 약혼이 성립되었다. 리프크네히트는 현재의 상황을 견딜 수 없었기 때문에 얼른 결혼하자고 졸랐다. 그는 런던에 있는 마르크스에게 이렇게 고백했다.

"옛날 방식으로 계속 살 수가 없습니다."

그는 아이나 정치활동 가운데 한 가지를 포기해야 할 처지였다. 결혼식은 1868년 7월 30일 그가 태어난 기센에서 이루어졌다. 빌헬름과 나탈리에는 서로 먼 친척간이었다. 그녀의 할머니는 그의 할아버지의 누이동생이었다.

라이프치히로 옮겨오면서 나탈리에 리프크네히트는 새로운 세계로 들어섰다. 그때까지는 친밀한 환경에서 독립적으로 살아왔던 그녀가 두 아이를 거느린 가정살림을 맡아야 했다. 대 부르주아 생활의 물질적 풍요는 없었다. 2년 뒤부터 가족은 점점 불어나기 시작했다. 맨 먼저 테오도어(1870)와 카를(1871)이, 이어서 오토(1876), 빌헬름(1877), 그리고 쿠어트(1879)가 차례로 태어났다. 첫번째 결혼에서 얻은 딸들까지 포함해서 리프크네히트의 가족은 한때 아홉 명에까지 이르렀다.

가장은 아내를 거의 도와주지 못했다. 방금 생긴 노동자 운동을 이끄는 사람으로서 그는 국가적인 억압조치의 표적이 되었기 때문이다. 그의 전기를 쓴 도미니크의 말에 따르면 사회민주당 지도자는 거의 4년 반을 프로이센 감옥에서 보냈다. 감옥에 갈 때마다 가족의 경제적 수입이 줄어들었다. 나탈리에는 남편의 정치적 동지에게 이렇게 말했다. "우리 집에서는 가족생활이라는 말을 하기가 어려워요."

가장 훌륭한 유산

두 번째 결혼에서 태어난 다섯 아들 모두가 보통 이상의 재능을 가지고 있었지만, 이 노동운동가는 처음부터 특별히 둘째아들 카를을 사랑했다. 카를 파울 프리드리히 아우구스트 리프크네히트가 1871년 8월 13일에 라이프치히에서 태어났을 때 아버지는 정치적 경력의 첫번째 절정에 도달해 있었다. 1년 전에 그는 북도이치 제국의회에서 프로이센·프랑스 전쟁이 발발한 이후 전쟁 채권 발행에 대한 표결이 이루어졌을 때 아우구스트 베벨과 더불어 기권했다. 기권 성명에는 이런 말이 들어 있었다.

왕조전쟁에 원칙적으로 반대하는 사람으로서 우리는 전쟁에 대해서 직접적으로도 간접적으로도 결정할 수 없다.

이어서 프랑스 공화국의 선전포고 이후로 프로이센-도이치가 전쟁을 계속했을 때도 두 노동자 지도자는 전쟁 채권 발행을 거부했다. 당기관지에서 리프크네히트는 그것이 '공화정에 대한 군주제의 전쟁, 혁명세력에 대한 반 혁명세력의 전쟁'이라고 말했다. 전쟁에 반대하는 공개적 발언은 엄청난 주목을 받았다. 프리드리히 엥겔스와 함께 런던에서 리프크네히트의 정치활동에 조언을 해주던 카를 마르크스는 '자신의 정당 동지'의 행동에 크게 기뻐했다. 그렇기에 리프크네히트가 두 번째 아들을 위해서 그들에게 대부가 되어달라고 청하자 동의한 것도 놀라운 일은 아니었다. 그는 사회주의 이론가들을 이렇게 안심시켰다.
"의무는 없습니다. 두 분은 어린 사회민주주의자에게 두 분 정신의 일부를 좀 넣어주시기만 하면 됩니다."

런던에 있는 두 조언자는 '대리로' 대부 노릇을 했다. 카를 리프크네히트의 이름 목록을 살펴보면 사회민주주의 조상들의 이름을 어렵지 않게 찾아낼 수 있다. '카를'은 마르크스에게서, '프리드리히'는 엥겔스에게서, '아우구스트'는 베벨에게서, '파울'은 징거(Singer)에게서 얻은 것이다. 징거는 1860년대 말 부유한 상인으로서 노동자 운동을 위해 활동하면서 분명히 리프크네히트 가족을 재정적으로 후원했다. 1900년 5월 8일에 카를의 첫번째 결혼식에는 베벨과 징거도 참석했다.

어린 카를은 아버지가 받은 박해를 거의 알지 못했다. 카를이 겨우 두 살이 되었을 때, 빌헬름 리프크네히트는 베벨과 함께 북도이치 제국의회 투표 때문에 반역죄로 고발되었고 2년의 구금형을 언도받았다. 1878년 '공익을 해치는 사회민주주의 노력을 퇴치'하기 위한 법—이른바 '반사회주의법'—에 의해 야기된 두 번째 압력에 대해서는 자라나는 어린이가 어느 정도 뚜렷하게 알게 되었을 것이다.

그가 열 살이 되었을 때 라이프치히는 '작은 포위 상태'가 되었고, 아버지는 정치활동을 계속하기를 원한다면 가족을 떠나야 했다. 아버지는 근처에 있는 보르스도르프에 머물렀지만 1890년 반사회주의법이 폐지될 때까지 가족과 떨어져 지냈다. 주말에 아내와 아이들이 찾아오면 거의 목가적인 분위기가 되곤 했던 것을 어른이 된 카를은 가장 좋은 기억으로 간직했다. 뒷날 그는 두 번째 부인에게 이렇게 써보냈다.

우리는 바람과 뇌우가 쳐도 상관하지 않고 밖에 있었고, 우리 안에도 바람과 뇌우가 있었지요. 또한 바람과 뇌우와 함께 햇빛이 찬란했다오.

아버지가 거의 언제나 집에 없다시피 했으므로 어쩔 수 없이 어머니가 아이들에게 가장 중요한 사람이 되었다. 카를과 어머니의 관계가 얼마나 친밀했던가 하는 것은 1909년 2월 1일에 어머니가 죽자 아들이 쓴 시에 드러나 있다. 그것은 이렇게 시작된다.

그분을 잃었다, 내게 없어서는 안 되는 분을.

그리고 마지막 연은 이렇다.

횃불이 꺼졌다. 이제 누가 내 팔을 이끌어줄까? 나를 그토록 따뜻하게 품어주던 외투를 뺏겼으니. 춥다. 가슴이 찢어져도 아무도 낫게 해줄 수 없구나. 이를 꼭 악물고! 걸어라! 앞으로! 앞으로!

카를 리프크네히트는 그 이후의 생활에서도 언제나 거듭 어머니를 기억했다. 특히 제1차 세계대전이 시작된 이후 일관된 전쟁 반대 정책으로 인해서 이번에는 그 자신이 국가의 박해를 받던 시기에 더욱 그랬다. 1917년 감옥에 갇혀 있던 그는 아내에게 이렇게 썼다.

지난 밤 꿈에서 어머니를 보았소. 이상하게도—당신이 어머니를 알지 못하는데도—어머니가 당신과 아이들과 함께 계셨어요.

빌헬름 리프크네히트는 가족의 학문적 전통을 이어받지 못했지만, 그래도 다섯 아들들이 이 전통을 이어가도록 모든 힘을 다했다. 분명히 아내의 적극적인 도움을 받았다. 그녀도 공부하는 전통이 있는 집안 출신이었다. 한동안 리프크네히트 가족과 아주 긴밀한 관계를 가졌던 아우구스트 베벨은 나탈리에가 얼마나 열성적으로 아이들의 학교와 대학 교육을 성공적으로 해내는지 경탄했다. 경제적 곤궁과 아버지가 그토록 자주 집을 비웠는데도 다섯 아들은 모두 초등학교를 졸업하고 나서 김나지움을 다녔다. 리프크네히트 일가가 1865년에서 1890년까지 살았던 라이프치히의 니콜라이 학교였다.

학교의 교육방식은 빌헬름 리프크네히트가 활동했던 프뢰벨 개혁학교와 아주 많이 비슷했다. 니콜라이 학교도 인문주의 교육과 특히 고전어(고대 그리스어와 라틴어) 교육을 했고, 학생들이 대학에서 독자적으로 공부할 수 있도록 준비시켰다. 학교의 분위기는 당시 상황으로는 놀랄 만큼 개방적이고 관용적이었다. 국가에서 요주의 인물로 낙인찍힌 노동운동가의 아들이 아무런 불이익도 받지 않았다. 유일하게 남아 있는 고등학교 졸업 자격시험의 라틴어 성적 평가는 그를 다음과 같이 인정하고 있다.

"리프크네히트는 대단히 독자적으로 공부를 해서 다른 학생들보다 훨씬 더 많은 것을 습득했다."

카를의 재능은 아버지의 재능을 닮았고 고전 교육, 특히 고전어 분야에서 그랬다. 70년이 지난 다음에도 그의 조카인 쿠어트는 삼촌을 이렇게 인정하고 있다.

"카를 리프크네히트에 대해서 말할 때면 나는 언제나 아저씨의 방대한 인문적 지식을 말하지 않을 수 없다. 그는 문학, 자연과학, 문헌학 분야에서 정말 대단한 지식을 가지고 있었다."

니콜라이 학교는 의심의 여지 없이 상층부 시민계급 자제들을 위한 '엘리트 학교'였다. 카를이 학교에 다니던 시절 교사의 3/4이 박사학위

소지자였고 그 가운데 두 사람은 교수 자격 논문까지 통과한 사람들이었다. 이 학교가 얼마나 성공적이었느냐 하는 것은 카를의 동창생들이 어떻게 발전해 나갔는가를 보면 간접적으로 알 수 있다. 동창생 두 명은 뒷날 의학을 공부해서 기센과 라이프치히 대학교 교수가 되었다. 학급의 1/3은 법학을 전공했다. 성공적으로 법학을 공부하고 나면 평균 이상의 수입이 보장되었고, 따라서 사회적인 안정을 약속해주는 분야였기 때문이다. 법학을 공부한 동창생 하나는 뒷날 드레스덴의 주 고등법원장을, 또 다른 사람은 작센 법원의 법원장을 지냈다.

니콜라이 학교를 선택한 것이 가족에게 경제적 부담을 안겨주었다. 라이프치히 역사가인 마티아스 존이 니콜라이 학교 학생 카를 리프크네히트를 연구하면서 밝혀낸 바에 의하면 당시 학교의 교육경비가 연간 120마르크나 들었다고 한다. 그것은 당시 상황에서는 상당히 큰 돈이었다. 거기다가 도서관 이용료를 따로 내야 했다. 물론 리프크네히트 아이들이 재능이 있었기 때문에 장학금을 신청할 수도 있었겠지만, 노동자 지도자는 정치적인 이유에서 그렇게 할 수가 없었다.

카를이 1881년 부활절에 니콜라이 학교에 들어가게 되었는데 아버지가 다시 감옥에 있었으므로 학교 경비를 마련할 길이 없었다. 정치적 동지들이 나서야 했다. 베벨은 런던에 있는 마르크스와 엥겔스에게 편지를 보냈다.

　　　　제발 힘닿는 대로 리프크네히트를 도와주십시오.

두 대부는 최선을 다했지만 그것으로는 기본적인 문제도 해결되지 않았다. 아이들 교육비 부담이 가족에게 얼마나 힘들었는가 하는 것은 장남인 테오도어가 1884~1885년의 학년을 학비가 없어서 '집에서'

공부한 것으로 미루어 알 수 있다. 1년 뒤에 셋째가 김나지움 입학을 앞두자 베벨이 다시 나서서 당의 후견인들에게 '리프크네히트의 경우'라는 단서를 붙여서 '교육기금'의 마련을 촉구했다. 1886년 사회민주당 당수가 60회 생일을 맞이했을 때 당은 그에게 자녀들의 교육비로 상당한 금액을 내놓았다.

1892년 사회민주당 회의에서 주요 당직자들의 봉급을 놓고 심각한 논쟁이 벌어졌을 때 그 중심부에 빌헬름 리프크네히트가 있었고, 아이들 교육문제가 간접적인 역할을 했다. 2년 전에 반사회주의법이 폐지되면서 당과 노동조합 조직은 폭발적으로 커졌다. 당 기관지의 발행 부수도 선전자료가 필요할 정도로 늘어났다. 이것은 주요 당직자들에게도 좋은 일이어서 처음으로 적절한 봉급을 받았다.

당 기관지 〈전진〉지의 발행인 자격으로 리프크네히트가 받은 연봉은 약 1만 마르크에 이르렀다. 라이프치히에서 베를린으로 이사한 다음 사회민주당 당수는 고급 주택가인 샤를로텐부르크에 아파트를 얻었다. 연간 집세가 적어도 1750마르크 정도였다. 그것은 보통 노동자 연수입의 두 배에 이르는 금액이었다. 당 대회에서 그 때문에 심각한 논쟁이 벌어졌다. 리프크네히트는 당내 비판자들에게 이와 같이 대답했다.

"내 봉급은 상당히 높게 보일 것이다. 그러나 아이들이 생존경쟁을 하도록 필요한 교육을 시키려면 그보다 적은 돈으로는 견딜 수 없다."

리프크네히트의 모든 아들들은 성공적으로 니콜라이 학교를 통과하고 이어서 대학교 공부를 마쳤다. 테오도어, 카를, 빌헬름 등은 법률가가 되었고, 오토는 화학자, 쿠어트는 의사가 되었다. 그들은 모두 직업생활에서도 성공적이었다. 테오도어와 카를은 제1차 세계대전 이전에 베를린에서 가장 큰 법률 사무소 하나를 세웠고 뒷날 동생 빌헬름도 합류했다. 쿠어트는 1920년대에 웨딩의 '붉은 의사'로 유명했다. 화학자가 된 오토는 도이치 금은 가공 회사에 취직해서 마인 강변의 프랑크푸르트로 갔다. 그곳에서 1907년 유명한 세제 페르질의 가장 중요한 원료가 되는 과붕산염을 개발했다.

카를 리프크네히트는 1890년 부활절에 고등학교를 마쳤다. 그런 다음 라이프치히 대학교에 등록했다. 부모가 이사하면서 그도 베를린 대학교에서 공부를 계속해서 1893년 학교를 마쳤다. 고등학교 기록을 보면 그는 원래 의학을 공부할 생각이었다. 그러나 아버지가 그에게 전공을 바꾸도록 권했던 것 같다. 계속 커지는 노동운동은 장기적으로 노동자 계층에서 나온 법률가들을 절실하게 요구했다. 1906년까지 국회의 사회민주당 의원들은 세 명의 변호사를 지적했다. 빌헬름 리프크네히트는 둘째아들의 전공 방향만 정해준 것이 아니라 박사학위를 받도록 권했다. 아들이 1897년에 뷔르츠부르크 대학교에서 박사학위를 받자 아버지는 친구들에게 이렇게 말했다.

"카를이 내 소원에 맞게 박사학위를 따서 정말 기뻐."

카를 리프크네히트의 자녀들은 가족의 이런 전통을 따르지 않았다. 오직 딸 베라(1906년생)만이 의학 공부를 마쳤다. 그러나 그녀는 스물여덟 살의 젊은 나이에 결핵으로 죽었다. 장남 빌헬름(1901년생)은 아버지와 비슷하게 외국어에 재능이 있었지만, 이런 재능을 성공적인 학업으로 바꾸는 데는 성공하지 못했다. 그는 제1차 세계대전 기간 점점 더 학교에 흥미를 잃어버리자 감옥에 있던 아버지가 그에게 이렇게 하소연했다.

"아들아, 학교가 지루하다고 말한다면 잘못 생각한 것이다!"

그는 고등학교 시절 자신을 매혹시킨 온갖 전공분야들을 나열한 다음 이렇게 경고했다.

"지금 그것을 배우지 않는다면 영원히 배우지 못할 것이다."

아버지가 죽은 다음 빌헬름은 목적도 없이 유럽을 돌아다니다가 마지막에 모스크바에 정착해서 마르크스-레닌주의 연구소에서 일했다. 그는 1975년에 모스크바에서 죽었다. 둘째아들 로베르트(1903년생)는 화가가 되었고, 국가사회주의자들이 권력을 잡은 다음 베를린을 떠나야 했다. 제2차 세계대전 동안 스위스에 망명했다가 1995년 죽을 때까지 화가로 파리에서 살았다.

아버지의 죽음과 아들의 독립

아버지와는 달리 카를 리프크네히트는 아버지를 위해서 어머니가 한 것처럼 가족의 의무에서 자기를 완전히 해방시켜주는 여자와 결혼하는 행운을 갖지는 못했다. 율리아 파라디스와의 첫번째 결혼은 양가 부모들의 우정에서 나온 것이었다. 그녀는 부유한 상인의 딸로서 어린 시절에 벌써 리프크네히트의 다섯 아들과 놀았다.

유감스럽게도 그녀에 대해서는 많은 것이 알려져 있지 않다. 그냥 간접적으로 이 젊은 부부가 대 부르주아 생활을 했다는 것을 알 뿐이다. 그들이 살던 집 주소가 그것을 말해준다. 카이저 빌헬름 거리는 베를린의 저명인사들이 살던 거리에 속했고, 알렉산더 광장 방향으로 대성당과 성을 지나쳐 가는 운터 덴 린덴 거리의 끝에 자리잡고 있다. 이 거리는 동독 시절 카를-리프크네히트 거리라고 이름이 바뀌었고 오늘날에도 그 이름 그대로이다.

러시아 사회민주주의자 랴도프는 리프크네히트가 1904년 이후 정기적으로 러시아에서 온 정치 망명객들이 사는 곳을 방문하곤 했다고 말한다. 그는 '많은 하인들을 거느린 당당한 집'에서 얻은 피로를 그곳에서 풀려 했던 것 같다고 랴도프는 말한다. 젊은 지식인들과 불법적인

카를 리프크네히트와 두 번째 아내 소피, 그리고 그의 아이들. 오버비젠탈, 1913년. 왼쪽부터 로베르트, 베라, 빌헬름(헬미).

사회민주당 일꾼들 사이에 있던 소탈하고 억압적이지 않은 분위기가 리프크네히트에게 자신의 어린 시절을 생각나게 했던 것 같다. 러시아 이민자들과의 접촉은 처음에는 정치적이기보다는 법률적인 성격을 띤 것이었다. 변호사 리프크네히트는 프로이센 법정에서 벌어지는 도망친 러시아 사람들의 추방 재판에서 그들을 변호하고, 그러면서 러시아의 사정과 러시아 사회민주주의에 대해서 어느 정도 들었던 것 같다.

  1906년 초에 이곳을 방문했을 때 그는 소피 리스를 만났다. 그녀는 1912년 10월 1일에 그의 두 번째 아내가 되었다. 첫번째 아내와 비교해보면 박사학위를 받은 미술사가인 이 여성은 상당히 해방된 사람이었다. 리프크네히트가 뒷날 전선과 감옥에서 보낸 편지들에 들어 있는 암시들을 보면, 이들의 관계는 결혼 전에 이미 단순한 우정 이상의 것이었던 것으로 보인다.

율리아 리프크네히트가 1911년 여름 바트엠스에서 담낭 수술을 받고 갑자기 죽자 두 사람에게 길이 열렸다. 혼자 살다가 갑자기 다섯 명이나 되는 가족의 주부가 되는 일이 소피 리프크네히트에게는 대단히 힘든 일이었던 것 같다. 어머니가 죽었을 때 아이들은 각기 다섯 살, 여덟 살, 열 살이었고 각별한 감정적 보살핌이 필요했다. 아버지도 그랬듯이 카를 리프크네히트도 이런 보살핌을 제공할 수 없었다. 로자 룩셈부르크가 살짝 아이러니를 섞어서 편지에 쓴 것처럼 그는 언제나 '북새통' 속에 살았다. 1901년 이후로 베를린 시의회 의원, 1908년 이후로 프로이센 주의회 의원, 1912년 이후로 도이치 제국의회(국회) 의원으로서 그에게는 개인적인 일을 돌볼 시간이 거의 없었다. 여기다가 법률가 사무소의 직업적인 의무들도 덧붙었다.

전쟁이 시작된 이후로 이 공공연한 반전주의자는 가족에게서 완전히 떠났다. 1915년 1월에 당시 거의 마흔네 살이 된 그는 보충병 자격으로 전선에 나가야 했다. 1년 뒤에는 포츠담 광장에서 전쟁에 반대하는 공공연한 항의를 한 탓으로 감옥에 갔다. 리프크네히트는 전쟁 발발 직후에 벌써 아내에게 이렇게 써보냈다.

> 내가 정치가로서뿐만 아니라 인간으로서 살 수 있다면 우리의 관계는 훨씬 긴밀하고 지속적으로 되겠지만……, 정치가 나를 파먹어버렸소. 모든 실마리를 다 삼켜버렸습니다.

1918년 10월에 정해진 것보다 더 빨리 감옥에서 풀려나기는 했지만 11월 혁명의 발발은 다시 그에게 정치적 활동 이외에 다른 일을 위한 시간을 주지 않았다. 3개월 뒤에 그는 죽었다. 그의 가족은 가장이 그토록 잔인하게 죽임을 당한 일을 이겨낼 수 없었다. 10년이 지난 다음에도 아들 로베르트는 형에게 보낸 괴로운 편지에서 이렇게 말하고 있다.

아빠가 죽은 이후로 우리 가족은 모두 신경이 망가졌어.

남편이 살아 있을 때도 이미 소피 리프크네히트는 아이들을 위해서 아버지와 어머니 노릇을 하는 것을 아주 힘들어했다. 뒷날 그녀는 이렇게 회고했다.
"나는 아이들과 내가 견딜 만한 삶을 만들기 위해서 노력했다. 그리고 모든 일을 올바르게 하려고 했지만 많은 것이 잘못되었다."
아버지와는 반대로 카를 리프크네히트는 경제적으로 안정된 위치에서 정치경력을 시작했다. 변호사 개업은 충분한 이상의 수입을 주었던 것 같다. 게다가 첫번째 아내는 적지 않은 지참금을 가지고 왔다. 물론 아버지처럼 아들도 개인 자산을 정치적 목적을 위해 투자할 각오가 되어 있었던 것으로 보인다. 그렇게 해서 그는 제1차 세계대전 전에 이미 러시아의 정치범과 박해받는 사람들을 위해서 활동했다. 러시아는 주로 러시아 사회민주주의 노선을 따르던 정치적 망명자를 추적하기 위해 프로이센과 긴밀한 협조관계를 맺고 있었다.

1905년 러시아 혁명이 실패한 다음 그는 당 동료들을 후원하기 위해 상당한 금액을 내놓았다. 얼마 뒤에 그 자신이 군국주의 문헌 발간으로 인해서 프로이센 정부와 갈등을 겪게 되었다. 1907년에서 1909년까지 18개월간 감옥에 있는 동안 변호사 사무실의 수입이 없어졌다. 당황한 그는 민나 카우츠키에게 편지를 써보냈다. 그녀의 아들 카를 카우츠키는 사회민주당의 지도적 이론가였다.

내 집은 정말 비참합니다. 거의 모두가 서로 충돌하고 있어요.

그렇지만 1914년까지 가족의 경제사정은 다시 안정되었던 것 같다. 그 이후로 형편은 다시 급속도로 나빠졌다. 전쟁이 계속될수록 변호사 사무소의 수입이 없어졌다. 나아가 리프크네히트는 정부와 사회민주당 지도부의 전쟁 정책에 반대하는, 불법으로 낙인찍힌 활동을 하기 위해서 돈이 점점 더 많이 필요했다. 그가 죽었을 때 가족은 이렇다할 재산이 거의 없었다. 게다가 소피 리프크네히트도 러시아의 사회주의 혁명을 통해서 자신의 유산을 잃어버렸다. 지금까지 알려진 출전들에서 밝혀진 바에 따르면 전쟁 동안에 이미 리프크네히트의 자녀들은 물질적으로 아버지 형제들의 도움을 받았다. 특히 카를의 형 테오도어가 이 의무를 떠맡았던 것으로 보인다. 빌헬름 리프크네히트가 죽은 다음 그는 가족 안에서 가장의 임무를 떠맡았다.

정치 입문은 카를 리프크네히트에게는 자명한 일은 아니었다. 아버지의 생각과는 달리 아들은 아버지의 정치 사업을 계속하는 것을 철저히 망설였다. 1893년 공부를 끝낸 다음에 그는 이복누이 알리스에게 이렇게 써보냈다.

아빠가 매일매일, 그리고 해마다 해내고 있는, 거의 달갑지도 않고 거의 얼을 빼놓는 일을 보고 있으면 나는 놀라움에서 벗어날 수가 없어.

그러고 나서 1898년 그가 변호사 교육을 마쳤을 때 아버지 빌헬름은 아우구스트 베벨을 통해서 사회민주당 지도부에 자기 아들이 '유급 당원'으로 입당할 수 있는가 물었다. 당 지도부와 감사위원회는 그것을 거부했다. 그들은 정실 인사라는 인상을 만들어낼 수는 없다고 거부 이유를 밝혔다. 이런 이유가 늙은 사회민주당 당수에게는 상당히 이상하게 여겨진 모양이었다. 그래서 그는 마르크스 딸 엘레오노어를 추모하는 글에서 뛰어난 부모의 아이들은 '단순한 달 같은 존재'여서는 안 되고 스스로 '태양의 천성'을 발전시켜야 한다고 말했다.

사회민주당 지도부가 당 창설자에게 보인 태도는 1880년대 이후로 대단히 이중적인 것이었다. 밖으로 보면 그는 존경받는 간판 스타로 이용당했다. 그러나 카를 마르크스가 죽은 이후로 당 내부의 결정과정에서 그는 아무런 역할도 하지 못했다. 브리기테 제바허 브란트는 베벨 전기에서 이렇게 썼다.

그들은 그를 진지하게 여기지 않았다. 편지에서 그를 조롱했다.

마르크스가 살아 있는 동안 리프크네히트의 위치는 확고했다. 이 위대한 이론가는 모든 비판에도 불구하고 리프크네히트의 편을 들었다. 리프크네히트는 마르크스의 권위를 철저히 수용했다. 프리드리히 엥겔스의 경우는 제한적으로만 그랬다. 1870년에 갈등이 일어났을 때 그는 런던으로 이렇게 써보냈다.

이론의 영역에서는 기꺼이 엥겔스에게 묻겠습니다. 그러나 실천 영역에서는 내가 좀더 안다고 생각합니다.

마르크스의 죽음과 더불어 엥겔스가 당 권력의 중심부로 들어왔다. 그는 자신의 통신원들, 특히 아우구스트 베벨, 카를 카우츠키와 힘을 합쳐서 빌헬름 리프크네히트가 철저히 배제되도록 만들었다. 베벨은

1900년 8월 12일 베를린에서 노동자 지도자 빌헬름 리프크네히트의 죽음을 애도하는 행렬.

이론의 여지가 없는 당의 지도자로 부상했고 카우츠키는 당 이론가가 되었다. 그런데도 사회민주당 공동 창설자인 리프크네히트는 자기 아들이 자기가 시작한 작업을 계속해야 한다고 확신했다.

당으로부터 경제적으로 독립하기 위해서 두 아들이 공동으로 변호사 사무실을 설립하기에 이르렀다. 국가기관이 가족의 경제적 기반을 위협할 가능성을 갖지 않도록 테오도어는 철저히 정치를 멀리해야 했다. 그에 반해서 카를은 정치적으로 활동할 수 있었다. 이런 약속은 카를 리프크네히트가 죽을 때까지 지켜졌다. 그 다음에 비로소 테오도어는 자신의 절제를 중단하고 정치활동을 했다. 변호사 사무실에서 그가 맡았던 역할은 이번에는 동생 빌헬름에게 넘어갔다.

아버지의 정치적 사업을 계속하도록 카를 리프크네히트의 마음을 움직인 결정적인 체험은 1900년 8월 7일 아버지의 죽음이었다. 또는 더

낮게 말하자면 존경하는 노동자 지도자의 죽음에 대해 사람들이 보인 반응이었다. 장례식 다음날 〈전진〉지는 이렇게 보도했다.

도이칠란트에서는 어떤 사람도, 영주도, 정치가도, 시민도, 빌헬름 리프크네히트와 같은 최후의 휴식을 얻은 사람은 없었다.

이 말은 과장이 아니었다. 1900년 8월 12일 15만 명 이상의 사람들이 장례행렬을 마지막으로 보기 위해서 베를린 거리를 뒤덮었다. 국내와 국외의 수많은 추종자들이 참석할 수 있도록 장례식은 일부러 일요일로 잡혔다. 거의 일주일 동안 죽은 사회민주당 공동 창설자의 생애에 대한 이야기가 〈전진〉지 기사의 중심을 이루었다. 샤를로텐부르크의 칸트 거리에 있는 죽은 사람의 집에서 프리드리히스펠트의 공동묘지까지 화환과 꽃 장식을 수송하기 위해서 33대의 자동차가 필요했다.

200명의 질서 유지 요원이 투입되어서 장례행렬을 유도했다. 행렬은 트라우엔치엔을 거쳐 기치너 거리를 따라 오버바움 다리를 건너 바르샤바 거리와 프랑크푸르트 가로를 지나 목적지에 도달했다. 12시 30분에 샤를로텐부르크를 떠난 행렬은 목적지에 도달하기까지 거의 여섯 시간이나 걸렸다. 베를린의 교통은 대단한 혼잡을 겪었다. 〈전진〉지의 보도에 따르면 행렬이 지나가는 길에 있는 음식점과 술집들은 손님들이 넘쳐서 재고가 동날 지경이었고, 시의 나머지 지역에서는 파리를 날렸다고 한다.

파울 징거와 아우구스트 베벨이 조문을 낭독했다. 13년 뒤에 베벨이 죽었을 때 낭독된 조문의 취지와 비교해보면 놀라움을 느끼지 않을 수 없다. 모든 참석자들은 빌헬름 리프크네히트의 죽음과 더불어 사회민주주의 노동자 운동의 역사적 시대가 종말을 고했다고 느꼈다. 베벨은 이렇게 표현했다.

"우리 운동의 요람 곁에 서 있던 위대한 사람들 가운데 마지막 사람이 죽었다."

이런 인상은 스물아홉 살의 아들에게 압도적으로 작용했던 것이 분명하다. 며칠 뒤에 그는 공식적으로 사회민주당에 입당했다. 그것도 철저히 상징적인 의미를 지닌 베를린 6선거구에서였다. 그의 아버지는 1887년 이후로 도이치 의회에서 바로 이 선거구를 대표했기 때문이다. 그는 율리우스 모텔러에게 이렇게 고백했다.

"자기를 잊고서 끝없이 활동적이고 결실 풍부한 활동을 함으로써 가장 소중한 모범을 어느 정도라도 따라하는 것, 그것이 바로 조상에 대한 숭배의 태도이며, 나는 바로 그 길을 시작했고, 시작하고 싶습니다."

사회민주당 지도부는 당 창설자의 아들을 양팔을 벌리고 맞아들이지는 않았다. 거의 자동적으로 정치적 상승으로 연결시켜줄 베를린 선거구를 그에게 할당해주지 않고 그를 지방으로 보냈다. '포츠담, 슈판다우, 동부 하벨란트' 선거구는 '황제 선거구'였다. 그곳의 주민은 중간 또는 상류 시민계층으로 대변되었고, 이들은 황제의 거주지에서 대개 호엔촐레른 가문을 위해 봉사하는 사람들이었다. 그와 나란히 슈판다우의 무기 업체에서 일하는 노동자들이 살고 있었다. 사회민주당의 선동작전이 먹혀들기가 거의 어려운 곳이었다.

그런데도 카를 리프크네히트는 용기를 잃지 않고 당과 유권자 사이에서 자신의 정치활동을 위한 기반을 찾아냈다. 모든 기대에 반해, 그리고 그 자신은 구금된 상태에 있었는데도 불구하고 1908년에 그는 프로이센 지방의회 의원으로 선출되었다. 4년 뒤에 그는 도이치 의회로 도약했다.

자신만의 길을 가다

카를 리프크네히트는 아버지와 마찬가지로 철저한 이론 연구를 통해서 정치에 입문하지 않았다. "우리 사회민주당은 성자(聖者)를 필요로 하지 않는다."고 말한 아버지와 비슷하게 아들도 사회주의의 이론을 절대적으로 타당한 진리라고 보지 않았다. 1902년 그가 이론적인 당 기관지 〈새 시대〉를 위해 첫번째 강령적 기고문을 발표했을 때 그는 글 첫머리에서 이렇게 선언했다.

마르크스주의! 인류에게 새로운 길을 제시한 사람들 가운데 마르크스만큼 잘못 취급된 경우도 많지 않다. 그의 수많은 작품들에 …… 존재하는 모순들을 누가 일축할 수 있겠는가?

젊은 사회민주주의자는 정치적·경제적으로 옳지 못하다고 여기는 프로이센-도이치의 사회상황을 구체적으로 바꾸는 일을 자신의 문제로 삼았다.

이렇게 부당한 질서의 보루는 바로 도이치 제국에서 가장 강력한 지방인 프로이센이었다. 리프크네히트의 생각은 제국 전체의 사회구조를 결정하고 있는 두 가지 구조 요소에 집중되었다. 그것은 프로이센-도이치 군국주의와 프로이센의 3개 계급 선거권 문제였다. 무엇보다도 3계급 선거권은 당시 프로이센을 지배하고 있던 정치적 부당함의 규모를 분명히 드러내 보여주는 것이다. 직접세를 내고, 스물네 살에 이르렀고, 시민권을 소유한 모든 국민은 투표권을 가졌다. 그러나 이 투표권은 3개 계급으로 나뉘었다. 그것도 '전체 세수 총액의 1/3이 각 영역으로' 할당되도록 되어 있었다.

제1계급 유권자는 투표권 3을 갖고, 제2계급은 투표권 2를, 제3계급은 투표권 1을 가졌다. 이렇게 투표권의 가치가 차이난다는 점을 제외하고도, 프로이센의 토지 소유자들(융커)은 실질적으로 거의 세금을 내지 않으면서도 제1계급의 투표권을 가진다는 문제점이 있었다. 보수주의 정당은 투표자 수로 따지면 사회민주당보다 훨씬 적은 지지자만 얻었으면서도 도이치 제국 마지막까지 프로이센 지방의회에서 압도적 다수를 차지했다.

1908년이 되어서야 비로소 불리한 선거제도에도 불구하고 사회민주당은 소수의 대표를 프로이센 지방의회에 내보낼 수 있었다. 카를 리프크네히트가 그 가운데 한 명이었다. 그의 아버지는 원래 프로이센 지방의회 선거에 참여하는 것 자체를 반대했다. 그렇게 되면 이런 상황을 간접적으로 인정하는 것이라고 보았기 때문이다. 그러나 아들은 프로이센의 상황을 공개적으로 비난하기 위해서 의회의 기반을 이용했다. 그는 그곳에서 '의회의 신사 여러분'에게가 아니라 저 바깥의 대중을 향해 연설했다. 그렇게 함으로써 그는 아버지가 국가의 박해를 받는 노동자 지도자로서 발전시켰던 전략을 받아들였다. 아버지 빌헬름 리프크네히트는 언젠가 한 번 제국의회에서 다수를 차지한 보수세력을 향해서 이렇게 외친 적이 있었다.

"신사 여러분, 나는 프로이센 땅에서 유일하게 발언의 자유가 있는 이 장소에서 여러분을 향해서 말하는 것이 아닙니다. 나는 저 바깥의 국민을 향해 말한다는 것을 여러분에게 밝히는 바입니다."

아들도 의회 바깥의 활동이야말로 프로이센의 상황과 아울러 도이칠란트 전체의 상황을 변화시킬 수 있는 유일한 가능성이라고 보았다. 그러나 사회민주당 지도부는 그럴 각오가 되어 있지 않았다. 그들은 국가의 압력이 두려웠다. 물론 아무 일도 하지 않는다는 인상을 일깨우지 않기 위해서 지도부는 구체적인 정책 목적을 내놓지도 않으면서 당원들에게 데모를 부추겼다. 1910년대가 지나는 동안 제국 전역에서 대규모 선거권 데모들이 벌어졌지만 아무런 성과도 거두지 못했다. 그 대신에 그들은 정치적 반대당의 자발적인 양보와 의회활동의 성과에 희망을 걸었다. 1913년 리프크네히트는 프로이센 동지들의 양심에 이렇게 호소했다.

"우리가 3계급 선거권의 도움을 받아서 의회에서 3계급 다수당을 쓰러뜨릴 것이라고 믿는 것은 완전히 미친 짓이다."

리프크네히트의 정치적 활동의 두 번째 강세는 프로이센-도이치 군국주의 문제였다. 1907년에 그는 반군국주의 사상을 이렇게 표현했다.

"군국주의는 우리의 가장 고약한 적이며, 그에 맞서 싸우기 위해서는 군인들 사이에 사회민주당원을 꾸준히 증가시키는 것보다 더 좋은 방법이 없다."

아주 일찍부터 그는 사회민주주의 청년운동의 조직화를 위해 힘썼다. 미래의 병사들에게 군대생활 중의 권리를 일깨워주기 위해서였다. 이 글의 정책적인 결론은 이와 같다.

"젊은이를 가진 사람이 군대를 장악한다."

그러나 프로이센에 반대하는 정책도 이미 그랬듯이 그의 반군국주의 노선도 당 지도부의 지지를 얻지 못했다. 특히 당수인 아우구스트 베벨은 국가기관이 그 때문에 노동자 운동에 대해 심각한 조치를 취할까 두려워했다. 노동자 운동은 정면으로 맞서기에는 아직 너무나도 허약했다. 그는 카를 리프크네히트에 대한 재판에 증인으로 나서서 이렇게 말했다.

"우리는 특히 반군국주의 선전활동이 실질적으로 잘못이고 전략적으로 옳지 못하다는 생각이다."

1872년에 이미 빌헬름 리프크네히트가 그랬듯이 1907년에 아들도 반역죄로 고발되었다.

이 고발이 1870년 당시 아버지에 대한 고발을 유도했던 프로이센·프랑스 전쟁과 연관성을 가진다는 사실은 아마도 역사의 아이러니라고 해야 할 것이다. 그러나 아들은 아버지의 모범에 따라서 재판정을 군국주의와 반군국주의에 대한 자신의 생각을 밝히는 장소로 이용했다. 두 재판과정의 유사성은 당시 사람들에게는 아주 분명하게 의식되었다. 남부 도이치 사회민주당 지도자인 루트비히 프랑크는 많은 주목을 받은 연설에서 이렇게 설명했다.

"아버지처럼 그(카를)도 사회주의와 반군국주의라는 위대한 기본사상을 천명할 기회를 잡았다."

제1차 세계대전이 일어나고 난 다음 카를 리프크네히트가 1914년 12월 2일에 도이치 제국의회에서 전쟁 채권 발행에 반대했을 때 그는 국내외에서 반전운동의 상징이 되었다. 로자 룩셈부르크와 함께 그가 유명한 노예 '스파르타쿠스'의 이름을 따서 진행시킨 반전운동은, 국가기관의 압력으로 인해 제한된 의견 표현만 가능했는데도 전쟁기간이 길어지면서 노동자와 군인들 사이에서 반향을 얻었고, 정부와 사회민주당 지도부에 압력으로 작용했다. 특히 제국의회에서 '서면상의 대정부 질문' 활동을 통해서 그는 이른바 '방어전쟁'이라는 공식적인 정부 진술의 모순을 지적할 수 있었다. 1916년 5월 1일 베를린의 포츠담 광장에서 그가 주도한 반전시위와 이어서 벌어진 재판에서 4년 징역형을 언도받으면서 그는 순교자로 부상되었다.

1918년에 군사적 패배에 이어 도이치 제국이 붕괴*되자 석방된 반전주의자들은 전쟁에 지친 대중에게는 희망의 상징으로 보였다. 그러나 대중은 평화를 원했지 혁명을 원하지는 않았다. 그에 반해서 리프크네히트는 이제 마침내 프로이센-도이치의 증오스런 상황을 근본적으로 바꿀 기회가 왔다고 보았다. 그러나 아직도 사회민주당의 다수는 구질서의 권력상황을 실질적으로 제거할 각오가 되어 있지 않았다.

1918년 11월 9일 황제가 퇴위하던 날에도 사회민주당 당수 프리드리히 에버트를 선두로 한 국민대표 평의회와 옛날 군 지도부 사이에는 협동이 이루어지고 있었다. 평화와 질서가 유지되어야 한다는 명목으로 국가의 행정체계와 군 지도부는 전혀 변하지 않은 상태로 그대로 남았다. 헌법에 맞는 변화는 뒷날 열릴 국회가 할 일로 남았다.

리프크네히트는 이런 유보를 거부하고 황제의 퇴위를 부른 11월 혁명의 대중에게 '혁명적 행동'을 하라고 촉구했다. 혁명정부는 이런 행동을 물리적 위협이라고 느꼈다. 그러나 리프크네히트는 '프롤레타리아 독재'라는 볼셰비즘 의미에서의 폭력 사용을 생각하지는 않았다. 노동계층의 해방을 위한 혁명이란 그에게는 정신적인 과정이지 힘의 문제는 아니었다. 1872년의 반역죄 재판에서 이미 그의 아버지는 이렇게 선언했다.

역사 읽기

1918년 도이치 제국의 붕괴 : 제1차 세계대전에 패하면서 도이칠란트는 거의 내전상태에 빠졌다. 1918년 11월 9일 빌헬름 2세가 퇴위하고 네덜란드로 망명함으로써 도이치 제국은 붕괴되었다. 거의 절대주의적 관료국가가 갑작스럽게 의회민주주의 국가로 변했다. 이 해 11월 둘째 주의 불안하기 이를 데 없는 정치상황에서 세 개 그룹이 권력을 놓고 경쟁을 벌였다. 먼저 군부와 관료 등 옛 제국의 잔존세력, 그리고 의회의 온건 정치세력(사회민주당, 중앙당, 좌파적 자유주의자), 그리고 이들 온건파에 반대한 좌파 혁명세력이었다. 그러나 며칠 만에 급진좌파 지도자들이 군부에 의해 제거되고 사회민주당이 주축이 된 의회의 온건파가 이끄는 허약한 바이마르 공화국 시대가 불안하게 시작된다.

정신적인 투쟁만이 인간적이다. 우리는 인간이며, 인간이 사용하는 무기는 두뇌이지 주먹이 아니다.

이런 이유에서 아버지 빌헬름도 아들 카를도 정치적 적들과 정신적인 대립만 염두에 두고 있었다. 그들은 결국은 더 나은 일, 올바른 일이 승리하게 될 것이라고 확신했다. 리프크네히트 부자가 의회에서 벌였던 '서면상의 대정부 질문'이, 비판자들이 언제나 지적하듯이 그토록 무의미한 것이었다면 그들이 그것에 대해서 어째서 그토록 감정적으로 대응했는지를 이해할 수 없게 된다.

오늘날 우리는 제1차 세계대전의 실질적인 발발 및 도이치 제국의 활발한 참여에 관해서 카를 리프크네히트가 가졌던 추측들이 상당히 진실에 접근한 것임을 알고 있다. 1918~1919년 도이치 공산당의 창설도 이런 맥락에서 보아야 한다. 리프크네히트나 로자 룩셈부르크는 도이치 제국이 붕괴한 이후에도 프로이센-도이치 사회의 빠른 변화를 기대할 수는 없다는 것, 그렇기 때문에 장기간에 걸친 발전과정을 준비해야 한다는 사실을 인식했다.

그에 비해서 구질서의 대표자들, 특히 군부 대표자들은 4년 동안의 전쟁과 군사적 패배를 앞에 두고 자신들의 사회적 특권을 지키기 위해서 무슨 일이든 할 각오가 되어 있었다. 필요할 경우 폭력을 이용할 생각이었다. 1919년 1월 6일 리프크네히트가 혁명정부 타도를 선동하는 잘못을 범했을 때, 그는 군부측에게 자신들의 이익을 위협하는 정치세력을 제거할 구실을 제공한 것이었다. 반군국주의 및 반전주의자에게로 관심이 쏠린 것은 당연한 일이었다.

세심한 몰이사냥을 한 끝에 근위 기병대는 1919년 1월 15일 카를 리프크네히트와 그의 동지 로자 룩셈부르크의 흔적을 찾아내서 체포했다. 발데마르 팝스트 대위는 '처형' 명령을 내렸다. 그것은 바로 암살을 뜻했다. 당시 통치세력이 어느 정도까지 알고 있는 상태에서 이 사건이 벌어졌는가 하는 것은 오늘날의 관점에서는 중요한 일이 아니다. 중요한 것은 사회민주당 지도자들이 당 창설자의 아들이 살해당하는 것을 막지 못했다는 사실이다.

양심의 가책이 당시 사회민주당 지도자들의 마음에 깊이 남았던 것이 분명하다. 1920년대 초에 프리드리히 에버트는 대통령 자격으로 프랑크푸르트를 방문했을 때 사회민주당 창설자의 셋째아들에게 만나기를 청했다. 그의 아들 쿠어트가 회고한 바에 따르면 에버트는 '리프크네히트 집안과 평화를 맺기'를 원했다고 한다.

소명으로서의 정치

리프크네히트 부자는 정치적 행동과 사유를 위해서 19세기 도이치 이상주의에 나타났던 것과 동일한 생각에서 출발했다. 두 사람은 정치가로서 인류의 발전을 위해 기여하고자 했다. 그들은 인류의 더 높은 발전이란 공정한 휴머니즘 사회를 이루는 일이라고 생각했다. 이런 목표의 실현은 프로이센-도이치 사회의 불공평한 상황을 통해서 방해를 받았다. 이런 이유에서 리프크네히트 부자는 노동자들의 정치적 운동을 만들어내기 위해 노력했다. 노동자 운동은 한편으로는 발전의 의미에서 노동자 계층을 계몽·교육하는 것이고, 다른 한편으로는 정치적 적수들에게서 양보를 받아내기 위한 조직기반이 되어주는 것이다. 사회민주당 창설자(아버지)는 1872년 라이프치히 반역자 재판에서 이렇게 요약하고 있다.

"계급지배를 없애는 것은 …… 인류의 해방과 동일한 의미다."

도이치 공산당 창설자(아들)도 그가 죽임을 당하던 날 발간된 최후의 기고문에서 이와 비슷한 말로 사회적 발전의 궁극목표를 표현했다. 그에 따르면 온갖 순간적인 패배에도 불구하고 결국은 '구원된 인류의 세상이 지배할 것'이다.

이런 목표설정을 놓고 보면 리프크네히트 부자가 정치활동을 위해서 그토록 믿을 수 없는 에너지와 희생을 바친 이유를 이해할 수 있게 된다. 그들에게 정치는 직업(Beruf)이 아니라 소명(Berufung)이었다. 빌헬름 리프크네히트가 1868년에 두 번째 아내를 알게 되었을 때 그는 자신의 정치활동의 이유를 이렇게 설명했다.

"계급투쟁은 살아 있는 사람들의 싸움입니다. 현실적이고 개인적으로 진행되는 진짜 싸움이죠……. 누구나 함께 싸우고 누구나 자신의 전부를 저울접시에 던져넣는 싸움입니다."

카를 리프크네히트는 1917년 감옥에서 아들에게 보낸 편지에서 자신의 행동근거를 거의 동일한 말로 이렇게 설명하고 있다.

의식적으로 높은 목표를 설정하고 자신의 내면에서부터 고귀한 일을 행하라는 충동에 이끌리는 사람의 의무는, 자신의 모든 능력, 자신의 존재 전체를 인류의 발전을 위한 싸움에 던져넣는 것이라는 사실을 너는 배워야 한다.

이러한 정치적 소명감은 리프크네히트 부자를 사회민주당 지도부에 맞서 고립에 빠지도록 만들었다. 당의 공동 창설자였던 빌헬름은 1880년대 중반 이후로 당의 지도부에 속하지 않았다. 그의 아들은 당 지도부에 포함된 적도 없었다. 그런데도 흥미로운 일이지만 두 사람은 당원들과 유권자들을 노동운동을 위해 동원할 수 있었다.

이 두 사람의 꾸준하지만 정적(靜的)인 사고와 행동과는 달리 그들이 살아 있는 동안 정치적 환경은 격변했다. 도이치 제국의 전반적인 발전이라는 면에서도 그렇거니와 정치적 노동자 운동 내부의 발전이라는 면에서도 그랬다. 도이치 제국이 지도적인 산업국가로 부상한 일은 노동운동에도 긍정적인 성과를 가져왔다. 노동자 조직이 광범위하게 안정될수록 그 지도자들은 자기 존재를 위협하는 일을 감수할 생각이 더욱 줄어들었다. 제1차 세계대전이 터지던 시점에 프롤레타리아들은 카를 카우츠키가 정확하게 표현한 대로 '자기들을 얽어맨 사슬'보다 잃어버릴 것이 훨씬 더 많았다.

그러나 전쟁이 구체적인 현실로 나타났을 때 노동자 지도자들은 프로이센-도이치의 현존하는 사회를 옹호할 것인지 변화시킬 것인지 결정을 내려야 했다. 그들은 정치적 적대자들이 나중에 양보해줄 것이라는 희망을 품고서 옹호하는 쪽을 선택했다. 이 희망이 얼마나 공허한 것이었는지는 그 이후 사태의 발전과정이 보여준다. 패배한 러시아에 대한 브레스트-리토브스크 조약만 생각해보아도 알 수 있다.

아버지 빌헬름도 아들 카를도 도이치 정치에 들어 있는 치명적인 프로이센 요소를 올바르게 평가했다. 두 사람은 또한 불평등한 국가 프로이센에 도전할 시민으로서의 용기를 가졌다. 아들은 그 대가로 목숨을 바쳐야 했다. 제1차 세계대전 이전 사회민주당의 유명한 이론가였던 카를 카우츠키는 도이칠란트에서 정치적 노동자 운동의 부정적인 전개과정을 일찌감치 알아차렸다. 빌헬름 리프크네히트가 죽고 1년이 지났을 때 벌써 그는 오스트리아의 사회민주당 당수인 픽토르 아들러(V. Adler)에게 자기 비판적인 어조로 이렇게 말하고 있다.

"신경성 퇴화가 — '궁핍화'의 부르주아적 형식 — 이미 우리 사지 속에 들어와 있다."

아버지의 숨겨진 욕망을
실행한 아들

―토마스 만과 클라우스 만―

마리안네 크륄

1949년 5월 칸에서 자살하기 직전의 클라우스 만. "가장 현대적인 장비를 갖춘 야만성의 돌진 아래서 문명이 무너져 내리는 동안 지식인이나 예술가에게는 보편적인 당혹감과 고통을 표현하는 일말고 무슨 할 일이 남아 있겠는가?" 그의 마지막 수필집 《유럽 정신의 시련》에 나오는 말.

파멸

　문학적 복합성의 층위와 재미를 가진 글. 20세기 도이치 최고의 소설가인 토마스 만은, 전형적인 도이치 부르주아 계층이 붕괴하는 과정에서 나타난, 퇴폐적 정신과 예술적 감성을 가진 인물들의 모습을 대단히 탁월한 감각적인 문체로 그려냈다. 이 글에서 우리는 그의 문학작품에 표현된 그 퇴폐적 몰락과정의 현실적인 체험바탕을 읽을 수 있다.
　섬세하고 우아한 감성과 정신을 지녔던 토마스 만의 아버지는 성공한 사업가이기는 했으나 삶과 일에 지쳤던 인물. 유명한 두 작가 아들, 하인리히와 토마스는 아버지의 죽음을 문학작품에서 형상화했다. 그들의 누이 두 사람은 문학작품이 아니라 현실에서 죽음을 받아들여 일찌감치 자살했다.
　토마스와 카차 부부는 외형적으로는 견고하고 건강한 결혼생활을 유지했으며, 그의 내면에 깃든 퇴폐적·감각적 요소들은 문학작품으로 승화되었다. 그의 형제들에게서 나타난 부정적인 모습은 그에게서 찾아보기 어렵다.
　토마스 만의 장남 클라우스는 이런 가족사를 부담으로 짊어지고 태어나 성장했다. 아버지의 내면에 숨어 있던 부정적 요소들이 작가 지망생인 아들에게서 더욱 노골적으로 드러난다. 할아버지에서부터 시작된 존재의 위기는 세대를 거듭하면서 더욱 심화되고, 문학적으로 아버지만큼 성공하지 못한 클라우스는 고통과 허망한 슬픔 속에서 부정적인 가계 혈통의 성향을 드러낸다. 어느 정도 작가로서의 명성을 얻었지만 끝내 그는 부모보다 앞서 자살했다. 토마스 만의 또 다른 아들 미카엘도 나중에 자살했다.
　이 집안의 역사에 드러난 지속적인 하향곡선은 도이치 부르주아 계층이 몰락하는 풍경이기도 하다. 섬세하고 위태로운 영혼이 내면에 잠재된 에너지를 올바른 표현을 통해 생산적으로 표출하지 못할 때 그 존재가 어떤 심연 앞에서 흔들리는지 이 짧은 글은 생생하게 보여주고 있다.

1949년 5월 21일이었다. 강연여행 중이던 토마스 만이 막 스톡홀름에 도착했을 때, 전보로 아들 클라우스가 코트 다쥐르(프랑스 쪽 지중해) 해안에 있는 칸에서 자살을 했다는 소식을 들었다. 토마스 만은 당시 미국에 살고 있었다. 그는 전쟁이 끝난 다음 두 번째로 유럽에 온 참이었다. 이번에는 프랑크푸르트와 바이마르에서 괴테 상을 받기 위해서였다. 아내 카차와 마흔세 살 된 딸 에리카가 그와 함께 여행하고 있었다. 이 날짜 토마스 만의 일기는 이렇게 되어 있다.

호텔에 도착하자 가장 끔찍한 충격. 전보…… 그의 죽음을 알리는. 쓰라린 고통 속에 오래 함께 있었다. 마음속으로 어머니의 심정과 에리카에 대한 동정심으로. 그는 그들에게 그런 짓을 해서는 안 되었다. 이 행동은 뉴욕 약국에서 구한 수면제를 먹은 채로 그 자신도 기대하지 않은 상태에서 일어난 것이 분명하다.

그의 파리 체류는 끔찍했다(모르핀). 그에 관해서, 그리고 긴 손으로 항거할 수 없이 작용하는 죽음강박증의 작용에 관해서 많은 것. 상처를 입히고, 아름답지 못하고, 잔인하고, 배려도 책임도 없는 것. 모든 것을 중단하고 곧장 집으로 돌아갈까 하고 우리 여행계획에 대해 의논. 완전히 지쳐서 2시경에 잠자리에 들다.

얼마나 이상하게 비난에 가득 찬 소리인가! 어째서 아버지에게 아들의 '죽음강박증'이 '상처를 입히는' 것일까? 어째서 클라우스는 '그런 짓'을 '어머니의 심정'과 누이에게 '해서는 안 되는' 것일까? 아버지로서의 그의 심정은 괜찮다는 것인가? 토마스 만은 여행을 중단하고 클라우스의 장례식에 가지는 않았다. 카차와 에리카 역시 칸으로 가지 않았다.

이것은 클라우스가 행한 최초의 자살시도가 아니었다. 대략 9개월 전에도 그는 겨우 죽기 직전에 구제를 받았다. 동맥을 자르고 가스 마개를 열어놓았던 것이다. 그러나 가스 냄새가 집안에 퍼져서 그를 구했다. 1948년의 실패한 자살시도가 있은 다음 아버지는 아는 사람에게 이렇게 편지를 써보냈다.

> 나는 그가 어머니에게 이런 일을 할 수 있다는 것이 분통이 터져요. 그는 어머니가 언제나 무엇이든 다 이해해준다는 것에 완전히 버릇이 들어 있습니다. 상황은 위험합니다. 내 누이 두 사람도 자살을 했고, 클라우스는 큰누이를 많이 닮았어요. 이 충동이 그의 속에 숨어 있고 상황을 통해서 더욱 유리해지고 있지요. 그가 언제든 의탁할 수 있고, 물론 그가 의지하려고 하지 않는 양친의 집만 빼고 말입니다.
>
> 1948년 7월 12일

자살이 '충동'이라고 믿는다면 이런 위험을 가진 사람의 삶에서 이 행동을 막을 수 있는 것은 없다. 가족은 이 사람의 운명에 대해서 속수무책이다. 토마스 만이 아들에 대해서 '분통'이 터진다는 말은 그것이

역사 읽기

토마스 만(Thomas Mann, 1875~1955): 도이치 소설가, 수필가. 초기 작품 《부덴브로크 일가》, 《마의 산》, 중편 〈베네치아에서의 죽음〉 등으로 노벨 문학상 수상. 그 이후로도 《요제프와 형제들》 《파우스투스 박사》 등 여러 장편소설과 수많은 단편소설, 수필을 남겼다. 장남인 클라우스 만이 작가로, 차남인 골로 만이 역사가로 아버지의 문필업을 계승했다.

클라우스 만(Klaus Mann, 1906~1949): 작품에 소설 《메피스토》(1936), 〈화산〉(1939), 그리고 자전적 수필집 《전환점》(1952) 등이 있다.

충동이라는 인정과 모순 된다. 클라우스가 자신의 '충동'을 어떻게 할 수 있겠는가? 아들의 죽음에 대한 토마스 만의 반응이 거의 40년 전 누이 카를라가 자살한 이후에 느꼈던 것과 거의 비슷한 감정을 수반한다는 것이 중요하게 보인다. 그때도 그는 그녀가 배려 없이 행동했다고 비난했다.

클라우스와 가장 가까웠던 여성들, 어머니 카챠와 누이 에리카도 또한 그에 대해서 모순되는 감정을 느꼈다. 아버지처럼 그들도 한편으로는 그것을 희망 없는 일이라고 보았고 그의 마약중독증, 동성애 등을 변할 수 없는 천성이나 질병으로 여겼다. 다른 한편으로 그들은 하찮은 동정심으로 이런 기본적 확신을 대신하기도 했다. 그러나 동정심은 결국은 유죄판결과 비슷하다.

그렇다면 클라우스 자신은? 그는 아무런 질문도 없이 자신이 반드시 지도록 정해진 싸움에서 대책 없이 충동과 싸우는 인간이라고 생각했다. 끝에서 두 번째 자살시도가 있은 다음 그는 친구에게 다음과 같이 써보냈다.

이런 '보도'가 내게 얼마나 잔인한 것인지 새삼 말할 필요가 없겠지. 우울하고 창피스러운 사건에 관해서 그 이상의 '설명'을 내게 요구하지 않으리라 생각한다. 어차피 끔찍한 세계 상황과 단순치 않은 나 자신의 상황('성향'이라고는 말하지 않겠네)들을 놓고 보면 그런 설명이 필요치도 않을 테지만.

1948년 8월 23일

죽기 전날 어머니와 누이에게 보낸, 아마도 마지막으로 쓴 글에서 그는 자살의도를 단 한 마디도 내비치지 않고 있다. 이상하게 좋지 못한 칸의 날씨, 친구들, 그리고 여름의 계획들에 대해서 말하고 이렇게 말을 맺는다.

사랑과 성심과 아름다움을 아버지와 두 분께. K. H.
1949년 5월 20일

클라우스 만의 자살을 놓고 설명할 수 없는 '충동'이라고 설명하는 것보다는 그를 이렇게 '충동질한' 것이 무엇인가를 밝히려는 시도가 훨씬 더 필요한 일이다. 그것은 이 집안에 들어 있는 역사, 이미지, 모범들로서, 클라우스와 다른 가족 일부에게 치명적인 것으로 인식된 이른바 가족 무의식의 기본모형이다.

위의 인용문에서 이미 토마스 만의 누이인 두 고모의 운명이 언급되어 있다. 여러 측면들을 가진 어떤 관계모형이 자꾸 되풀이되어 나타난다면 뒤에 태어난 사람들에게 그것은 삶의 모형으로 여겨질 수도 있는 법이다. 어떤 운명이나 어떤 상황이 다음 세대에 어떤 결과를 가져올지 예측할 수는 없는 법이지만, 또한 거꾸로 아주 명백하게 원인을 재구성해내는 일도 완전히 가능한 일은 절대로 아니다. 대부분의 실마리들은 겉으로 드러나지 않고 물밑에서 작용하고, 그런 운명을 맞이한 당사자도 인식하지 못하기 때문이다. 그런데도 가족의 역사를 모형이며 모범으로서 관찰하고 한 개인의 삶에서 그 작용을 추적해보는 것은 대단히 많은 것들을 밝혀준다.

여기서는 만(Mann) 가족이 시범적인 관찰의 사례이다. 이 집안에서는 모든 세대에 걸쳐 대단히 극적인 사건들이 나타나고 있을 뿐더러, 아주 많은 가족 구성원들이 그것을 글로 써서 남겼다. 위대한 문학작품뿐만 아니라 편지, 일기, 메모 등이 남아 있다. 그래서 엄청난 자료들이 있고, 그런 자료들은 우리들 국외자들에게도 열려 있다.

여기서는 작가 토마스 만과 역시 작가인 형 하인리히 만의 아버지로 시의원을 지낸 토마스 요한 하인리히 만(Thomas Johann Heinrich Mann), 그리고 토마스 만의 아들 클라우스를 연결하는 이야기에 주로 집중하기로 한다. 이것은 사실 용서하기 힘든 축약이다. 토마스 만의 아버지뿐만 아니라 어머니, 그리고 그의 형제자매들도 엄청난 중요성을 가지며, 그의 아내 카챠 또한 자신의 이야기들을 가진 사람이고, 아들 클라우스에게 똑같이 중요한 역할을 했기 때문이다. 그래서 꼭 필요할 경우 보충적으로 어머니들의 이야기도 끼워넣기로 한다.

얽히고설킨 가족사

뤼베크의 상인이고 뒷날 시의원을 지낸 만은 아들의 소설《부덴브로크 일가》에서 토마스 부덴브로크라는 인물 안에 상당히 정교하게 재현되어 있다. 토마스 만은 다만 몇 가지 점에서만 아버지의 이야기를 변경시켰다. 그리고 바로 이렇게 변경된 부분들이야말로 이 집안의 여러 대에 걸쳐서 계속 나타난 복잡한 사건들의 열쇠가 되는 부분들이다.

토마스 요한 하인리히 만은 그의 아버지의 두 번째 아내가 낳은 둘째아들이었다. 그의 아버지 요한 지그문트 2세가 몹시 사랑했던 첫번째 아내는 아기를 낳다가 죽었다. 첫번째 아내가 낳은 아이들 가운데 셋이 죽었다. 다만 두 아들만 살아남았는데 이들은 계모와 사이가 좋지 못했다. 그래서 뒷날 아버지와도 사이가 좋지 못했다.

이상하게도 아버지(토마스 만의 할아버지)는 두 번째 아내에게서 얻은 두 아이들의 — 토마스 요한 하인리히와 그의 누이 엘리자베트(《부덴브로크 일가》의 토니) — 대부로 첫번째 아내의 부모를 골랐다. 그래서 그는 장인이며 한동안 뤼베크의 시장을 지냈던 토마스 분더리히(T. Wunderlich)의 이름을 따서 아들에게 토마스라는 이름을 지어주었다. 이 이름은 유명한 작가 아들에게 다시 이어지고, 이 작가 아들은 이 이름을 다시 '토마스' 부덴부르크의 모습으로 작품에 영원히 새겨놓았다. 그리고 자신의 아들 클라우스에게 두 번째 이름(클라우스 토마스)으로 물려주었다. 이름을 통한 가족 간의 결속감이 때로는 대단히 강하게 나타난다.

토마스 요한 하인리히(아버지)는 태어날 때부터 부모와의 관계에 균열이 있었다. 첫번째 아내의 죽음을 애도하던 아버지가 두 번째 아내의 아들인 자기에게 첫번째 아내의 아버지 이름을 주었다. 그러나 동시에 아버지는 사랑하는 첫번째 아내의 소생인 두 아들과 사이가 좋지 못했다. 이 아들들이 아버지의 두 번째 아내를 인정하지 않았기 때문이다.

《부덴브로크 일가》에서 토마스 만은 이런 맥락을 변경시켰다. 이 두 번째 결혼을 토마스 부덴브로크의 아버지의 일로 만들지 않고 할아버지의 일로 만들었다. 그렇게 해서 토마스 부덴브로크는 직접 그 영향을 받지 않게 된 것이다. 그러나 실제의 토마스 요한 하인리히는 자기 아버지의 두 번의 결혼에서 생겨난 문제들을 소화하는 데 심각한 어려움을 겪었다.

어린 시절 그(토마스 만의 아버지)는 아버지의 사랑을 받은 아들이었다. 이복형 두 사람도 상인이었지만 형들이 아니라 그가 아버지의 회사를 물려받았다. 당시 그는 겨우 스물세 살이었다. 회사를 물려주고 나서 겨우 한 달 만에 아버지가 죽었다. 그래서 토마스 요한 하인리히는 사업에 대해 혼자 책임을 지게 되었고, 따라서 가족의 운명을 결정하게 되었다.

처음에 그는 사업상 성공했고 회사는 좋은 평판을 얻었다. 그가 정말 정열적인 사업가였는지는 의문이다. 뒷날 작가가 된 두 아들은 그가 우아하고 섬세한 정신을 가진 남자로서 다양한 관심을 가지고 있고, 문학에 대해서도 해박한 지식을 가진 사람이었다고 묘사하고 있다. 그러나 그에게는 죽은 아버지가 남긴 과제를 수행하는 것 외에 다른 길은 없었다. 그의 두 아들은 아버지의 감추어진 소망을 삶에서 실현하라는 은밀한 과제를 받았던 것일까?

사업을 떠맡고 나서 5년이 지난 1869년 토마스 요한 하인리히 만은 그림같이 아름다운 율리아 다 실바 브룬스(J. da Silva-Bruhns)와 결혼했다. 이것도 《부덴브로크 일가》에 서술되어 있다. 물론 토마스 만은 자기 어머니 율리아의 비극적인 어린 시절 이야기를 소설에 끼워넣지 않았다. 소설에서 토마스 부덴브로크의 아내인 게르다 아르놀트센은 작가인 토마스 만의 어머니 모습을 어느 정도 지니고는 있지만, 윤곽이 뚜렷하지 않게 희미한 인물로만 나타난다. 그러나 사실 어머니 율리아는 대단히 극적인 어린 시절 이야기를 가지고 있었다. 그녀는 1903년 《도도의 유년시절》이라는 작은 자서전을 썼다.

율리아는 브라질-도이치 집안 태생이었다. 아버지 루트비히 브룬스(L. Bruhns)는 뤼베크의 상인이었다. 그는 브라질에서 아주 좋은 집안 출신의 젊은 여성 마리아 다 실바와 결혼했다. 율리아는 그들의 네 번째 아이였다. 그녀가 다섯 살이 되었을 때 당시 스물여덟 살이던 어머니가 아이를 낳다가 죽었다. 아버지 루트비히는 도이치 말도 할 줄 모르는 다섯 명의 자녀들을 뤼베크로 데려왔다. 그곳에서 율리아는 언니와 함께 소녀 기숙학교에서 자랐다. 아버지는 아이들이 도이치 사람이 되기를 원했던 것이다. 그 자신은 다시 브라질로 돌아갔다. 율리아는 친척집에서 살고 있던 오빠들을 일요일에만 할머니 집에서 만날 수 있었다. 자서전에 서술한 바에 따르면 그녀는 고향과 이별한 것, 그곳의 가까운 사람들과 이별한 것 때문에 끔찍한 고통을 겪었으며 평생 동안 이 상처를 극복할 수 없었던 것으로 보인다.

율리아 다 실바 브룬스가 겨우 스무 살의 나이로 토마스 요한 하인리히 만과 결혼했을 때 그녀는 그 아름다움과 지참금과 대 부르주아 태생이라는 점 등으로 그에게 아주 잘 어울리는 신부였다. 그러나 두 사람 사이에 정열적인 사랑은—외할아버지 루트비히가 딸에게 보낸 편지들로 미루어보면—없었다. 그러므로 이 부부가 정신적으로는 타인으로 남아 있었다고 생각해야 할 것이다.

그들은 물론 많은 공통 관심사들을 가졌다. 여행, 문학 등이었다. 그러나 율리아의 음악 사랑과, 열정적이고 어느 정도 순진하면서도 경솔한 특성이 그에게 수상쩍게 여겨졌다. 특히 아이들에 대한 영향이라는 면에서 그랬다. 그러나 율리아가 겪은 힘든 체험을 관찰해보면 그녀가 자신의 유년과 청소년 시절의 미처 살지 못한 삶을 결혼생활과 아이들에게서 늦게라도 보충하려고 했음을 이해할 수 있다.

뤼베크의 부르주아지(시민계급) 환경에서 그녀는 위수대나 교향악단의 젊은 남자들과 어울리지 않을 정도로 자유롭게 교제한 것으로 보인다. 그녀의 태도는 소문을 만들어냈고, 그것이 남편을 괴롭혔다. 토마스 만은 이것을 《부덴브로크 일가》에서 암시하고 있다. 하인리히 만의 장편소설 《외제니, 혹은 시민시대》와 《종족들 사이에서》에는 더욱 분명한 암시들이 나타난다.

첫 아들 하인리히는 당시 어머니가 근본적으로 아내나 어머니로서의 능력이 없었기 때문에 고통을 겪었다. 4년 뒤에 토마스가 태어났을 때 율리아는—그렇게 보인다—자기 역할에 더 잘 적응했다. 특히 토마스는 그녀의 귀염둥이였다. 토마스는 자신의 브라질 오빠들처럼 검은머리였고, 큰아들이나 남편처럼 금발이 아니었다. 하인리히는 동생

토마스 만의 부모 | 시의원 토마스 요한 하인리히 만과 아내 율리아. 어머니는 결혼 전 성이 다 실바 브룬스로서 어린 시절을 브라질에서 보냈고 평생 브라질의 고향을 그리워했다. 1869년경 뤼베크에서 찍은 사진.

토마스에게 어머니의 사랑을 뺏겼다. 장남이기는 했지만 어머니에게는 그가 둘째였다. 형제들 사이에 일평생 계속된 경쟁심은 여기서 비롯한 것이다.

그러나 토마스도 이런 유리함을 마냥 즐거워할 수만은 없었다. 그는 형처럼 금발이 아니었고, 여자들의 사랑을 받는 에로틱한 남자가 아니었기 때문이다. 단편소설 〈토니오 크뢰거〉에서 그는 이 문제를 주제로 삼아 다루었다. 그리고 앞으로 보게 되겠지만 그가 품었던 남자들을 향한 에로틱한 소망도 여기에 뿌리를 둔 것으로 보인다.

그러나 다시 아버지 토마스 요한 하인리히 만의 이야기로 돌아가자. 그는 자기 삶에서 점점 커지고 있던 문제와 부담을 혼자 짊어지지 않기 위해서 절실히 필요로 하던 도움을 아내 율리아에게서 얻을 수가 없었다. 작가 토마스 만은 《부덴브로크 일가》에서 정확하게 이 요인들을 추적하고 있다.

맨 먼저 그가 힘들게 극복해야 했던 것은 재정적인 어려움이었다. 누이 엘리자베트에게 두 번이나 지참금을 마련해준 것, 이복형들과의 타협, 투자 실패 등으로 인해 그는 재정적인 어려움에 빠졌다. 그는 또한 집을 지을 때도(1881~1883) 계산을 잘못했던 것으로 보인다. 게다가 아내의 친척들과의 돈 문제도 있었다. 아내는 경박한 오빠들을 도왔다. 또한 그 자신의 형 프리드리히(소설에서 크리스티안 부덴브로크)도 파괴적인 삶으로 동생에게 여러 어려움을 만들어냈다.

광범위한 평판과 가까운 주위에서는 그가 명예를 얻고 성공한 사람이라고들 생각했지만, 그 자신은 이런 어려움을 감당하기 힘겨웠던 것 같다. 1887년에 시의원이 되고 평판이 좋은 여러 모임의 회장이 되고 1890년에는 회사 설립 100주년 기념식을 화려하게 거행하기도 했지만, 같은 해 어머니가 죽었을 때 그의 사정도 빠른 속도로 나빠졌다.

이런 사건들은 《부덴브로크 일가》에 서술되어 있다. 그러나 소설의 시의원 부덴브로크와는 달리 현실의 시의원은 다른 부담들도 더 있었다. 아버지의 이름을 물려받고 외모도 아버지를 많이 닮은 장남 하인리히가 완전히 궤도를 벗어났기 때문이다. 아들은 작가가 되고자 했지만 아버지는 그에 찬성하지 않았다. 그는 열여섯, 열일곱 살의 나이로 사창가를 드나들고, 1889년에는 학교를 때려치우고 드레스덴에서 서점 견습공 생활을 시작했지만 금세 주인과 충돌을 일으켰다. 하인리히는 아버지의 뜻을 어기고 베를린으로 갔다. 부자 사이에 심각한 갈등이 일어났고, 두 사람은 끝까지 화해에 이르지 못했다.

그의 다섯 번째 아들 픽토르는 《부덴브로크 일가》에 등장하지 않는다. 막내는 장남 하인리히를 얻고 나서 20년이 지난 다음 1890년에 세상에 태어났다. 아버지는 픽토르가 자기 아들이 아니라는 의심을 가졌던 것일까? 이 또한 소설과 다른 점인데 아버지는 자기 어머니가 죽은 다음 맹스 거리 4번지에 있는, 원래 회사가 출발점으로 삼은 부모의 집을 팔았다. 마치 가족이 자기에게 지워준 짐에서 해방되려는 것처럼 말이다(이 집은 오늘날 하인리히 만과 토마스 만 형제를 기리는 박물관으로 만들어졌다).

그리고 몇 달 뒤에 시의원은 방광암에 걸렸다. 1891년 여름에 수술을 받고 1891년 10월 13일에 패혈증으로 죽었다. 픽토르는 아버지가 꿈에서 죽을 날짜를 미리 보았다고 말하고 있다. 혹시 시의원은 스스로 자신의 죽음을 도왔던 것일까? 토마스 요한 하인리히 만은—이 점만은 의심의 여지가 없다—삶에 넌더리가 났고 자포자기했다.

그가 수술을 받기 이틀 전에 쓴 유언장에서 그것을 분명히 읽을 수 있다. 회사가 파산하기는커녕 번창하고 있었는데도 그는 회사의 청산을 명령했다. 가족이 살고 있고 지은 지 10년밖에 안 된 집도 팔았다.

그것은 자기가 죽은 다음 아내와 자식들을 쫓아낸다는 의미였다. 사망신고를 포함해서 세부사항에 이르기까지 자신의 장례식을 일일이 지시하고 있다.

유언장 마지막에 아내와 자식들을 향해 다음과 같은 말이 나온다.

이른바 문학활동을 한다는 장남의 취향에 반대할 것. 이 방향으로 성공적인 활동을 할 만한 전제조건이 그에게 결핍되어 있다. 내 생각에 그것은 충분한 공부와 폭넓은 지식을 필요로 하는 일이다. …… 둘째아들(토마스)은 조용한 생각에 어울리고 성품이 착하며 실용적인 직업에 잘 어울릴 것이다. 그가 어머니를 든든히 받쳐줄 것이라고 기대한다. 맏딸 율리아는 잘 관찰할 필요가 있다. 생동하는 천성을 누를 필요가 있다. 카를라는 내 생각에 별 어려움이 없을 것이고 토마스와 함께 조용한 요소를 키워나갈 것이다. 꼬마 비코—신께서 그를 보호해주실 것이다. 뒤에 태어난 아이들은 특별히 정신적으로 훌륭하니—그 아이는 눈이 아주 좋다. 아내는 모든 아이들에게 든든한 모습을 보여주기 바라며 모두들 서로 의지하기 바란다. 어머니가 흔들리거든 〈리어왕〉을 읽을 것.

그의 아내는, 그리고 아이들은—토마스 만은 열여섯 살, 두 딸은 겨우 열네 살, 열 살이었다—이 유언장을 들으면서 무슨 생각을 했을까? 설사 아이들이 아버지가 살아 있을 때 그 비슷한 말을 여러 번이나 들었다 하더라도 이런 '마지막 말'은 전혀 다른 암시적인 힘을 가진다. 이것은 평생을 주도하는 동기가 될 수도 있다.

시의원의 자녀들에게 이 말은 명령이자 위협이었다. 한 가지만은 분명했다. 아버지 토마스 요한 하인리히는 자기가 죽은 다음 아내의 태도가 극단적으로 '약하고' '흔들릴 것'이라 느꼈다. 그가 죽고 1년 반이 지난 다음 그녀는 뮌헨으로 이사해서 그곳에서 뤼베크에서보다 훨씬 더 자유로운 태도로 새로운 삶을 시작했다. 그녀는 슈바빙에서 문화계 인사들을 위한 모임을 주도했다. 그곳에 오는 남자들이 자라나는 딸들을 숭배했는지 아니면 어머니를 숭배했는지는 분명하지가 않았다.

명백하게 남편의 유언에 거스르는 행동을 취한 어머니 율리아는 그럼으로써 남편이 유언장에서 말한 위협을 자신에게 끌어들였다. 아이들의 행동도 모두 아버지의 뜻과는 반대였다. 어머니가 흔들리지 않는 모습을 보일 경우 그들은 어머니에게 복종하고 어머니에게 충실하라는 유언을 들었기 때문이다. 어머니가 아버지의 뜻을 따르지 않으니 아이들은 이제 무엇을 할 수 있을까?

토마스 만은 아버지의 유언장을 소설 안에 끌어들이지 않았다. 하인리히 만도 그것을 자기 작품의 모티프로 삼은 적이 없다. 아버지의 죽음은 그들 모두에게 벗어날 수 없는 그림자처럼 드리워져 있었던 것일까? 아버지의 유언은 아이들에게 저주처럼 작용했던 것일까? 소설 속 시의원의 외아들인 어린 한노의 죽음은 이런 '저주'의 실현을 의미하지 않을까? 토마스 만은 무의식적으로 아버지가 죽은 다음 그 자신도—또는 형 하인리히나 동생 픽토르도—죽어야 했을 것이라고 표현했던 것일까?

1897년, 그러니까 아버지가 죽고 몇 년 뒤에 《부덴브로크 일가》보다 앞서 나온 단편소설〈죽음〉에서는 명백하게 이 주제를 다룬다. 이 소설에서 1인칭 화자는 10월 12일에 자신의 죽음을 기다린다(토마스 만의 아버지가 죽은 날짜 10월 13일과 얼마나 가까운지 보라!). 이 소설은 일기 형식으로 씌어졌다. 이 남자는 바닷가에 있는 집에서 딸 아순시온('부활'을 의미함)과 함께 살고 있다. 딸의 어머니는 아이를 낳다가 죽었다. 아순시온은 10월 11일에 심장발작으로 죽는다. 그리고 일기 기록은 1인칭 화자가 이제 죽음이 자기를 찾아오기를 기다리는 것으로 끝맺는다. 이 주제들은 토마스 만의 가족사와 얼마나 많이 얽혀 있는가. 출산 중의 죽음, 아이의 죽음, 그리고 아버지의 죽음!

아들들은 아버지의 죽음을 문학적으로 형상화했다고 말할 수 있을 것이다. 딸들은 거기서 무너지고 말았다.

실현시키지 못한 욕망들

《부덴브로크 일가》의 성공을 아직 알 수 없던 1900년에서 1903년 사이에 토마스 만은 뮌헨의 젊은 화가 파울 에렌베르크(P. Ehrenberg)에게 홀딱 반했다. 파울은 형 하인리히처럼 금발이었고, 토마스 만이 뤼베크 시절 언제나 끌리곤 하던 친구들 역시 금발이었다. 1901년의 공책에 그는 이렇게 기록하고 있다.

> P는 내 최초의 유일한 인간적인 친구이다. 지금까지 나는 데몬들, 요괴들, 깊은 괴물들, 인식의 벙어리인 유령들, 그러니까 문필가들하고만 친구였다.

어떤 친구에게 보낸 편지에는 이렇게 되어 있다.

> 파울 에렌베르크와의 재회……. 그는 어른이다. …… 나도 어른이다. 아직도 여전히 그렇게 약하고 쉽게 유혹에 빠지고 …… 해마다 자연이 굳어버리는 시기가 되면 삶은 여름의 여행과 내 영혼의 황폐함 속으로 밀려들어오고 감정과 따뜻함의 물살이 내 혈관을 통

과해서 지나간다! 그대로 내버려둔다. 내게 모든 일이 일어나도록 놓아둘 만큼 나는 예술가다. 모든 것을 이용할 수 있으니까.

1901년 11월 6일

그러나 파울은 그에게 관심이 없었다. 그는 여자들을 사랑하고 토마스 만의 누이들에게도 구애했다. 토마스는 고통을 받았다. 파울에게 보낸 편지에서 그는 쓰라린 심정을 토로하고 있다.

정말로 나는 내 재능에 대한 이 모든 칭찬이 끔찍하게 싫다. 그것은 내게 부족한 것을 보충해주지 못하기 때문이다. 나에게, 대단히 사랑스럽지도 못하고 변덕스럽고 스스로를 괴롭히는 나에게……. 아주 특별히 공감에 목말라하는 이 인간에게 '좋아'라고 말해줄 사람은 어디에 있는가? …… 이 사람은 어디 있는가? 깊은 침묵…… 네가 다른 사람들처럼 재능은 아주 높이 존경해도 사람은 혐오스럽다고 여기지 않는다고 생각할 수만 있다면 좋겠다.

1902년 1월 28일

파울 에렌베르크는 그가 원하던 그 사람이 아니었다. 수많은 증거로 보아 토마스 만은 한 번도 남성 육체를 향한 욕망을 실현시키지 못했을 것이다. 그러나 이런 갈망은 죽을 때까지 그를 따라다녔다. 실현시키지 못한 아버지의 욕망들을 극단적으로, 그리고 완전히 내놓고 살아버린 사람은 그의 아들 클라우스였다.

토마스 만이 파울 에렌베르크에게 느꼈던 사랑은 암호로 바뀌어서 후기 작품인 《파우스투스 박사》에 다시 나타난다. 아드리안은 삶을 즐기는 루디 슈베르트페거에게 빠지는데, 이 인물은 파울 에렌베르크의 모습들을 지니고 있다. 토마스 만이 파울에게 홀렸던 것처럼 아드리안에게도 같은 일이 일어난다. 차이가 있다면 소설의 인물은 살해당한다는 것, 그것도 토마스 만의 누이 룰라와 같은 유형인 이네스 인스티토리스에 의해서 살해당한다는 것이다.

동성애라는 주제는 이미 일찍 나타났다. 아마도 그의 가장 아름다운 단편소설인 〈베네치아에서의 죽음〉은 쉰세 살의 구스타프 아셴바흐가 아름다운 소년을 향해 품은 사랑을 다루고 있다. 작가는 1911년에 아내 카차와 형 하인리히와 함께 베네치아에 머물고 나서 이 작품을 썼다. 누이 카를라가 자살한 지 1년, 아버지가 죽은 지 20년이 지난 뒤였다.

아셴바흐가 폴란드인 어머니와 형제자매들과 함께 자기와 같은 호텔에 묵고 있던 소년 타치오를 처음으로 만난 것을 작가는 다음과 같이 서술하고 있다.

아셴바흐는 완벽하게 아름다운 소년을 놀라서 바라보았다. 창백하고 우아하게 수줍은 그의 얼굴은 …… 그리스의 가장 고귀하던 시대의 조각작품을 연상시켰다……. 바라보는 사람은 자연에서나 미술에서 이와 비슷하게 성공적인 경우를 본 적이 없었다.

그리고 해변가 묘사.

그는 돌아왔다. 머리를 뒤로 젖히고서 물살을 통해 달려왔다. 살아 있는 조각품처럼 아직 남자가 되기 전의 귀엽고도 여린 모습, 물방울을 떨어뜨리는 고수머리, 사랑스런 신처럼 아름다운 모습으로 하늘과 바다의 깊은 곳에서 솟아나, 물의 요소에서 위로 솟아오른 존재처럼 보였다.

그는 이 소년에게 감히 다가가지는 못한다. 소년이 아무런 생각도 없이 자기에게 선물한 친절한 미소가 그를 사랑의 어지럼증 속에 빠뜨렸다. 정신이 나간 것처럼 그는 도시를 돌아다니는 소년을 뒤따라다녀서 사람들이 이상하게 여긴다. 다가오는 종말의 표시들이 자꾸만 나타난다. 그러나 그는 그것들을 무시한다. 심지어는 도시에 콜레라가 퍼지고 있다는 직접적인 암시도 무시한다. 무한한 정열에 사로잡힌 그에게는 소년을 눈에서 놓치지 않는 것만이 중요하다. 폴란드인 가족이 떠나기 전날 그는 해변의 등의자에 앉아서 죽는다.

우리의 맥락에서 보면 토마스 만이 이 소설의 마지막 장면에서 자기 아버지에게 기념비를 만들어주었다는 사실을 언급할 만하다. 하인리히 만이 나이 들어서 묘사한 것으로, 그들의 아버지가 죽기 몇 달 전 동해의 해변가에서 등의자에 앉아 있는 모습을 통해서 우리는 아버지의 이 모습이 두 아들의 기억에 깊숙이 각인되어 있다는 사실을 안다. 베네치아 리도 섬 등의자에 앉아 있는 쉰세 살의 아셴바흐의 모습은 쉰한 살에 죽은 아버지의 시적 초상화이다.

토마스 만은 이 여행 동안에 이 소설에 묘사된 많은 사건들을 아주 작은 세부에 이르기까지 실제로 경험했다. 무엇보다도 토마스 만을 완전히 매혹시킨, 천사 같은 소년을 포함한 폴란드인 가족이 정말로 있었다는 것을 그의 아내 카차가 확인해주고 있다.

그는 곧바로 이 소년에게 집착했다. 소년은 정도 이상으로 그의 마음에 들었고, 그는 언제나 이 소년이 해변에서 친구들과 함께 있는 모습을 바라보았다. 그는 소년의 뒤를 따라 베네치아 전체를 헤매고 다니지는 않았다. 그러나 소년은 그를 매혹했고, 그는 자주 이 소년을 생각했다.

심지어는 이 소설 속의 타치오가 누구인지 밝혀지기까지 했다. 토마스 만이 죽고 난 다음에 그는 자기 자신을 밝혔다. 그는 바르샤바의 뫼스 남작부인의 아들로 블라디슬라프라는 이름이었는데, 평소 애칭은 아치오 또는 블라치오였다. 토마스 만의 소설에서는 이 이름이 타치오로 바뀌었다. 토마스 만의 소설을 폴란드어로 옮긴 번역자는 1964년 바르샤바에서 예순여덟 살이 된 뫼스 남작을 찾아냈다. 그는 이렇게 말했다.

나는 대단히 아름다운 소년이었다. 그리고 여자들은 나를 보고 경탄했다. …… 나는 버릇없이 일찍 성숙한 아이들이 자주 보이는 모습 그대로 유치하고 천연덕스러웠다. 〈베네치아에서의 죽음〉에서 그것은 훨씬 더 잘 묘사되어 있다.

구스타프 아셴바흐는 소설 속에서 당시 서른여섯 살이던 토마스 만보다 더 나이가 들었지만, 그래도 그 당시 작가의 충실한 자화상이다. 당시 그는 이미 세계적인 명성을 누리고 있었고, 계속 새로운 작품을 통해서 자신을 입증해야 한다는 이 피곤함을 작가는 자기 주인공의 입이나 마음속에 넣어주고 있다.

그러나 중요한 차이점이 있다. 아셴바흐가 아름다운 소년 타치오에게 반한 일은 그가 죽어서 무덤으로 가지고 가는 비밀로 남아 있다. 토마스 만은 형과 아내가 있는 곳에서 이 소년을 향한 사랑을 체험했고, 아내에게 자신의 감정을 알렸다. 그 이상이었다. 이 단편소설에서 그는 자신의 감정을 독자에게도 알렸다. 자신의 동성애 감정을 이렇듯 공공연히 표명하는 이런 행동은 대단한 커밍 아웃이 아닌가?

토마스 만이 폴란드 소년을 만났을 때 그의 아들 클라우스는 다섯 살이었다. 클라우스가 몇 년 뒤에 아버지의 이 소설을 읽고 무엇을 느꼈을지 자못 궁금한 일이다. 클라우스가 열두 살, 아니면 열네 살이 되었을 때 아버지의 은근한 열망은 아들인 그를 향했다. 그 사실을 우리는 토마스 만의 일기에서 읽을 수 있다.

사람들은 클라우스 만의 비극적인 운명을 아버지와의 관계만으로 설명하려는 경향이 있다. 그러나 그의 생애의 많은 갈등은 아버지를 통해서만 생겨난 것이 아니라 어머니 카차를 통해서도 생겨났다.

토마스 만의 아내 카차 프링스하임은 뮌헨의 가장 부유하고 가장 존경받는 유대인 가문 출신이었다. 아버지는 수학 교수였고 어머니는 전직 여배우였다. 뮌헨에서 명망과 이름을 가진 사람은 누구나 프링스하임 집안과 교류를 가졌다. 그들의 저택은 선별된 예술작품, 그림, 고귀한 가구들로 채워져 있었다. 카차에게는 네 명의 오빠들이 있었다. 그들 모두 그녀보다 나이가 조금 위였다. 그리고 막내 클라우스는 그녀와 쌍둥이였다.

토마스 만이 소설 《부덴브로크 일가》의 성공을 통해서 얻은 명성은 뮌헨의 대 부르주아 가문의 문을 그에게 열어주었다. 그래서 그는 카차에게 구혼할 수 있었다. 그녀는 대단히 저항했다.

"나는 스무 살이었고 전체적으로 아주 행복하고 즐거웠다. 대학 공부, 오빠들, 테니스 클럽, 그리고 모든 것이 아주 만족스러웠다. 그래서 그토록 빨리 그 모든 것을 떠나야 할 이유를 알지 못했다."

그러나 토마스 만은 대단히 끈질기게 그녀에게 구혼했다. 그는 그녀에게 편지들을 써보냈다 ― 이들 가운데 일부는 그의 장편소설 《전하》에 들어 있다 ― 이 편지들에서 그는 그녀에게 이렇게 간청했다.

나의 긍정, 나의 정당화, 나의 완성, 나의 구원자, 나의 아내가 되어 주십시오!

　하지만 당신을 사랑합니다. 하느님, 그게 무슨 뜻인지 이해하지 못한단 말입니까? …… 당신은 내 아내가 되어서 그럼으로써 나를 아주 자랑스럽고 행복하게 만들어주어야 합니다!
　　　　　　　　　　　　　　　　　　　1904년 1월 6월

　정당화, 완성, 구원, 자랑……. 그녀는 그의 삶의 왕관을 그에게 주어야 한다는 것이다. 그러면 그는 그녀에게 무엇이 될 수 있단 말인가? 토마스 만은 그녀가 그리는 이상적인 남자는 물론 아니었다.《쓰지 않은 회고록》에서 그녀는 이렇게 말한다. 그녀와 오빠들은 그를 '간장병을 앓는 기병대장'이라고 불렀다. 그가 "약간 창백하고 말랐기 때문이다. 그리고 그의 콧수염과 모든 면에서 아주 단정했기 때문이다."
　카차의 부모와 오빠들은 그의 편을 들었다. 카차는 결혼 결정을 가능하면 뒤로 미루려고 했다. 그는 한 친구에게 이렇게 써보냈다.

　그녀는 할 수가 없어, 그것을 생각할 수도 없고 결정할 수가 없다네. 결정이 바로 눈앞에 놓여 있지 않은 한 그녀 자신의 말에 따르면 모든 것이 아주 쉽고 자연스럽고 당연한 일이라네. 그러나 이 일만 생각하면 그녀는 나를 성난 노루처럼 바라보고 평정을 잃어버리지…….
　　　　　　　　　　　　　　　　　　　1904년 7월

　그러나 방학이 지나고 그녀의 저항은 꺾였다. 한 번은 그가 그녀를 방문했을 때 그녀의 방에서 책들을 보고 싶다고 청했다. 70년이 지난 다음 카차는 이렇게 기억한다. 그곳에서 "그는 내게 덤벼들었다." 토마스 만의 공책에는 이렇게 기록되어 있다. 그리고 소설 〈전하〉에 쓰였다.

황금색으로 어두운 화려한 방에서 수수께끼 같고 달콤한 소녀 공주는 그의 품에 안겼다. 그는 삶의 욕정에 가득 찬 키스를 하면서 그녀의 숨결을 마셨다.

결혼식은 몇 달 뒤에 거행되었다. 그리고 같은 해—1905년 11월—첫번째 아이, 딸 에리카가 태어났다. 정확하게 1년 뒤인 1906년 11월 18일에 클라우스가 태어났다. 토마스 만은 연달아 작품을 썼다. 그럼 카챠는? 당시 겨우 스물다섯 살 된 그녀는 연년생으로 태어난 이 두 아이들을 데리고 힘겹지 않았을까? 아내와 어머니로서의 삶이 양친의 집, 어머니와 아직 결혼 전인 오빠들이 아주 가까이 있었기 때문에 겨우 견딜 만했던 것이 아닐까? 그녀는 가족과 탯줄로 연결된 것처럼 계속 결합되어 있었던 것으로 보인다.

그녀는 남편의 동성애적 성향에 대해서 무엇을 알았을까? 훨씬 뒷날 그녀는 그 사실을 알았고 그를 이해해주었으며, 그에 대해서 남편은 그녀에게 대단히 고마워했다는 것을 우리는 그의 일기에서 읽게 된다. 결혼 초에는 그녀에게 그 사실을 털어놓지 못했던 것으로 보인다.

죽음에 둘러싸인 어린 시절

아버지에게 '만족스런 마음'으로 환영을 받은 아들은, 클라우스 하인리히 토마스라는 이름으로 세례를 받았다. 클라우스는 카챠의 쌍둥이 오빠의 이름이고, 하인리히는 아버지의 형의 이름이며 토마스는 아버지의 이름이었다. 이 이름들과 함께 그에게는 태어나면서 벌써 얼마나 무거운 짐들이 지워졌던가! (클라우스 프링스하임 주니어의 자서전을 통해서 이제야 알려진 바에 따르면 카차의 쌍둥이 오빠는 동성애자였다. 일본으로 이주하기 전에 그는 아내 랄라와 헤어졌다. 그녀는 다른 남자의 아들을 낳았지만 그 아들은 프링스하임이라는 이름을 얻었다. 클라우스 프링스하임 주니어는 어른이 되어서야 자기가 바로 이 아이라는 것, 그리고 클라우스 프링스하임 시니어는 자기 아버지가 아니라는 사실을 알게 되었다. 다른 모든 가족, 그리고 카차와 토마스 만도 그 사실을 알고 있었다.)

클라우스는 자기 어린 시절을 어떻게 체험했던가? 1932년도 기록에 보면—스물여섯 살의 나이로 벌써 그는 삶의 대차대조표를 써야 한다고 생각했다!—그는 자신의 어린 시절을 특권을 누린 시절이었다고 묘사하고 있다. 무엇보다도 형제자매들과 함께(그의 뒤를 이어서 1909년에 골로, 1910년에는 모니카가 태어났다. 끝의 둘 엘리자베트와 미카엘은 제1차 세계대전이 끝나고 난 다음인 1918년과 1919년에 태어났다) 푈츠 온천지에 있는 가족 영지에서 보낸 낙원 같은 휴가가 잊혀지지 않는 기억으로 남았다. 그러나 이 목가적 풍경은 곧 두려움으로 덮였다.

아이가 밤이면, 그리고 낮에도 사로잡히곤 하는 두려움에 대해서는 크고 무거운 장(Chapter)을 채울 수 있을 것이다……. 우리의 두려움은 그렇듯 깊어서 배가 가라앉는 것도 귀신이 출몰하는 것도 그보다 더 두려울 수는 없다. 우리 여섯 살, 여덟 살, 열 살짜리들이 잠을 자야 할 때 어둠의 소리에 귀를 기울이면 나타나는 그 두려움……. 우리는 아무것도 아니다……. 오직 두려움만이 우리와 함께 있다. 우리는 두려움하고만 함께 있다.

자신의 거울 모습에 대한 놀라움 또한 끔찍했다……. 이게 누구야? 저게 나구나! 하지만 그렇담 나는 누구지? 그럼 나는 어디 있지? 나는 둘이다……. 어린 아이 적에 자신의 거울 모습과 단 둘이서 절반쯤 어두운 방 안에 버림받아본 사람은 정신병원의 절망을 이미 맛본 것이다.

―〈이 시대의 어린이〉, 16쪽 이하

이 두려움은 어디서 왔을까? 이미 말했듯이 그것은 아마 그의 가장 초기 유년시절에 뿌리를 두었을 것이다. 어머니 카차의 병이 덧붙었다. 그녀는 1911년 이후로―클라우스가 다섯 살도 되기 전에―폐병에 걸려서 여러 달 동안이나 스위스의 요양소에 머물렀다(토마스 만은 이 요양소의 분위기를 《마의 산》에 도입했다). 클라우스와 그의 누이는 이 시기에 보모의 보살핌을 받았는데, 보모들은 그의 기억 속에 무시무시한 독재자로 남았다.

아버지 토마스가 있기는 했지만 그는 아이들을 보살피지 않았다. 클라우스는 이렇게 보고한다.

아침 9시부터 12시까지 아버지가 일을 하기 때문에 아주 조용히 해야만 했다. 그리고 오후 4시부터 5시까지 한 번 더 조용히 해야만 했다. 그것은 시에스타(낮잠) 시간이다. …… 아버지가 불쾌감을 큰 소리로 말하지 않는데도 불구하고, 아니면 바로 그렇기 때문에 그의 노여움을 사는 것은 아주 괴로운 일이다. 그의 침묵은 형벌의 설교보다 더욱 인상적이다. 그 밖에도 그가 무엇을 알아차릴 것인지, 그리고 어떻게 반응할지 쉽게 알 수가 없었다……. 아버지의 권위는 깨질 수 없는 것이었다.

―〈전환점〉, 29쪽

클라우스에게 이것은 존재의 위협이었다. 죽음은 가까이 있었다. 어머니는 죽을지도 모른다. 아버지는 다가갈 수 없고 두려움을 일으키는 존재이다. 그가 위안을 얻지 못하는 가운데 두려움은 자라났다.

아홉 살에 심한 맹장염을 앓아서 거의 죽을 뻔했을 때, 그리고 어머니 카차의 단호한 개입을 통해서만—그녀는 의사의 충고와는 반대로 향수로 그를 문질러주었다—살아나게 되었을 때도 그는 거대한 두려움을 느꼈다.

클라우스가 어른들의 이야기를 통해서만 알게 된 두 가지 사건이 덧붙었다. 이 이야기들은 그에게 강한 인상을 만들어냈고, 어린 시절의 죽음의 공포를 더욱 강하게 만들었다. 카차의 큰오빠 에리히는 외할머니의 귀염둥이였고 아마도 어머니가 가장 좋아한 오빠였는데 1909년 이상한 상황에서 죽었다. 그는 젊은 시절 말썽꾸러기였다. 엄청난 노름빚을 지고, 그래서 아버지 프링스하임에 의해 아르헨티나로 쫓겨갔다. 그러나 아버지는 아무런 조치도 없이 그냥 쫓아낸 것은 아니었다. 그에게 농장을 하나 사주어서 그것을 경영할 수 있었다. 에리히는 어떤 여자와 결혼했는데, 그녀는 아마도 돈 욕심에서 사람을 시켜 그를 죽였다. 프링스하임 일가는 그녀를 법정에 세우려고 했지만 실패했다. 이 사건의 전말은 밝혀지지 않았다.

결혼한 지 겨우 4년 된 카차는 사랑하는 오빠의 끔찍한 죽음에 깊은 상처를 입었던 것이 분명하다. 그녀의 폐병은 그녀 방식으로 오빠를 애도하는 일이었다고 생각된다. 아들 클라우스는 상세한 것을 알지는 못했어도 그녀와 똑같이 느꼈다.

그리고 아버지 토마스도 형제자매의 죽음을 슬퍼했다. 1910년 여동생 카를라가 목숨을 끊었다. 그녀는 배우가 되려다가 실패하고, 결혼을 통해서 시민적 삶으로 돌아오려고 시도했다. 그러나 약혼자가 그녀의

"나는 당시 열세 살, 열네 살이었는데, 정말로 독서할 줄을 알았다는 생각이 든다……. 특정한 작가에 대한 관심이 한번 일깨워지면 탐욕스럽게 전집을 읽어치웠다. 실러 전집 12권, 헤벨 전집 14권 등이다!" 클라우스 만의 〈전환점〉에 나오는 구절

이전 생활에 대한 소문을 듣고는 그녀에게 말하라고 강요했다. 그러자 그녀는 벌써 여러 해 전부터 지니고 다니던 독약을 먹었다. 형 하인리히는 카를라와 아주 가까웠고 배우를 지망하던 그녀를 도와주었다. 그의 단편소설과 장편소설 여러 곳에서 카를라와 비슷한 여자들이 자살로 끝을 맺고 있다. 그녀가 자살한 다음에 그는 희곡 〈여배우〉를 썼는데, 여기서는 가장 세부사항에 이르기까지 카를라의 모습과 그녀의 죽음을 그대로 무대에서 보여주고 있다. 하인리히와 토마스는 이 연극이 뮌헨에서 공연될 때 1층 관람석에 나란히 앉아 있었다.

어린 클라우스는 이 두 죽음의 비극적인 맥락을 몰랐지만, 그래도 이것은 분명히 부모의 감정을 통해서 그에게도 영향을 미쳤다. 그는 뒷날 형제자매들과의 놀이에 이 사건을 도입했다고 자신의 생애 서술에서 밝히고 있다. 에리히와 비슷하고 또 이 이름을 지닌 인물들이 빈번히 그의 작품에 등장한다. 에로틱한 매력을 지닌 빛나는 주인공들이다.

외삼촌 에리히와 고모 카를라, 그리고 아버지의 경쟁자인 큰아버지 하인리히가 '무질서'와 비시민성의 대표자들이고, 자기 부모와는 반대의 모습이라는 것이 그에게 특별한 의미를 가졌던 것 같다. 클라우스가 뒷날 비슷한 성향을 보였을 때, 부모의 두려움은 곧장 이들 부정적 모범인물들과 연관된 것이었다. 클라우스가 같은 길을 갈지도 모른다는 그들의 걱정은 분명 그가 정말로 그렇게 하도록 결정적으로 기여했다.

아들을 향한 은밀한 눈길

그러나 자라나는 클라우스에게는 또 다른 부담도 덧붙었다. 바로 아버지가 그에게 홀딱 반했다는 사실이었다. 그에게는 비밀로 되어 있었지만 아버지의 작품을 읽기 시작하면서, 특히 〈베네치아에서의 죽음〉에 나오는 암시를 통해서 짐작할 수 있었다. 아버지가 자기 몸을 바라보면서 무엇을 느끼는지를 클라우스는 짐작하게 되었다. 오늘날 우리는 1918~1921년 사이 토마스 만의 일기에서 그것을 정확하게 알 수 있다.

이 일기는 그가 죽고 20년이 지난 다음인 1975년에 공개되었다. 그의 생생한 목소리를 읽는 일은 여론뿐만 아니라 가족에게도 대단한 센세이션이었다(1975년에는 부인 카차 만과 골로, 모니카, 엘리자베트, 미카엘 등이 아직 살아 있었다). 그가 열두 살에서 열네 살 사이의 아들에 대해서 말하고 있는 구절 몇 개를 뽑아보자.

아이시(클라우스)가 …… 자기 침대에 환상적인 모습으로 벌거벗고 있는 것이 보였다. …… 저 아이의 삶은 어떤 모습이 될까? 나 같은 사람은 물론 자식을 낳아서는 안 되는 일이었다.
1918년 9월 20일

욕조에서 충격적으로 아름다운 아이시를 보니 황홀하다. 내가 아들을 향해 사랑에 빠진 일은 정말 자연스러운 일이라고 생각된다. …… 아이시는 갈색의 상체를 드러낸 채 침대에서 책을 읽고 있다. 그 사실이 나를 어지럽게 한다.
1920년 7월 27일

어제 저녁 세계고에 짓눌린 아이시의 단편소설을 읽고 그의 침대에서 그에 대해서 사랑의 태도로 이야기를 했고 그애는 이런 태도를 기쁘게 여긴 것 같다.
1920년 7월 27일

애들 방에서 나는 소음을 듣고 가보니 아이시가 완전히 벌거벗고 골로의 침대 앞에 서서 형편없는 짓을 하는 것을 보고 깜짝 놀랐다. 아직 남자가 되기 전, 빛나는 그애의 몸에 아주 강한 인상을 받고, 마음이 몹시 흔들리다…….

1920년 10월 17일

클라우스의 입장이 되어보자. 그는 아버지의 이런 느낌들을 알아차렸을까? 그는 아버지가 생각한 의미에서 아버지가 쓰다듬어주는 것을 정말로 좋아했을까? 아마도 자기 아버지에게 에로틱한 매력을 발산하는 아들, 그것도 아직 사정을 잘 모르는 아들은 몹시 혼란을 느꼈을 것이다.
클라우스는 반항적인 태도로 반응했다. 그는 일기장을 뒹굴리는 것으로 부모에게 도전했다. 토마스 만은 이렇게 기록하고 있다.

어제 저녁 카차에게 끔찍한 사건. 클라우스의 일기가 활짝 펼쳐져서 놓여 있는 것을 보고 읽었다……. 아주 불건강한 냉정함, 감사할 줄 모르고 사랑이 없고 불성실함이 드러나 있다. 문학적으로 극히 과격하게 버르장머리없고 진부하다는 점을 빼고도 말이다. 가엾은 어머니의 마음에 깊은 실망과 상처를 주었다……. 나는 분해서 펄펄 뛰는 아버지 역할은 결코 하지 않을 것이다. 아이는 제 천성을 어찌할 수 없다. 그것은 하나의 산물이다. 나도 그에게 모든 바탕이 결핍되어 있다고 생각한다……. (카차는) 아이시와 이야기를 했고 그것은 만족스럽게 진행되었다. 아이는 아주 괴롭게 울었다……. 저녁식사 때도 그는 진지했다. 그리고 내가 아무런 내색도 하지 않았기 때문에 거리낌이 없었다.

1920년 3월 5일

어째서 그는 자신이 아들과 이야기하지 않았을까? 어째서 그는 이 사건에 대해서 모르는 척했을까? 일기를 읽은 어머니의 신뢰가 깨진 것은 어째서 문제가 되지 않을까? 토마스 만은 클라우스를 차갑고도 불성실하다고 묘사했다. 그러나 그 자신도 '불성실하고' '차갑게' 행동했음을 그는 알아차리지 못했다. 무엇보다도 그는 자기가 아들을 향해 애써서 겨우 참고 있는 감정을 통해서 클라우스에게 무거운 부담을 주고 있다는 사실에 대해 책임감을 느끼지 않고 있다.

클라우스는 일기에서 자신의 절망감을 보여주었다. 부모가 열네 살 짜리의 이런 메시지를 읽었던 것일까?

신이여, 당신이 존재한다면 어째서 내 죄악을 벌주지 않는 건가요? …… 무엇 때문인지 알아요. 당신은 내 말을 듣지 않기 때문에 나를 박살내지 않는 거지요. 당신이 내 말을 듣지 않는 것은 존재하지 않기 때문이지요. …… 다시 밤이다. 얼마나 쓸쓸한가……. 나는 유명해져야 한다, 반드시, 반드시…….

클라우스가 자기 아버지를 부르고 있는 것처럼 들리지 않는가? 아버지는 정말로 그에게 신과 같은 존재였고, 그의 말을 안 들었던 것이 아닌가? 그는 아버지에게 자기 존재 증명을 하기 위해서 유명해지려고 했던 것일까?

되풀이되는 운명

클라우스도 동성애의 감정을 가졌다는 사실이 아주 일찍감치 분명해졌다. 그는 학교 친구들에게 반했다. 그의 단편소설 〈이른봄〉은 그것에 관한 것이고, 우리가 〈토니오 크뢰거〉에서 알게 되는 아버지의 체험을 반복한 것이기도 하다. 아버지처럼 클라우스도 반응 없는 짝사랑에 빠졌다. 단편소설에서 그는 상황을 뒤집었다. 어른인 1인칭 화자는 사디스트 방식으로 소설을 쓸 때의 클라우스와 나이가 같은 소년을 괴롭힌다.

(라이문트는) 자기를 향한 이 소년의 갈망이 얼마나 큰지를 잘 알 수 있었다. 그러나 그는 어깨를 치켜올리고 "어째서지? 어째서 우는 건가?" 하고 물었다 ······. 그러자 엘마르는 가려고 몸을 돌렸다. 그의 가냘픈 모습이 울음으로 흔들렸다······. 라이문트는 그에게 등을 돌렸다. 소년의 피곤하고 질질 끄는 발걸음이 사라져 갈 때 그는 눈물이 천천히 자기 얼굴 위로 흘러내리는 것을 느꼈다.

이 구절을 클라우스가 뒷날 남자들과 가졌던 불행한 관계들의 모델처럼 읽을 수 있다. 그 관계에서 그는 두 역할— 엘마르와 라이문트의 —모두의 고통을 받았다.

다른 기대를 할 수 없지만 클라우스는 극도로 말썽 많은 사춘기를 보냈다. 누나 에리카와 다른 동갑내기들로 구성된 '공작공원파'를 이루어서 가족이 살고 있던, 저택이 늘어선 구역에서 말썽을 일으켰다. 용기를 증명하기 위해서 상점에서 물건을 훔치고 모르는 사람들에게 엉터리 전화 테러를 행하고 사나운 축제를 즐겼다. 마침내 부모가 참지 못하고 두 아이를 문제아 보호학교로 보냈다.

그러나 여기서도 에리카와 클라우스의 버릇을 고칠 수 없었다. 오덴발트 학교의 자유로운 분위기에서 그들의 저항감은 오히려 더욱 늘어났던 모양이다. 클라우스는 뒷날 희곡 〈아냐와 에스테르〉에서 젊은이들

간의 이상하고 에로틱한 관계를 도입하고 있다. 이것은 공공연한 스캔들이 되었다. 클라우스와 에리카가 역시 작가인 프랑크 베데킨트의 딸 파멜라 베데킨트와 함께, 그리고 당시 덜 알려져 있던 구스타프 그륀트겐스와 함께 손수 이 작품에 출연했기 때문이다. 〈시인의 아이들〉이라는 제목으로 그들은 1925년에 이 작품으로 전국을 순회했다.

토마스 만은 에리카에게 보낸 편지에서 불쾌한 비판을 행하고 있다.

그 연극을 꼭 공연해야만 하는 것이 아니라면 첫 시작으로서는 대부분의 사람들이 생각하는 것처럼 그렇게 나쁜 것만은 아니다.

1925년 11월 6일

그러니까 클라우스는 아버지에게 깊은 인상을 심어주는 데 실패한 것이다. 힘든 칭찬 속에 들어 있는 혹평을 감출 수 없었다. 그는 또한 첫번째 장편소설 《경건한 춤》으로도 아버지의 마음을 붙잡는 데 성공하지 못했다. 이 소설은 커밍 아웃의 의미를 포함하는 소설이었다. 클라우스는 베를린에 살기 시작한 열여덟 살 이후로 동성애자 서클에 들었고, 그것을 온 세상에 알렸다.

《경건한 춤》은 과도하고 신비로운 엑스터시와 인간의 운명을 냉혹하게 묘사한 것, 그리고 자신의 부족함에 대한 절망과 두려움, 축제와 사창가의 기묘하고 과격한 쾌락을 훔쳐보기식으로 묘사한 것 등이 뒤섞인 작품이다. 그것은 남자들의 육체적인 만남을 즐거움과 쾌락으로 보여주는 것이 아니라, 남자들을 사랑하는 남자들이 견디는 고통의 황홀경을 서술하고 있다. 클라우스는 남자에 대한 사랑의 관계에서 진짜로 만족을 얻은 적이 한 번도 없었다. 그가 삶에서 열렬히 사랑한 남자들이 여럿 있었지만, 그들은 그의 사랑에 대해 답이 없거나 아니면 오직 일시적인 불꽃만 피우고 도로 스러져버렸다.

그런데도 클라우스는 자신의 동성애 성향을 약점이나 수치로 묘사하지 않고 귀족적인 표지로 보았다. 《경건한 춤》에서 그는 이렇게 썼다.

안드레아스는 그 자신 탈선이라고 느끼지 않는 이 사랑에 완전히 자신을 바쳤다. 그것을 부정하고, 그것을 '타락'이나 '질병'으로 여겨서 정복하겠다는 생각은 그의 마음에 일어나지 않았다. 이런 표현들은…… 다른 세계의 것이다.

이런 표현들은 아버지 세계의 것이다. 토마스 만은 1925년에 클라우스의 소설에 대한 간접적인 답변으로 〈결혼에 관해서〉라는 수필에서 동성애에 대해 이렇게 썼다.

그것은 열매 맺지 못함, 전망 없음, 과실도 책임감도 없음이라는 뜻에서 '자유로운' 사랑이다. …… 그것은 '예술을 위한 예술'로서 미적으로는 상당히 자랑스럽고 자유스러운 것일지도 모르지만 의심의 여지 없이 부도덕한 일이다.

그는 '미적이고 열매 없는 소년 사랑'을 인정하기는 했지만 클라우스가 고백한 것처럼 동성애를 직접 실천하고 '방종한 해방'을 누리는 것은 인정하지 않았다. 오히려 강력하게 도덕적인 말로 이런 태도를 비난했다.

문학작품에서도 토마스 만은 클라우스에 대한 불쾌감을 표현했다. 1926년에 쓴 단편소설 〈무질서와 이른 고통〉의 베르트는 클라우스의 초상화라고 한다.

클라우스 만

나의 가여운 베르트, 아무것도 모르고, 아무것도 할 수 없고, 그럴 재주도 없으면서 어릿광대 노릇만 하려고 생각하는구나.

클라우스는 클라우스대로 1926년에 〈어린이 단편소설〉이라는 이야기로 되받아쳤다. 이 작품에서는 이미 죽은 아버지가—모든 점에서 토마스 만의 초상화—가면이 되어 벽에 걸려 있다. 카차와 비슷한 그의 미망인에게 클라우스는 틸이라는 젊은 남자와의 사랑의 관계를 만들어 주고 있다. 이 남자는 클라우스 자신과 비슷하고 또 카차의 오빠들과 비슷하고 특히 집안의 친구 한 사람과 아주 비슷한 사람이다. 클라우스가 이 시기에 쓴 또 다른 소설들에서 아버지에 대한 도전과 공격은 오히려 더욱 극단적이다.

토마스 만

그러나 아버지에게 도전하려는 모든 시도는 공허하게 끝났다. 토마스 만에게서 모든 것은 스며들지 않고 그대로 방울져 떨어지고 만 것 같다. 토마스 만은 클라우스 나이에 이름도 클라우스(호이저)인 남자를 향한 플라토닉한 사랑의 감정을 스스로 허용하고, 심지어는 에리카와 클라우스에게 농담조로 알렸는데도 사정은 마찬가지였다. 물론 아버지가 일기에 고백한 것, 즉 자기 사랑이 성취될 수 없다는 것에 얼마나 고통을 받는가 하는 것을 클라우스가 알았다면 어쩌면 아버지에게 도전하겠다는 강박관념에서 벗어났을지도 모른다. 클라우스는 아버지가 자기 클라우스를 향한 에로틱한 욕망을 가졌던 것을 고백하기를 원했지만 토마스는 그것을 끝내 거부했다.

클라우스는 1925년과 1929년 사이에 문학적 성공을 거두고 에리카와 세계여행을 하고, 친구들과 함께 방종한 생활을 하는 절정기를 겪은 다음 급격한 추락을 겪었다. 죽음의 소망들이 그를 쫓아다녔다. 그는 마약을 시작했다. 에리카는 그보다 더 강하고 '더 남자다웠다.' 그는 누나를 지주처럼 기댔다. 이것이 신뢰할 수 없는 위태로운 결합이라는 것을 잘 알면서 그랬다. 1932년 그의 소설 〈무한 속의 만남의 장소〉에서 그는 1인칭 화자의 여자친구를 누나와 닮은 모습으로 그렸는데, 그녀는 마리화나에 의한 공포 체험 도중 뇌막염으로 죽는 것으로 되어 있다.

1932년에 페르시아로 함께 여행하기로 계획을 잡았던, 그와 에리카의 가장 친한 친구 리키 할가르텐이 출발 하루 전에 권총으로 자살했다. 자전적 소설 〈전환점〉에서 클라우스 만은 이 죽음이 자기에게 의미했던 존재의 전율을 절절히 묘사하고 있다. 이 깊고 깊은 두려움을 그는 마약으로만 겨우 견뎌낼 수 있었다. 리키가 죽은 다음 그 해 여름 에리카와 함께 핀란드를 여행하면서 그는 젊은 남자에게 반했다. 그러나 상대는 이 사랑에 응답하지 않았다. 소설 〈북쪽으로의 도주〉에서 그는 자신의 고통을 표현했다.

그런 다음 이민시대가 시작되었다. 큰아버지 하인리히가 그렇듯 클라우스와 에리카도 아버지 토마스 만보다 훨씬 더 눈이 밝았다. 아버지는 나중에서야 반 파시즘 이민운동에 동참하고 그냥 우연히 1933년 도이칠란트를 떠났을 뿐이다. 1933년 히틀러가 권력을 장악했을 때 토마스 만 부부는 스위스에서 강연여행 중이었다. 그들은 뮌헨으로 돌아가지 않고 스위스에 머물렀다가 나중에 프랑스에 머물고 1938년 이후로는 미국에 머물렀다.

울부짖는 소망

클라우스 만은 주로 파리와 암스테르담에 살다가 나중에 미국으로 갔다. 처음에 그는 망명 문인들의 잡지 〈수집〉의 발행인으로 아주 열심히 참여했다. 그러나 몇 년 뒤에 그는 실패했다. 망명에 관한 여러 편의 대작 장편소설을 썼고, 그 가운데 1936년의 《메피스토》가 가장 유명하다. 그것은 구스타프 그륀트겐스의 모습을 지닌 기회주의자 헨드릭 회프겐이라는 주인공의 이야기이다. 제2차 세계대전이 끝난 다음에도 구스타프 그륀트겐스의 활약으로 이 작품이 출판될 수 없었다는 사실은 전후 시대 가장 큰 정치적·문학적 스캔들의 하나였다. 이것은 클라우스 만에게 깊은 상처를 입혔고 아마도 때이른 그의 종말을 부추겼을 것이다.

이민 처음 몇 년 동안 엄청난 활동을 했는데도 불구하고 클라우스는 죽음의 소망으로 시달렸다.

> 우울증. 극히 절박한 죽음의 소망…… 저녁. 슬픔으로 소리지르다. 그런 다음 아마 반 시간쯤 울음 발작. 지금까지 겪어본 적이 없을 정도의 것. 밀라인(어머니 카차) - 의사가 와야만 했다.
> 1935년 11월 22일

> 다시 슬퍼서 소리질렀다. 어떻게 해야 하나? 사랑하는 신이여, 나는 어떻게 해야 하는가? 너 달콤한 죽음아…….
> 1935년 11월 25일

극단적으로 힘겹게 삶을 견딘다. 무시무시한 죽음의 동경. 자유의 깊은 필요성. 오, 아버지, 가능하거든 이 잔을 내게서 거두소서!
그러나 내가 원하는 대로 마시고 당신이 원하는 대로 하소서.

1937년 10월 2일

이 절망적인 부름에서 신과 함께 무의식 속에서 같이 불린 아버지 토마스 만은 성공을 거듭하고 있었다. 1929년 노벨 문학상 수상 이후로 그는 망명지에서도—많은 도이치 문인들과는 달리—명성을 더욱 키웠다. 영향력이 있는 친구들의 도움을 받아서 그는 미국에 자리를 잡을 수 있었다. 처음에는 프린스턴에, 이어서 캘리포니아의 태평양 해안이었다. 그리고 대작《요제프와 형제들》을 완성했다.

클라우스는 점점 더 큰 절망에 빠져들었다. 그와 에리카는 히틀러 도이칠란트에 대한 싸움에 계속 참여했다. 그들은 많은 주목을 끈 강연들을 하고 스페인 내전에서도 통신원 노릇을 했다. 클라우스는 한 번 더 잡지〈결정〉을 시작했지만 바로 포기해야만 했다. 이 시기 일기에는 희망 없음과 죽음의 동경이 가장 중요한 주제로 나타난다.

클라우스에게 남은 마지막 지푸라기 같은 희망은 미군에 입대하는 일이었다. 그는 동성애와 마약중독 사실을 숨기고 입대했다. 선전원으로서 이탈리아 전선에 동참했고 전쟁이 끝난 다음에는 고향 도시 뮌헨에 온 최초의 미군의 한 사람이었다. 그곳에서 그는 부모에게 감동적인 편지들을 보냈다.

그러나 소란스럽고 사건도 많던 전쟁의 시기가 미처 지나기도 전에 공허가 다시 밀려들었다. 동생 골로 만은 형이 죽은 직후 형의 상황을 아주 잘 보여주는 글을 썼다.

'반 파시즘', 독재자의 몰락을 향한 희망은 12년 동안 클라우스에게 삶의 요소가 되었다. 이제 독재자는 죽었지만 그가 남긴 세계는 좋지 않다. 그에 대항하는 데 쓰이던 도덕적인 에너지는 공허하게 되었고, 이제 다시는 자신을 발견하지 못했다.

그는 누이 에리카에게도 버림받았다고 느꼈다. 그녀는 1946년 토마스 만이 힘든 수술을 받은 이후로 완전히 아버지 편이 되어서 그의 작품 원고를 정리하고 아버지의 '명예 여행'을 따라나섰다. 골로는 에리카가 부모와 함께 이 여행을 하는 도중에 클라우스가 목숨을 끊은 것은 '특성 없는 우연만은 아니'라고 말하고 있다.

2년 전에 토마스 만은 어두운 작품 《파우스투스 박사》를 끝냈다. 이 작품에서 그는 자신의 죽음의 이미지와 죽음의 체험들을 다루었다. 물론 관점을 흐려놓았다. 기록자인 세레누스 차이트블롬은 거리를 두고서 친구 아드리안 레버퀸이 비극적으로 죽음으로 가는 과정을 보고한다. 누이 카를라와 룰라의—소설에서는 로데 자매—자살 이야기도 나온다. 미카엘의 아들인 사랑하는 손자 프리도의 모습을 띤 작은 에코의 끔찍한 죽음은 세레누스에 의해 아주 짤막하게 서술된다. 이 모든 것은 악마에게 자신을 판 '저주받은' 예술가 아드리안의 이야기 속에 들어갔다.

그렇게 토마스 만은 나이 들어서 한 번 더 아버지의 죽음과 유언장의 저주를 한데 엮어서 주제로 삼았다. 하지만 이것이야말로 아들 클라우스에게 죽음을 찾으라는 무의식적 요구로 작용한 것이 아니었을까?

토마스도 클라우스도 이런 맥락을 보지는 못했다. 클라우스에게 아버지는 속을 꿰뚫어볼 수 없고 가까이 갈 수 없는 대가였다. 이 대가가 그를 죽음으로 불렀다. 어쨌든 클라우스의 마지막 작품의 하나인 〈일곱 번째 천사〉라는 희곡에서는 그렇게 되어 있다. 1926년의 〈어린이 단편소설〉에서와 비슷하게 그는 자신을 아이로 묘사하고 있다. 그의 형제자매와 어머니가 등장하고, 아버지는 여기서도 이미 죽은 것으로 되어 있다.

틸도 다시 나온다. 그는 클라우스와 비슷한 모습으로 다시 과부인 어머니의 애인이다. 그러나 〈어린이 단편소설〉에서와는 달리 틸은 이번에는 알지도 못한 채로 저승에 있는 '선생님'의 심부름꾼이다. 그는 유령의 모습으로 아내와 아이들에게 말하고 있다. 틸은 저승에 있는 아버지의 명령을 받고 마지막에 아이들에게 죽임을 당한다. 아이들은 그를 낭떠러지 아래 바다로 떨어뜨린다. 일곱 번째 천사는 어머니-아내가 임신한 틸의 아이이다. 이것 또한 이제는 죽은 틸과 하나가 된 선생님이 저승에서 원했던 일이다.

믿을 수 없을 정도로 다층적으로 농축시켜서 클라우스는 이 이야기에서 자신의 죽음의 동경 뒤에 숨어 있는 심리적인 배경을 표현했다. 아버지가 《파우스투스 박사》로 성공한 것과 마찬가지 맥락이다. 클라우스의 작품에는 거리를 둔 관찰자가 없다. 탄생과 죽음, 어린 시절과 성년, 사랑과 증오, 삶과 죽음, 이승과 저승, 절망과 희망이—그러나 또한 창안된 인물과 작가도—하나로 합쳐져 있다.

앞에서 보았듯이 토마스 만은 아들의 자살에 대해서 세레누스 차이트블롬이 친구 아드리안의 죽음에 대해서 보인 반응과 비슷한 방식으로 반응했다. 《파우스투스 박사》는 클라우스가 죽기 2년 전에 이미 완성된 작품이었다. 클라우스는 이 소설을 잘 알았고, 대단히 높이 평가했다.

세계와 인간에 대한 아이러니컬한 관찰자로서의 거리 두기는 토마스 만의 문학적 명성의 이유였지만 아들에게는 치명적인 것이었다. 그에게 아버지는 가면이었고, 그를 찾아와 괴롭히는 저승의 유령이었다.

클라우스는 아버지의 접근 불가능함이 아들로서의 자기를 향한 거부감이 아니라 아들을 향한 깊은 동성애적 사랑에 대한 거부감이라는 것을 알지 못했다. 그는 죄책감과 속죄의 감정으로 인해 이 사랑을 아들에게 고백할 수 없었다. 그것은 또한 그가 자신의 어린 시절로부터 아버지의 죽음과 결합된 채 자기 안에 지니고 있던 감정이기도 했다.

　토마스 만은 자기 아버지의 명령을 실현시키도록 부름받았다고 느꼈다. 그는 아버지의 모습을 지닌 위대한 도이치 작가가 되었으므로 정말로 아버지의 호의를 얻을 수 있었을 것이다. 물론 그 대가는 아주 컸다. 억눌린 죽음의 소망이 두 아들에게로 넘어갔기 때문이다. 막내아들 미카엘도 1976~1977년 그믐에서 초하룻날 밤에 알코올과 수면제를 섞어 복용해서 자기 손으로 목숨을 끊었다. (미카엘은 도이치 문학 교수였고 토마스 만의 일기를 편집하고 있었다. 친구들의 보고에 따르면 그는 어머니 카차가 자기를 임신했을 때 중절하려고 했던 일에 대한 아버지의 기록을 보고 극도로 충격을 받았다고 한다. 그들은 정확하게 2년 뒤에 이루어진 그의 자살이 이 충격과 연관성이 있다고 추측한다.)

　토마스 만의 아내로서 그의 '긍정'이 되어야 했던 카차, 그리고 정말 흔들림 없이 50년 동안 지속된 결혼을 견뎠던 카차는 그보다 25년을 더 살고 1980년에 아흔일곱 살의 나이로 죽었다.

필자

1. 모차르트 : 폴크마르 브라운베렌스(Volkmar Braunbehrens). 1941년 브라이스가우 강변 프라이부르크 태생. 뮌헨, 하이델베르크, 베를린 대학에서 도이치 문학, 미술사, 음악학 전공. 오스나브뤼크 대학 전임강사 역임. 저술가.

2. 괴테 : 로타르 뮐러(Lothar Müller). 1954년 도르트문트 태생. 문예학자 겸 저술가.

3. 멘델스존 : 데틀레프 클라우센(Detlev Claussen). 1948년 함부르크 태생. 1966년에서 1971년까지 마인 강변의 프랑크푸르트 대학에서 사회학 전공. 1994년 이후로 하노버 대학 출강.

4. 프리드리히 3세 : 토마스 슈탐 쿨만(Thomas Stamm-Kuhlmann). 1953년 졸링겐 태생. 1992년 이후로 키일 대학 현대사 분야 교수.

5. 비스마르크 : 에버하르트 콜프(Eberhard Kolb). 1933년 슈투트가르트 태생. 튀빙겐, 본, 괴팅겐 대학 수학. 1970~1979년 뷔르츠부르크 대학 현대사 정교수. 1979년 이후로 쾰른 대학 정교수.

6. 리프크네히트 : 헬무트 트로트노브(Helmut Trotnow). 1946년 제게베르크(슐레스비히 홀슈타인) 태생. 1966년에서 1971년 사이 키일, 케임브리지, 슈투트가르트 대학에서 영문학과 역사학 전공. 런던 정치경제 연구소에서 국제정치학 박사. 영국의 여러 대학에서 강사 역임. 1987년 이후로 도이치 역사박물관 연구원. 저술가.

7. 토마스 만 : 마리안네 크륄(Marianne Krüll). 1936년 베를린 태생. 베를린 자유대학에서 사회학 전공. 본 대학 교수. 저술가.

위대한 아버지와 아들의 초상

지은이 | 폴크마르 브라운베렌스 외
옮긴이 | 안인희

1판 1쇄 발행일 2002년 1월 22일
1판 3쇄 발행일 2002년 12월 24일
1판 3쇄 발행부수 500부 총 3,500부 발행

발행인 | 김학원
기획 | 이재민 선완규 한상준 박재호
디자인 | 이준용 김준희
마케팅 | 이상용
저자·독자 서비스 | 인현주(ihj2001@hmcv.com)
조판·출력 | 홍영사
표지 출력 | 희수 com.
용지 | 화인페이퍼
인쇄 | 청아문화사
제본 | 정민제본

발행처 | 휴머니스트
출판등록 제10-2135호(2001년 4월 18일)
주소 | 서울시 마포구 동교동 201-10 석진빌딩 3층 121-819
전화 | 02-335-4422 팩스 | 02-334-3427
홈페이지 | www.hmcv.com

ⓒ 안인희·Humanist, 2002

ISBN 89-89899-05-2 03990

만든 사람들

책임기획 | 이재민(ljm2001@hmcv.com)
디자인 | 이준용 / 그래픽 | 김준희
편집 | 김선경 신현경